本丛书得到韬奋基金会资金资助
"十一五"国家重点图书出版规划项目

书林守望丛书

我当编辑

雪岗 著

首都师范大学出版社

图书在版编目(CIP)数据

我当编辑/雪岗著.—北京:首都师范大学出版社,2017.10
(书林守望丛书/吴道弘主编)
ISBN 978-7-5656-3833-6

Ⅰ.①我… Ⅱ.①雪… Ⅲ.①编辑工作－文集 Ⅳ.①G232-53

中国版本图书馆 CIP 数据核字(2017)第 199155 号

书林守望丛书
WO DANG BIANJI
我当编辑
雪岗 著

项目统筹:楚 润	责任编辑:来晓宇
责任设计:张 朋	责任校对:李佳艺

首都师范大学出版社出版发行
地　　址　北京西三环北路 105 号
邮　　编　100048
电　　话　68418523(总编室)　68982468(发行部)
网　　址　cnupn.cnu.edu.cn
印　　刷　三河市博文印刷有限公司
经　　销　全国新华书店
版　　次　2017 年 10 月第 1 版
印　　次　2017 年 10 月第 1 次印刷
开　　本　710mm×1 000mm　1/16
印　　张　19
字　　数　281 千
定　　价　42.00 元

版权所有　违者必究
如有质量问题　请与出版社联系退换

《书林守望丛书》编委会

（按姓氏笔画排序）

顾　　　问	于友先　王万良　卢玉忆　冯俊科　伍　杰 刘　杲　庞　微　徐柏容　巢　峰
编委会主任	吴道弘
编委会副主任	郑一奇（常务）　陈芳烈　韩方海　杨生平
编　　　委	王维玲　方厚枢　邓中和　宋应离　邵益文 林君雄　林穗芳　周　奇　胡德培　赵　洛 俞　斌　聂震宁　钱锦衡　曹培章　熊国祯 潘国彦

做文化的守望者
——《书林守望丛书》总序

柳斌杰

　　文化是每一个民族赖以生存的根基和灵魂，而出版事业和出版物，是民族文化的结晶，是民族精神的物质承载者，是衡量一个国家和民族文明程度的重要标志。从事这项伟大事业的出版人，不仅是出版活动的实践者，而且是人类文化创造、积累、交流、传播的组织者和参与者，是文化产品的生产者、民族精神的护卫者和时代精神的弘扬者。任何时代，治书修史者都肩负着神圣的历史责任、文化责任、社会责任，在我国，这种传统一直延续了几千年。但是，目前受名利诱导和网络快餐文化的影响，出版界跟风炒作、追求市场效应一夜成名而不顾文化品位等现象时有耳闻。在种种浮躁的背后，反映出来的是出版从业者文化品格的缺失。唯其如此，为繁荣学术和民族文化而坚守文化天职、恪守社会责任的职业精神和文化追求，尤其值得在出版界大力弘扬。

　　出版人是文化薪火的传承者，具有坚守文化自信的历史责任。众所周知，出版是人类文明薪火相传的重要依托，一个国家民族科学文化的传播和传承，有赖于它的出版事业。中华文明之所以历经五千年而一脉不绝，就在于中国历代政治家、著作家、出版家、藏书家接续几千年文明发展进程中形成的尊崇历史、珍惜古籍、编修文献、善待图书、重视典藏的优良传统，他们将中华文化的精髓融入历代出版物之中，一代一代地传之后世，肩负起了将一个时代的科学文化及思想智慧真实地记录下来、传承下去的历史责任，使中华民族的文化根基与时俱丰、愈加巩固。作为新时期文化创新和文化传播的主体，当代出版工作者更加需要继承传统、关注时代，一方面自觉承担起对民族文化传统的保存、整理、批判、传承的责任，保持中华文化的统一性、延续性；另一方面推动文化创新和发展，弘扬和培育符合时代要求的民族精神，在增强民族的凝聚力、创造力以及同世界其他文明进行对话的文化自信力方面做出贡献，使中华民族独立于世界民族之林的文化根基更加坚韧。

出版人是文化创新的推动者，具有坚守文化本性的特殊责任。作为一种文化生产的基本业态，出版既有产业的属性，又有意识形态的属性，必须通过创新来保持文化的独特品质和内容的先进性。从这个意义上说，创新是出版工作者的不竭动力和显著特征，不仅是文化积累和产品制造的组织者，而且也是文化内容的选择者和把关者，当然应当是新知识领域的开拓者和新成果的发现者、催生者。一方面，知识的保存、生产和应用，文化和技术的传承、生产和原创，都是以出版活动为基础的。历史上重要的思想创新、科学发现和技术进步主要是通过出版物得以传承和发展的。另一方面，从造纸术、印刷术到当代激光照排系统、计算机王码汉字处理系统以及数字技术的应用，出版人率先将新成果引进出版业，引发出版形式和内容的不断创新。在文化传播过程中，出版人通过传承优秀民族文化、吸收外国文化精华、把握时代需要，促进着社会文化的不断进步。而现代出版史上鲁迅发现大批文学青年、叶圣陶对巴金处女作的慧眼识珠、巴金对曹禺作品的琢璞为玉的佳话，也反映了出版人所必备的发现新人新作的创新品质。在当前的创新型时代、创新型国家建设的过程中，人民群众的伟大创造，已然成为文化创新取之不尽、用之不竭的源泉，迫切需要出版工作者发现、认识、扶持、推广，进而铺垫中华民族元气深厚的文化创新的阶石，培育中华民族根深叶茂、神韵独具的文化创新的活力。

出版人是时代思潮的引领者，具有坚守文化领土与文化阵地的社会责任。出版的本质不仅在于积累文化、创造新知，不断推出更优秀的文明成果，而且还在于按照一定的价值目标对社会现实文化做出评价，通过选择、把关实现对社会风气、学术思潮、文化倾向的引导。古代中国知识分子正是借助"竹帛长存"所构成的社会认知体系和社会规范体系，才唤起了"见贤而思齐"的文化自觉和道德自律。"五四"时期以《新青年》为中心凝聚的一大批知识青年的出版传播活动，将"科学"与"民主"汇聚成了思想解放的伟大潮流。在当今政治多极化、经济全球化、文化多元

总 序

化、新技术日新月异的国际背景下，在经济社会急剧转型、社会文化事业和文化产业发展不平衡的国内背景下，承担着建构社会主义和谐社会及传播先进文化的神圣使命的出版工作者，其选择、把关进而引导大众的责任更加重大，需要通过对精神生产加以规划与组织，对精神产品进行鉴别与加工，对文化遗产做出选择和整理，对社会信息予以筛选和传递，打造传承主流文化和主流价值观的精品力作，不断巩固主流文化阵地。这就要求当代出版工作者必须深深植根于中国特色社会主义伟大实践，敏锐把握时代变革的风气之先，不随波逐流，不跟风炒作，不断提高辨别真善美和引导大众文化、传播主流文化和主流价值观的能力，致力于弘扬民族精神和时代精神，为中国的改革开放和现代化建设事业提供有力的思想保证、精神动力和智力支持。

历史已经证明，出版业作为文化传承和文化创新的核心，如果没有文化理想和文化追求，便失去了发展的根基。而出版工作者的文化价值取向、人文素养、文化责任、文化运作能力和学术品评能力，又直接影响到出版物的文化含量。从这个意义上说，对于文化的坚守，不仅是一种出版理念，也是一项出版实践。在竞争日益激烈的世界文化市场中，能否坚持文化本位，能否坚守文化责任，对新时期的出版从业者来说，无疑是一种严峻的考验。《书林守望丛书》的问世，为我们提供了一部关于新中国出版人的精神文化启示录。其中反映出的经过沉淀而彰显的文化品格，尤其应该成为新时期出版工作者的精神支柱。这套丛书的作者，是一群深深地钟情于出版事业的文化守望者，他们在"书荒"时代辛勤耕耘，在"书海"时代坚持方向，恪守文化的尊严，组织、规划、策划、编辑、出版过一大批反映时代精神、民族精神及具有学术价值、文化品位的标志性工程，主持、主编过一大批科学、人文、经济、教育等方面为广大读者喜闻乐见的知识读物，为全社会提供优秀的精神食粮做出过重要贡献。在他们身上体现出来的勇于开拓、后启来者的创新精神和坚守精神家园、淡泊名利的文化风骨，堪称典范。希望通过这套丛书的出版，使新时期的出版工作者形成一种更加清醒的文化自觉，在文化与产业协调发展的道路上走得更加坚定，产生更多让世界为之惊喜的拥有自主知识产权的民族文化品牌，再现中华民族宏大的文化气魄。

当前，出版业的发展同政治、经济、社会、文化的发展一样，要在世界范围内的大对话、大交流、大竞争、大角逐中，把握机遇，迎接挑战，创造新的辉煌，需要一大批具有真才实学且能开阔视野、崇尚科学、追求真理、尊重创造、包容多样的新型复合型出版人才，来担当中国特色社会主义文化建设的推动者。《书林守望丛书》汇集的新中国成立六十年来成长起来的十几位出版家在长期为人作嫁的职业生涯中的思想火花、书坛掌故，集中反映了新时期出版工作者的精神风貌，不仅抓住了时代的新变化，也深刻把握了出版职业的新要求。这套丛书的作者，或者长于出版规划，或者长于鉴赏加工，或者长于经营管理，但都有将丰富的实践经验升华为理论的深沉思考。将这些经过实践检验的理论总结汇集起来，转化为鲜活的历史智慧和生命依托，对于未来的新型出版人才，无疑具有深远的精神哺育作用。我希望这套丛书的出版，能够吸引更多才华横溢、富有创造力的新军投身我们的出版事业，使中国出版人的文化守望薪火相传，为推动社会主义文化大发展大繁荣建功立业。

2009 年 7 月

目 录

001…自 序

上编 编学研写相伴行
003…编辑意识初萌
007…观剧笔记，品味与品位
011…动乱中的"书刊情"
015…走错门的工作调动
018…与《中国历史故事集》结缘
023…代笔的回报
026…编中学、学中编的乐趣
030…得到冰心题词
033…扩展提升，《中国通史故事》
040…一部编辑交响乐
046…探底文学名著
052…《神圣抗战》打出了声势
057…规划"大人物"
062…《中华五千年》问世前后
068…投身编辑学的研究
071…风格演示：走自己的路（上）

076…风格演示：走自己的路(下)
083…营造图书系统工程
090…协调期刊与开设专栏
096…记《动物日记》，讲《中国故事》
105…寻求儿童文学传世之法
111…访陈省身谈"科普"
116…《祖先的遗产》激起著书新浪
125…个性研讨：专著·论文·讲座
132…学者，"学习者也"
136…返归编辑岗位
140…回头看，"文集"与"情览"
145…兑现三十年前的诺言
151…专委会运行记
156…行路尚未有尽头

下编　编辑与文化散论

161…我的读书观与我的编辑观
167…编辑之路四阶段说
173…思维科学与编辑实践
180…编辑工作中的道德建设
186…国际化出版中的编辑工作
191…一个驳议
　　　　——关于编辑的"策划"与"案头"
194…叶圣陶与书刊的编辑出版
200…在编辑培训班上的讲话
210…谈编辑的写作
217…少儿类图书的编辑工作

228…少儿知识读物的特殊性及编辑对策
235…编出图书的特色来
243…审读加工四体会
248…社会知识类图书的编辑工作
253…名著开发类图书的编辑工作
258…关于科学和科普读物的再思考
263…关于历史和历史读物的再认识
269…新版《中国通史故事》编辑随想
275…《中国历史故事集》的写作特色

281…诗词曲赋话编辑（代后记）

自 序

　　《书林守望》这套书，我以前见过。一些朋友把他们的"林"中之作送给我，我翻看了，觉得很好。最大的"好"，是它为工作在一线的编辑"立传"，让编辑们有了展现自己所想所做的平台，令人欣慰。

　　近些年来，关于编辑工作和编辑人员在出版业中的地位和作用，成了很有争议的话题。我听到看到一些贬低、轻视编辑的说法做法，也了解很多青年编辑为此而苦恼。我对他们说："不管别人怎么讲，你自己要有自信，要自强。如果不求进取，造成能力低下，就心虚了。"同时，我也利用一切机会为编辑扬名。用意就是要让大家都知道，编辑是社会不可忽视的一群，是文化传承的重要角色。当然，最要紧的还是提高编辑人的上进心和自身素质。为这件事花费些时间和精力，我向来是不吝惜的。

　　今夏的一天，郑一奇先生约我也来入"林"，写写自己，还要快些。讲自己，实际也是讲客观的"大我"，我是乐意的。此前，我已经出版了《雪岗文集》一类的书，写过《我，我们和编辑学研究》一类的文章，都含有自述内容。所以我很快动作起来，如约交了稿。

　　时间是无情的，它不间歇地前行着，把人们从青壮引向老迈；时间又是有情的，它周而复始地转动着，提醒人们把收获和经验留下来，发送给后人。我想这也就是以记录过去为主的这本书的价值所在吧。

　　我把全书分为上下两编来做。上编"编学研写相伴行"，写的都是与我的编辑活动有关的故事。编辑、学习、研究、写作四位一体，以编辑为中心向前运动，这是我工作的方式。这种方式是从小养成的习惯与所处社会大环境、工作小环境相碰的结果。我如实地写了来龙去脉，聊家常似的叙述出来。长处有，短处也有；成绩有，失误也有；兴奋有，苦恼也有，真真切切。从中可以看到，编辑生涯和人生密不可分，并不超脱现实，做人和做事相辅相成。至于经验和心得，或随口说出，或含在故事里面，读者自会体味。

　　下编"编辑与文化散论"，收入我写的一部分文章，有论文，有专文，有讲稿，是对编辑活动理性思维的表述。其中有对全局问题的思考，也有对某些领域、方面、具体项目的分析研究。这些文章明明白白地显示了我的观点、我的主张，和上编的内容相互补充照应。

　　我不认为我的想法做法，对别人都适用，但是我对工作的主动把握和取得的效果，肯定对提高编辑自信心和积极性有帮助。比如我是搞少儿读物的，可书里说了，我之前并不喜欢也不熟悉它，但是我努力去探求它的内在，用适当的方法去做它，出了成绩，也就随之有了感情。再比如我到北京大学讲编辑课，面对的是相差几十岁的学生，我重在讲方法讲过程，结论由学生自己去做。他们听得很有兴致，年龄之差也就忽略不计了。这本书也是如此，我这么写了，怎么读怎么理解，是读者自己的事。

　　最后，要感谢郑一奇先生，他促成了我对本书的写作；感谢首师大出版社的编辑同行，他们为本书的出版付出了很多心血。

2015 年 12 月

上 编

编学研写相伴行

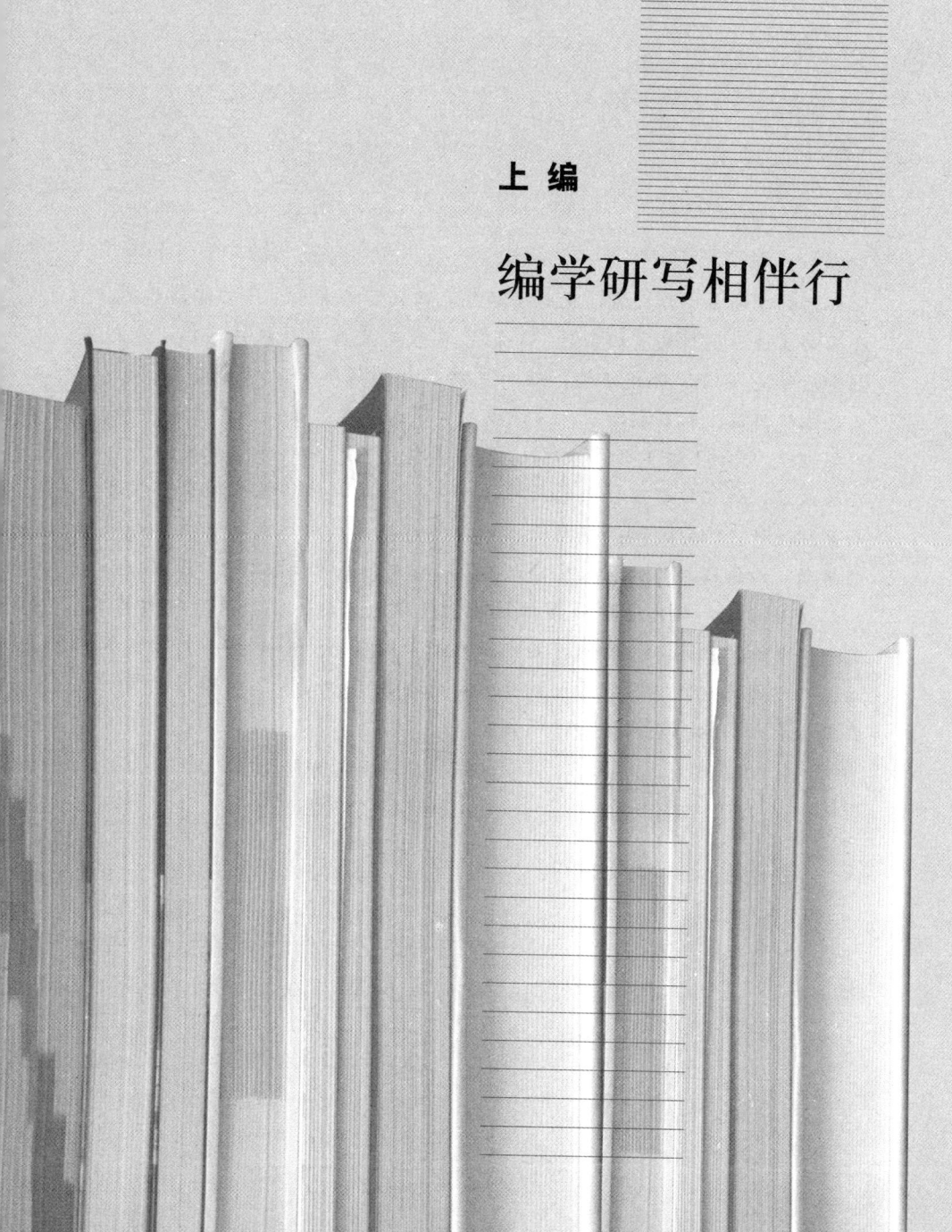

这部分的三十篇文章，按时间顺序，回顾了著者几十年的编辑历程。开头四篇讲当编辑之前的条件"准备"：儿时的爱好初具编辑意识，投入社会后随流入门，养成兴趣，继而主动参加编辑队伍。接着的十三篇，讲在编辑岗位上的前期活动：通过多方实践和探索，操作多项图书工程，取得经验，形成"编学研写"四位一体的工作方式和编辑个性风格。再往下的八篇，讲在编辑岗位上的后期活动：对出版社编辑业务的整体思考和系统设计，"编学研写"在层面上的提升与扩展。最后五篇讲退休以后的活动：对编辑工作的深入反思，"编学研写"的成果积淀和多方收获。

　　这些回忆，都是通过对具体的某一件事、某一本书、某一种行为、某一个场面的叙述来进行的，其中不乏细节的描写和人物活动的形象展示。文章因此也就具有较强的故事性，兼有情趣和感触。读者完全可以在轻松自如的状态下阅读它，领会它。

编辑意识初萌

说起我和"编辑"的关系来,还得从我小时候的一些习性谈起。可以说,我后来当了编辑,既是时代使然,也是个人的惯性所致,好像是早就安排好了的。

和一般小孩子差不多,我小时候最早读的是一些图画书和故事书。记得最爱看一本连环漫画,叫《阿摩林》。里面以滑稽人物阿摩林为主角,画出很多故事,每个故事四幅小画,除一个标题外,没有一个字,可内容一看就懂。我不知看了多少遍,把封皮都弄没了。如开头第一个,标题是"高人一等",画阿摩林在剧场看戏,前面坐着一个外国老头儿,头戴一顶很高的帽子,挡住了他的视线。他探身拍了拍那老头儿的肩膀,请他把帽子摘掉。老头儿忙拿掉了帽子,不料他的脑袋和帽子一样高,让阿摩林大吃一惊。还有一个,画阿摩林爱上了一个摩登女郎,用刀子把心挖出来给她看,摩登女郎无动于衷。旁边过来一个拿着大把钞票的花花公子,女郎立刻挽着那人的手臂走了,把拿着血淋淋的心的阿摩林晾在一边。后来我才知道《阿摩林》的作者是著名漫画家朋弟。他画的《老夫子》和《老白薯》也很有名。打那时候起,我对会写书、会画书的人,就佩服得不得了。

小学四年级,我就开始看长篇小说了,不过是家里有什么就看什么,于是就抱着厚厚的古典小说看了起来。有一句老话说"老不看《三国》,少不看《水浒》",我的父母也常常念叨这句话。这主要是因为《三国演义》里多有计策谋略,担心老年人看了,越发"老奸巨猾";《水浒传》里多有打斗厮杀，担心小孩子看了就好"打架斗殴"。偏偏我读的第一部名著正是《水浒传》。我看《水浒传》的起因，倒不是它里面的厮杀多么热闹，而是一种游戏。

有一次，我在小铺里买了一张"升官图"。叫升官图，可玩的不是升官，而是梁山好汉的名字。那张图上印着梁山一百单八将的名字，加上托塔天王晁盖，一共一百零九个人，按座次和山头分成几组，排成一张图。几个人玩的时候，先转动一个木头做的"捻子"，上面四个平面分别写有"德才功赃"四个字。捻子停下的时候，哪个字朝上，就按图上的相应指示，移动自己的"码子"，或是前进，或是不动，或是后退。谁先到达"晁盖"的位置，就算是得胜方。"升官图"是老祖宗传下来的一种游戏，年代很久远了。把这种玩法加以改造，用到名著人物上，也算是一种创新吧。当时我和家里人及邻居家小孩儿都爱玩这个。玩的次数多了，对上面的人名和他们的绰号也熟悉起来，什么"呼保义宋江"、"玉麒麟卢俊义"、"九纹龙史进"、"菜园子张青"等等，张口就说出来。

记住了那么多人名和绰号，自然就想知道他们有什么故事，正好家里有《水浒传》，我就翻看起来。大概是受了那张游戏图的影响，我对书中的人物关系最感兴趣。看过一段或一回合，总要把人物的来龙去脉在心中过一遍，书看完了，一张人物"联络图"也就画了出来。比如从王进、史进、朱武、陈达、杨春、鲁达、林冲到杨志，这是一组；晁盖、吴用、公孙胜、刘唐、阮氏三兄弟到宋江，这是一组；武松、孙二娘、张青、施恩、孔明、孔亮，又是一组，等等。各路好汉后来聚集梁山，才有了一百单八将的座次。这样列出来，竟把人物连同情节记得十分清楚，以至到现在，仍然能说得八九不离十。

这个做法，让我读书兴趣猛增，又读起其他古典小说来，而且都用人物关系图来"统率"情节。读《封神演义》，就把纣王君臣、武王君臣、老子元始一班仙圣等，按地位高低排列起来。读《说岳全传》，就把岳飞、汤怀、牛皋、张显、王贵等英雄和他们各自的儿子，连同使用的武器，列出"清单"。读《三国演义》，则是把汉、魏、蜀、吴、晋等各组人物分别记录。我读《红楼梦》，在小学五年级，一开始觉得不如历史和武侠小说有意思，可后来渐入佳境，竟爱不释手了。所列的人物关系图，就是把荣国府、宁国府各房及他们的亲戚、丫鬟、仆人等，分别"入账"。这

样一来，把形象众多的"红楼人物"，记得绝无错乱。

现在想起来，儿时读课外书，排列组合人物表，拉线织网了解内容，可以说是我最早萌发的"编辑"意识。这使我对读书和理解书的内容、分析人物关系，有了浓厚兴趣。

进入中学以后，我开始阅读现代文学和外国文学名著，继而对科技、历史和哲学知识发生兴趣，都和"书"分不开。除了从学校的图书馆借阅以外，有时也进书店看看。那时候的书店都是不开架的，要指名由店员取下，买与不买当场定。我兜里的零花钱不多，自然底气不足。当时我家离王府井不远，老东安市场里的旧书摊很多，可以随便看。我便经常到那里翻找旧书，有时一看就是半天。碰上几分钱或一毛多钱一本的，也买回来看。

看书看得多了，脑子也就开了窍，有了灵感，有了联想，也有了比较。记得一

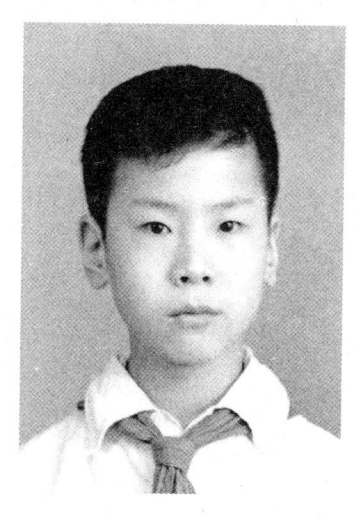

作者小学时

次我买了一本《三国志故事》，书名和小说《三国演义》不同，引起我的兴趣。看了之后，知道历史上三国时代的很多事件和人物与《三国演义》写的情况不一样。我便对照着两本书看，了解了史书和历史小说的区别，对曹操、刘备、关羽、诸葛亮、周瑜、魏延等人的故事和人品，有了新认识，感觉到要了解真实情况，还是得看正史。有一天，父母和我聊起三国，也提起《三国志》和《三国演义》有什么不同，我便大讲起来，把历史的真事和小说编造的情节比较着说了。父母都惊奇地说："他看的书很多呀，说得挺明白。"

还有一次，我买回一本关于海底奥秘的书，里面讲了好多海洋生物的知识，还配着插图。其中有一段说一头巨鲸和一只乌贼打起来，乌贼抱住巨鲸，用吸盘堵住了鲸的气孔。鲸几次蹿出海面，摇动身体，又落进海里，想把乌贼甩掉，都不成功，眼看着要憋死。最后，鲸使尽全力一甩，才把乌贼弄掉。这惊险的场面，让我产生怀疑。市场上卖的乌贼即墨斗鱼，很小很小的，怎么可能跟巨鲸搏斗呢？我不信，就查找了别

的书，弄清大海上确实有一种大王乌贼，可达到十几米长。看来，那个搏斗场面是可能发生的。

爱看书，喜欢对书的内容进行梳理、比较、分析和"刨根问底"，形成习惯了，对我就是一种求真求实的意识培养，也就是对编辑意识和能力的潜在培养。编辑的作用和责任，不就是善于从文章里发现规律和问题并加以提炼和解决吗？

观剧笔记，品味与品位

除了看书以外，青少年时期看戏听曲的经历，也对我编辑意识和能力的形成，有很大作用。我喜欢看戏，一是受母亲的影响。她经常讲一些老戏的内容，哼唱京剧和鼓曲。我也就熟悉了一些调子。二是环境的熏陶。当时的《北京日报》，用很大篇幅刊登演出广告，引起了我的注意，渐渐地我对剧目和演员就熟悉起来。三是听电台广播的结果。广播中每天都有京剧节目，听得多了，也就会唱了，学会了不少段子。听广播不满足，就有了到剧场看戏的想法。1957年到1963年，也就是中学阶段，是我看戏的第一个高潮期。那时候，很多名角还十分活跃，经常登台，我也是冲他们而去的。

行当全，流派多，是京剧的显著特点。不同演员擅长的剧目和演唱风格会有很大不同，成就大的就形成了一个流派。我看名角，也自然有个比较，分出不同之处，继而看出各自长短。比如四大名旦，梅尚程荀，除程砚秋早逝以外，另三位，我都看过。梅兰芳是中国最有名气的演员，形象俊美，表演大气自然，中规中矩，人道是"梅派的特点就是没特点"。可他的演唱能把观众完全吸引住，台下安静非常，没有乱哄哄的叫好声。演完后，观众不约而同地长时间鼓掌，梅兰芳在台上也鼓掌答谢。看他演出，真有"绚烂至极，归于平淡"的感觉。荀慧生的嗓音条件较差，晚年更甚。我看过他演的《卓文君》，"卓文君"刚一张口就引起了笑声。可是往下演来，他那细腻活泼的表演，近于口语的道白，低回婉转的唱腔，很快把观众吸引住了。荀派的唱和演比较符合人物性格、贴近生活，加上富于变化，所以反而难以真正掌握。尚小云的调门高，又多长腔，善用颤音，所以容易获掌声。他本是演武生的，动作很硬，但"女人味"就不足了。程砚秋以唱功见长，发声独到，乍听感觉有些发闷，但很快就能体会到其精致之处。我虽没看过他的演出，可很喜欢程腔。

京剧老生的流派很多。北京的马连良和上海的周信芳（麒麟童），都擅长表演和道白，代表剧目也有相同的，风格却是极不相同。比如《四进士》，马派演注重风趣和乐观，麒派演突出正义和激昂，各有所长。他们晚年都排了一出海瑞戏，周信芳的《海瑞上疏》，到北京演出，我看了。那天，陈毅、陈叔通等领导人都到场看。他演得情绪饱满，剧场气氛热烈。马连良的《海瑞罢官》是历史学家吴晗的剧作，表演也极为精到。不料几年后，这二位都因为演了海瑞戏，在"文革"中遭难。四大须生中的谭富英和杨宝森，常演的剧目也很相近，可看后听后的印象大不一样。谭富英嗓音脆亮，高低自如，听着痛快。杨宝森平稳厚实，主要在中低音区运行。

我看的听的多了，也用起了读书的"连线织网"法，每次看完，不但把戏单（说明书）保存起来，还在小本子上写下剧情和看后的印象，对哪点好哪点差都给以评判。日子一长，连每句唱腔的不同唱法，每个演员的声音特点，也能分辨得出来。我体会到，色彩缤纷，千姿百态，个性的张扬，不同风格的竞争，是文化的基本形态，不可能是一个模式，以哪个当样板。有了这种感受，我看戏就不是为了图热闹过戏瘾，从不乱叫好，而是品味其中的韵味，了解相关的知识。

听昆曲，看昆曲，是我上高中以后的事。昆曲唱词深奥，曲调典雅，一般人听不懂也就没了兴趣。记得我到位于西单的长安大戏院（后迁建到东长安街）看北方昆曲剧院演出的时候，观众中像我这样的中学生几乎没有。但我的兴趣不减反增。印象最深的一次，是看北昆名小生白云生主演的《玉簪记·琴挑》。白云生嗓音不亮，却清雅韵浓，扮相极佳，表情细腻，身段台步潇洒飘逸。上海的俞振飞，其父俞粟庐是度曲专家，他从小随父习曲，后"下海"当了演员，在昆曲界当属翘楚，《长生殿》、《八阳》等戏，堪称绝响。我看过他演的《太白醉写》，自是精彩。除了记下心得之外，为了弄懂剧情和曲词，我还找来剧本（昆曲演出本多以杂剧传奇为源）看，读了有名的曲作精选《缀白裘》，后来还学会了几十支曲子，自我消遣，感受到高雅艺术对人气质的无形改变，无形中提高了自己的文化品位。

生在"曲艺之乡"的天津，我对曲艺（天津人称杂耍）似有天生的喜好。曲艺属民间说唱艺术，以通俗为主。到北京后，看曲艺演出也成了常事。那时候，中央广播说唱团很活跃，侯宝林和刘宝瑞说相声都比较文雅，可以说是百听不厌。唱西河大鼓的马增芬，天生一副甜脆宽亮的好嗓子，嘴上功夫十分了得，唱《玲珑塔》等段子，利索又俏皮。唱京韵大鼓的孙书筠，演唱风格流畅大方。

1960年以后，天津曲艺曾几次来京演出，曲种丰富，阵容强大。我在前门外大众剧场看的一场，至今印象还很清晰。第一个是李润杰的快板书。快板书就是李润杰创立的，似说似唱，很有感染力。第二个是王毓宝的天津时调。她也是天津时调的奠基人，嗓音出奇地高亮甜美，把奔放热烈的旋律表现得淋漓尽致，连获满堂掌声。第三个是苏文茂、朱相臣的相声。苏文茂以说"文哏"为长，那时还很年轻。捧哏的朱相臣是个老演员，向以"冷幽默"著称，是我听过的最棒的捧哏演员。第四个是王佩臣的乐亭大鼓（后改称铁片大鼓）。王佩臣是老资格的鼓曲家，演唱诙谐幽默，人称"醋熘大鼓"。那天她出场就与人不同。服务员把鼓架放好后，又在旁边放一脸盆架，还有热水毛巾。报幕员刚说出她的名字，观众就鼓起掌来。可她过了好一会儿才慢步走出，背已经有些驼，头发花白。走到台中央，先把毛巾浸湿，擦了脸又擦手（据说鼓界大王刘宝全演唱前不但擦脸擦手，还要漱口），然后才拿起鼓键唱起来。第一句还没唱完，台下就响起了掌声。下半场第五个是阎秋霞的京韵大鼓。阎秋霞是白派（白云鹏）传人，嗓音低回委婉，以唱红楼段子著称。倒二出场的是唱单弦的石慧儒，她嗓音脆亮，吐字干净利落，台风从容大度。最后是常宝霆、白全福的相声。常宝霆是相声名家常宝堃（艺名小蘑菇）的三弟，以热烈善逗为长，说学逗唱俱佳。当晚的演出，个个名家，无不精致。京韵大鼓还有专场演出，小彩舞（骆玉笙）、小岚云以及久不登场的老演员林红玉都唱了拿手名段。电台的实况转播，我也每场不落下，并对各个曲种和演员，都写下心中评价，从中体会到了俗文化的特色，对雅和俗的不同魅力和相互映衬有了认识。

北京人民艺术剧院的话剧，我也到首都剧场去看了多次。话剧和靠演员功底的京剧不同，剧本的创作水平更重要。我有一次看《伊索》，是外国戏。全剧只有六个角色，台词很有哲理，情节紧凑。六个人中，还有一个哑黑奴，没有台词。那时的演员真是敬业，扮演黑奴的演员全身涂黑，只在下身系围布，非常真实，给人印象也最深。另一次印象深的是三出短剧，丁西林的《三块钱国币》、宋之的的《群猴》、田汉的《名优之死》，分别属于喜剧、闹剧、悲剧，剧本创作各有特色，演出的效果极佳。看话剧，使我对这种外来戏剧形式有了初步了解，开始思考剧本创作与舞台表演互动和依存的关系。

我听音乐，也是从很小时候开始的。家里有些老唱片和老歌本，我就听会了20世纪三四十年代的老歌，知道了黎锦晖、周璇等音乐人。我的小学是在东四船板胡同小学上的，音乐老师就是个作曲家，常给我们讲音乐知识，介绍名曲和名音乐家。我由此又知道了聂耳、冼星海、贺绿汀、马思聪等等，还有外国歌曲。和看戏一样，我注意分辨出演唱者的异同，体味其中的美感。比如，女歌唱家郭淑珍和郭兰英，一个是美声唱法，一个是民族唱法，唱法不同，但她们都有天赋优越、感情真挚、咬字清晰的特长。郭淑珍声音明亮，技巧过人，是中国女高音的代表。郭兰英嗓音甜美，穿透力强，是民族歌手的佼佼者。

看戏听曲，是我当年课外生活的重要选项，就连高考期间（1963年）也未间断。这个爱好使我获得了丰富的课外知识，增长了见识，掌握了分析文艺作品的能力。但是我从来不是"戏迷"，也不想当戏迷，只是个"爱好者"。因为对什么事一旦成了"迷"，像戏迷、影迷、歌迷、球迷、网迷等等，就容易好坏不分，缺乏自制和分辨能力，甚至走火入魔，难以自拔。我从不偏爱哪种形式或流派，更不去"捧角儿"，而是以欣赏品味为过程，以丰富知识为目的，分辨出各自的优缺点。记笔记的习惯，也意味着编辑下意识和艺术鉴赏力的形成。阅历深了，知识面广了，记忆力也大大增强。至今我仍然对当时看戏的情景有清晰的印象，唱词和曲调也张口就来。如果说，看课外书，我主要是喜欢对其内容进行梳理、比较和分析；那么看戏听曲，我则学会了对各类作品艺术水准高低和创作风格进行分辨和评价，这对后来的编辑活动有无穷益处。我当编辑，无论设计选题还是审稿加工，都注重内涵丰富和个性化，也格外注意形式多样和写作技巧，把握不同语言特色，做到尊重不同风格的作品，进而与作者沟通。这就跟从小养成了品味不同艺术风格的习惯有关。

动乱中的"书刊情"

1963年9月,我考入南开大学中文系。本来,我更喜欢学习研究历史,想当个"历史学家"。记得高中快毕业的时候,学校公布推荐上军事外语学院的名单,有我。那时候,能被推荐上哈尔滨军事工程学院(理工科)或军事外语学院(文科),是莫大的光荣。同学们都希望被选上。而我,竟在表态时表示不愿意去。我说我有自己的理想,外语只是一种工具。事后,老师和同学都表示不理解和惋惜。结果,我考上了南开,不过不是历史系而是中文系,可能是因为我的作文高考成绩好于历史成绩的缘故。好在文史是一家,我并不觉得失望。我对戏剧的爱好和底蕴又使我对将来从事戏剧研究抱有信心。可是后来的经历表明,无论是历史学家还是戏剧学家,我都没有当成。客观现实把我推向了另外的道路,正是这条道路,让我和"编辑"越走越近。

就在我入学后的第一学期,1963年初冬,有一天系里召开大会传达文件。这文件就是关于在农村开展"社会主义教育运动"的"前十条"和"后十条"。据传达,经济困难那些年在农村出现了严重的"阶级斗争",必须以阶级斗争为纲,打击粉碎"资本主义势力"的猖狂进攻。为此决定在农村开展社教运动,又称"四清运动",同时城市里也要开展"五反运动"。又说,大学生特别是文科学生,应以阶级斗争为"主课",在斗争中接受"考验"。

到了1964年1月,接到上级指示,大学生要到农村搞"四清运动"(试点),寒假不放了。春节刚过,我们就到了河北省抚宁县农村,三个月以后才回校上课。1966年，我们又被派到河北省枣强县当工作队。两次运动中，我整理"检举"材料，写报告，写村史党史，写文艺节目，倒也练了笔。1966年3月8日清晨，离枣强很近的邢台地区发生6.8级大地震，惊动了全国，我们又投入抗震救灾。紧接着，政治大震动也开始了。到6月初，大专院校已经停课搞"文化大革命"，揪斗"黑帮"的行动惊心动魄。6月中旬，我们回到学校，马上被卷进了史无前例的政治运动当中。长达十年的内乱开始，五年学业自然就中断了。

1967年，各派群众组织矛盾激化，进而引发武斗。不同观点的同学成了"陌路人"，一时间都自行其是起来。当时是讲"成分"论"出身"的。出身"红五类"的以当然的"接班人"自居，出身"黑五类"的则不敢出头。而我这样不"红"也不"黑"的人，成了所谓"逍遥派"，比较自在。干点什么呢？总不能无所事事虚度时光吧。于是我们几个同学，有本班本系的，也有外系的，就结合在一起，组成了一个学习小组。

想起对历史的兴趣比对文学的兴趣更大，我便向历史系的同学借来中国通史、世界通史的教科书，以"批判"旧教材为名，读了起来。记得每天上午，我便在宿舍或是"办公室"（当时的教室都成了群众组织办公室）专心读书。对中国史，我比较熟悉，读来轻松些。对世界史就生疏得多，我还是用习惯的方法，一边读一边做笔记，记下每个事件的前因后果，记下每个人物的生平作为。一段时间下来，我的读书笔记写了一大本。

光学习不"批判"，在当时是很危险的。我们又商量着办起了一份"杂志"，取名"新文艺"。从鲁迅手稿中找出这三个字的笔迹，请校印刷厂工人制成版，做成封面。至于文章，一方面自己写，一方面从报刊和小报上摘录或转载。文章凑齐后，便开始刻蜡版。"文革"前，有些同学家庭经济困难，就为大家刻印教材，挣些钱，不想现在有了大用场。他们刻写的字均匀整齐，形态十分美观。我主要负责写作和挑选文章，编排次序，有时也参加刻蜡版。因为有写美术字的基础，所以我刻的字方方正正，另是一种风格。蜡版刻完，开始油印。一张蜡版最多可以印一百多张。用订书机装订好以后，再把已经做好的封面粘上，用裁刀切齐，一本16开的、自编自刻自印自装的杂志就"出版"了。我们每人抱着一大摞，发送到各个宿舍和"办公室"，算是参加了"大批判"。

编了杂志，我们又想编书。编书不同于编刊，只靠自己干不行。可巧，印制"小报"的同学很多与印刷厂关系密切，说是排版印刷装订没有问题。我们于是操作起来，有的编选"批判文集"，有的编写"诗词讲解"，有的编选"语录"。我除了参加一些编写外，还自己选了几个题目。其中一本是有关文艺工作的。为此，我搜罗了各大报小报登载的讲话全文或摘要，对每一篇都进行审校核对，编成了一本二十多万字的书稿。随后，我提出想到工厂参加制作的想法，得到管事同学的支持，就到印刷厂（记得是河北省某县的厂子）去，和工人师傅一起劳动，干起了排版印刷的工作，参加选铅字、拼版、打印、校对、改铅版、定版、印刷、折页、缝线、上胶、装订、裁切等全过程。当时"成名成家"的想法被批得"臭不可闻"，所以书上没有任何个人署名。不是公开出版，自然也没有定价。

说来也巧，四十年以后，2007年春季的一天，我到北京潘家园旧货市场转悠，走进一间卖旧书的屋子，迎面单独摆放的一本书，让我大为惊奇，立刻上前拿了起来。这本封面是白皮红字的书，正是我当年自己编的那本书。卖书人见我拿了起来，就说："您要买吗？这书可难得了。"我问："你卖多少钱？"他说："最低，600元。"我随口说道："这是我当年在学校的时候编的书，内容早已过时，书上没有定价，你怎么卖这么贵？"卖书人说："您那是什么时候啊！现在是书越旧越稀少越值钱。"

在那动乱而荒唐的年月里，学生的学业和理想被耽搁是肯定的，这是个人无法避免的悲剧。但长知识学本领却是随时随处可以做的，就看个人如何把握了。我当时抓住了当"逍遥派"的机会，在乱中求学，在乱中找事做，却也有了一些意外的收获。一是自学中外通史，使我对中外历史有了系统的了解和认识。后来到出版社当编辑，编出多种中外历史读物，自己也写了一些历史读物和学术文章，显然与当时自学打下的基础密不可分。二是自编杂志和图书，使我对编辑工作产生了很大兴趣，并对编辑的基本方法和流程有了初步经验，为后来参加编辑出版工作，参与图书期刊的管理，创造了条件。我写的文章，编的书和杂志，在内容上都有那个时代的烙印，今天已无阅读价值。但是在编辑程序上，在印制技术上，则是有益的实践。记得有一次我与编辑们说起"文革"中曾自编自刻自印自发"杂志"，大家听了逗趣地说："您那个时候就已经搞编印发一条龙啦！"三是到工厂参加劳动实践，使我养成了踏实务实和尊重一线工作人员的作风。后来在出版社领导的岗位上，无论多忙，我总是抽时间做些具体编辑工作，遇事也耐心听取一线人员的诉说，工作起来心中就有底有数。

  我在动乱的年代，抓住了一线之机，踏实读书做实事，以意外的收获多少弥补了一些无力避免的损失。从个人成长的角度讲，这"不幸"中的"万幸"，真成了我的一笔特殊财产。我经常听到一些青年编辑抱怨环境不好，工作条件差，待遇也低，等等。我也总是反问他们："你自己做得怎样？努力了吗？"我的体会，一个人要想完全摆脱环境的影响，不容易。而完全适合个人的环境其实是没有的。然而，在各种环境中抓住一些机会，认真做下去，坚持不懈，变不利为有利，变无为为有为，从中获取知识，增长才干，是每个人都能够做到的。自己心地浮躁，不愿意踏实付出，一味地埋怨环境，没有意义，是无知也无能的表现。

走错门的工作调动

1968年年末，我们那一届大学生终于离开了纷乱的学校，毕业分配，走向了社会。分配方案只有某省某地，没有具体单位，强调去接受"再教育"。我自己提出到山西雁北地区（行政机关在大同）工作，被接受了。在雁北期间，无论是下乡劳动，当中学教员，还是到地委当文字秘书（当地人称呼"写材料的"），都只能是服从分配，毫无主动性可言。我还是用自己的办法，抓住机会多学些，在实践中发挥自己，自找其乐，自我提升。当教员，我就自编教材，破除当时语文课只讲政治文章的"戒律"，增加了古文和五四时期的经典文章；还办起校刊，组织学生写文章，刻蜡版，装订成册；组织文艺演出的时候，我自己写了一些朗诵诗、小剧本等。当"写材料的"，我经常到各县采访调研，参加各种会议，写报告、编简报、写讲话稿、人物专访、案件调查等等。这些工作和写作的实践，明显对我思想的成熟和编辑写作的能力是个极大的提高。在山西的九年，我的"笔杆子"和"嘴皮子"都较之大学毕业时老练多了，自认为可以独当一面。可是让我不满足的是，雁北文化比较落后，我一直没有能展示个人长项的机会。

转机来自我的家庭。因为父母身边无子女，按当时的政策，可以调一个在外地的单身子女回京。我正好够这项条件。经过几年申请，我终于在1977年10月调回北京，回到了我熟悉的社会文化环境中。又因为接收单位是我父亲所在的人民银行，工作不对口，经上级同意，我可以调出。于是，我第一次有了自己选择职业的机会。机会是给有准备的人留着的。我从小自发养成的编辑意识和习惯、动乱时期的编辑实践和掌握的印制技能、长期的文化熏陶、写作和研究的能力,在这时候就成了我的有利条件。我毫不犹豫地选择了编辑这一行。

1978年春季的一天,我来到位于东四十二条的中国青年出版社,因为我从报上看到消息,说这个出版社缺编辑。当时门口挂着两块牌子:"中国青年出版社""中国少年儿童出版社"。我向接待的人说明来意——是到中国青年出版社联系工作调动的,然后就介绍起自己的情况。调动很顺利,不到一个月时间,档案调过来了,调令也下了。

那一天,我兴冲冲地到出版社报到。没想到,人事处的人告诉我:"分配你到中国少年儿童出版社工作,那里需要你。"我吃惊地问:"怎么回事?我联系的是中青社啊!"对方告诉我:"中青、中少是一家,挂两块牌而已,这些你应该知道的!"我很不高兴,也后悔自己没问清楚,走错了门。因为在此之前,我对少儿读物既不熟悉,也无兴趣。我当时的印象,少儿读物就是那些以画为主的薄册子,讲小猫小狗故事"哄孩子"的东西。但是考虑到调动工作不容易,档案都过来了,我就决定先进来再说。记得第一天上班,中少社领导遇衍滨接待我,我还直截了当地提出这个问题,希望以后能调到中青社。

此后的事,竟是连我自己也没有料到,我不但没有离开中少社,而且一干就是近三十年,直到退休。尽管其中有几次准备调离,要去的地方有人物杂志社、中国文史出版社等,可都没有实现。一来社里明说不放,二来我自己也没有下最大决心"撕破脸"。回想起来,归根到底的原因是事业留人,人恋事业。或者说,我逐渐喜欢上了这项工作:为少年儿童编书。进社几年后,我已经当了编辑室主任,主持着几项大套重点书的编辑工作。做事做到兴头上了,就不忍放下离开。再往后,少儿出版业大发展,成了热门职业。我也感到编写少儿读物自有清纯乐观的一面,有静心除烦的作用,也就在这里待住了。

1978年的自主择业,是我人生的最大转折。虽然当时是走错了门,但后来证明,也是一个机遇。每个人的一生都有几次大的选择,择业是其中的重要一项。现在的年轻人择业的机会很多,也自由得多。而有些青年或是钻入死胡同,非找到自己理想的工作不肯罢休;或是犹豫不决,吃着碗里的看着锅里的,位置、收入、环境等等条件,都想一次性得到。

1978年到中少社当编辑

结果,他们大都失望而去,把大好时光浪费了。实际上,人的一生中随己愿的事是很少的。我在上中学的时候想研究历史,考入大学后准备将来从事戏剧研究,但是社会没有给我这个机会,我在社会实践中也体会到年轻时候的爱好未必就真是一生的最佳选择。一个人的潜在能力是要在实践中才能被发掘出来的。实践比愿望更重要,当你选择不到合乎愿望的职业时,不要拒绝实践的机会。在实践中证实自己,发现自己,合理的选择就会展示在你的面前。

与《中国历史故事集》结缘

到中少社上班没几天,编辑室主任史林子就把修订重版《中国历史故事集》的工作交给我,社领导叶至善和遇衍滨也和我讲起这套书的来历。《中国历史故事集》是出版社在20世纪60年代初构想和组织的一套书,准备一个时代写一本。选择作者的时候就找到了擅长写通俗读物的林汉达先生。林先生曾写过《东周列国故事新编》,后又写了《前后汉故事新编》,很有名气。约稿之后,他很快写出了《春秋故事》、《战国故事》和《西汉故事》并出版。《东汉故事》也已写完,因"文革"发生,没有出版。与此同时,林先生还写了更为简短的《上下五千年》,也没有写完。

中少社出版的这几本历史故事,是林先生著作中的精品,展示了他独特的写作风格。他原本是通过写历史故事来尝试用普通话写作,所以这几本书既是历史读物,也是语文读物。中国历史悠久又深厚,那么多人物事件,合写起来是个难事。林先生用一线贯穿(我把它形容为"丝线串珠")的办法,把人事历程连接起来,既重点突出又不使中断,上勾下连,大故事套着小故事,浑然成一体。还有那带"北京味"的口头化语言,极少形容词和现成话,讲起来如道家常,一下子拉近了与读者的距离。引人入胜,便是这套书必然的效果。

我在中学时代曾经读过《东周列国故事新编》,也翻看过《春秋故事》,有很好的印象,现在能亲手编辑它,自然感到亲切。在仔细钻研过这几本书的写作方法之后,就很快进入了"角色"。除对前三种书做了一些文字上的处理之外,还根据当时的修订方案,模仿林先生手笔,写了一篇

"周游列国"替换《春秋故事》中"夹谷之会"。通过实践,初步掌握了他编排故事一线贯穿的方法,掌握了他的语言特点和用词造句的一些习惯。林先生写过一篇谈语言使用的文章,我也仔细阅读过。

修订过写"春秋"、"战国"、"西汉"的三本书以后,我开始编辑加工《东汉故事》。林先生这部遗著,写作时间靠近"文革",由于当时的政治形势等原因,写得不像前三种那么精致,选择的故事不够丰富,语言也比较平淡,显然有所顾虑。怎么办?在请教了叶至善先生等人之后,我修改了一些只交代史实而没有情节的文字,在编排方法和语言风格上则按照前几本的路子进行整理。加工后的稿子,故事铺开了也好读了。叶先生和领导们看了很满意。

在编辑加工这几本书的过程中,我自然地产生了到林先生家中拜访的愿望。当时林夫人谢立林住在西城辟才胡同三条29号后门。我第一次登门的时候,林夫人虽然身体欠佳,眼睛有疾,可非常热情地接待了我。从此,我与林家有了三十几年的交往。林夫人把林先生的日记等都拿出来给我看,我由此对老先生有了更多的了解。

林汉达先生1900年出生在浙江宁波,早年靠半工半读念完大学,到一家书局当编辑;又去美国留学,获得博士学位;回到上海后,当了大学教授。他一边教书,一边研究语言学和汉字改革,编写通俗读物。他满口宁波话,作品中反是地道的北京味语言,可见功夫之深。1945年,他参与组织中国民主促进会,是民进的创始人之一。1954年,他被任命为教育部副部长和文字改革委员会委员。1957年,他被打成"右派"。那以后,他埋头写作,以通俗历史读物为主。可惜,由于"文化大革命"的缘故,他计划写的三套书(新编系列、故事系列和《上下五千年》)都没有写完。1972年,周恩来总理请他校订一部译稿。他对照英文原本认真修改,经常工作到深夜。在完成校订的第二天,他突发心脏病,不幸与世长辞。

从林夫人那里,我知道上海少儿社的编辑已经来过,并拿走了林先生遗稿《三国故事新编》(50万字)和《上下五千年》的开头部分(后请人续写)。而我从林夫人那里看到《三国故事新编》的另一份手抄稿的时候,产生了一个想法:把它按《中国历史故事集》前四本的篇幅进行缩写改编,接着出一本《三国故事》。回来之后向领导汇报,立刻得到支持;又征得林夫人同意，我把原稿取了回来。

　　选题确定了，由谁来写？我首先想到的是曾担任林汉达秘书的贾援。据林夫人介绍，贾援在20世纪50年代担任林汉达秘书期间，曾帮助他审看书稿，对他的语言风格很熟悉。我找到了在外地工作正回京探亲的贾援。贾先生为人诚恳热情，在了解了我的情况和想法后表示，自己虽然在文字上有功底，但是对历史不熟悉，年纪又大了，担负不了写作工作。他鼓励我说："做此事非你莫属，你写，我可以帮助把把关。"他的这个想法与我的上级不谋而合，上级也建议我自己写这本书。我当时竟毫不犹豫地答应了，很快开始构思框架，反复阅读原稿挑选情节，读史书以订正史实。最主要的，是掌握好讲述方法和语言特点。三个月后，我写出了书稿，顺利通过复终审和贾援先生的审读。1981年4月，署名"林汉达　边继石编著"（后改为"林汉达　雪岗编著"）的《三国故事》出版。社领导提出我拿一半稿酬，我谢绝了。一来当时的稿酬很低，总共也就一千元左右，何苦再分两半？二来我也有顾虑，怕人家说我是为钱写这本书。至于署名，是为了对书稿的质量负责。那时候还没有著作权法，而我实际上是放弃了报酬权。

　　《三国故事》的出版，使林汉达的作品得以完整体现。林夫人对书的质量很满意，认为"这正是汉达的东西"。贾援也和我说，看书稿的时候就像当年看林先生文稿一样的感觉。中少社的同事们通过这几本书也认识了我这个人。很多人看过后向我表示："写得真像"，"非常成功"，甚至称我为"小林汉达"。同时，它也使《中国历史故事集》的续编有了希望。一些领导和老编辑提出，由我负责这套书的续编工作。

　　如实讲，我能做好这几件事的原因有四：一是学文学出身又从小喜欢历史。我从小学四年级起就开始读古书，对"三国"的那些事很清楚。在"文革"中当"逍遥派"的时候，又自学了"中国通史"和"世界通史"课程。加上常看京剧听昆曲，对历史概貌比较熟悉，写起来能从容把握，分辨真伪。二是自幼长在北京，对口语有切实体验，容易与林汉达的语言风格入扣。三是有较长时间的工作经验和写作实践，对驾驭大文章和大作品不犯怵。四是对什么事钻得进去也退得出来，惯于发现和掌握内在规律。

　　1982年年初，当时的国家出版局组织了全国少儿读物评奖活动。中

上编 编学研写相伴行

《中国历史故事集》前五种

少社的《三国故事》被评为优秀读物一等奖，上少社的《上下五千年》获优秀奖。评委会主任是文艺界的重要领导、时任文化部顾问的林默涵先生，他在谈到这两部书的时候说："这两本书我都看了，中少社的《三国故事》代表了林汉达作品的原有独特风格，应为一等奖。"发奖会上，林默涵见到我，听说我参与写作不要报酬后，连声说："这样好，很大度。"他还鼓励我说："恩格斯为马克思续写《资本论》，成就了大事，你也要继续写下去，把它写完。"

为满足读者需求，我们在1983年把这五种书合订出版；1987年以后又合卷重排出版，均以《中国历史故事集》为书名。我还建议：把"林汉达"标在书名之前，以扩大对作者的影响；我自己不在合卷本上署名，只在书中以某种方式说明其中的"三国"部分是我执笔写的即可。这期间，编辑部接到了几百封读者来信，表达对这套书的喜爱，都希望把它编完，其中"毛遂自荐"者也有几位。我也曾做出具体计划，但是延续原著风格写作不是件容易的事，续写的事情并不顺利。

室主任一次到上海出差，约了一位历史教师写《两晋南北朝故事》，说是要作为《中国历史故事集》的一种。作者很快交了稿。我看后,觉得他选的故事还行,写得也认真,但语言与林汉达相距甚远。没说的,我又充当了第二作者,把稿子从头到尾翻成了林氏风格的文字,并对内容做了调整补充。出版以后,作者在信中对我表示"衷心感谢",认为我"有点铁成金之功","要完成林汉达未竟之志,把这套故事书继续下去,您是很适宜的"。由于这本书不是我自己选的内容,总感觉不丰满,我对它并不满意。这本《两晋南北朝故事》影响不大,后来也没有成为《中国历史故事集》的一种。我觉着干这活儿很累,室主任也说,这次麻烦你了,往后怎么续,还是你自己看着来吧!

不久,我自己的工作发生了变化,先被调去编《少年百科丛书》,后又成了编辑室负责人,再也无暇顾及这套书的续写问题。我就找了一位历史研究专家,请他写出《隋唐故事》的内容初稿,说好由我按口语化语言改写定稿。他写了很多很长,但是,我看了几节就看不下去了,要想改出来,还是得看史书,查资料,重新构思。本来想省点事,结果反倒增加了负担。领导和同事都说,这套书历史和语文并重,两个人写弄不到一起,还是你自己写才能兼顾,才最有把握。但是写历史书不同于写小说写散文,要看大量史料,取舍详略,编出故事。我正在中年,工作繁忙,没有时间静下心专心写作。这样,《中国历史故事集》的续写续编就停顿下来。但是我后来主持编辑的《中国通史故事》、《世界通史故事》、《中华人物故事全书》、《外国人物故事全书》、《神圣抗战》、《世界大人物丛书》、《百科小史》等大型图书先后出版,成效显著,倒也弥补了这个缺憾。同时我曾多次表示,等我闲暇之时,一定做这件事。有趣的是,这一等,就过去了近三十年。

我的编辑生涯从一开始就跟《中国历史故事集》联系在一起,此后几十年未曾中断,并最终成为这套书的续写者。这是缘分,也是我继续在中少社干下去的动力。而我的编辑活动一开始又和"写作"相向而行,密不可分,从此形成了我的事业的一大特征。

代笔的回报

在编辑写作《中国历史故事集》的几本书的同时，我还接手编了两本革命家故事书，一是《杨开慧的故事》，一是《任弼时的故事》。两本书稿都不是我组的稿，是从同事那里转来的。《杨开慧的故事》写得不错，我很快编辑加工完成，发了稿，1978年下半年就出了书。《任弼时的故事》就不一样了，让我费了很多时间和精力。

这部书稿是任弼时家乡湖南汨罗县宣传部组织写的，作者原定有韩少功等。韩少功后来成了著名作家，在海南很有声望。但这部稿子，他只是参与了意见，并没有自己写。实际执笔的，是另外一位县文化馆工作人员，创作过一些文艺作品。可能是初次写这类真实人物故事，他写得不成功。我和室主任看后，都觉得不行。一是材料组织得不得法，或史实交代不清。二是语言能力弱，话说不到点子上，又没有生动感人的提升语句，看着实在乏味。

这种情况在当时并不少见。由于"文革"的耽搁，各地缺乏有文化和写作功底的人才，就调来一些爱写诗或文艺节目的人，当"笔杆子"用。为革命家任弼时写一本故事书，当地都当成政治任务给安排下去。写得不成功，很难怪作者本人，不对他的路子。可各方面都要求尽快出版本书，好配合宣传革命传统的大形势。靠写信提修改意见，要写很长，说不清，还太慢（那时候打长途电话都很难）。为了加快进度，室主任建议我到湖南汨罗去一趟，和作者当面谈。我便在1978年夏天到了长沙，又到了汨罗。

记得那些天，当地天气热得邪乎，气温超过了40摄氏度。住在县招待所的平房里，门窗大开，还是热得汗流浃背。没有空调，扇子的风都是热的，连竹凉席都烫人，衣服湿透了，粘在身上。我从没有经过这么闷热的天，难以忍受。看见当地客人都赤着背出出进进，还从院里的水井中提水冲凉，我也就脱了上衣，不断用凉水擦身。正巧这时候，作者引着当地领导走进来，看望加商谈。我赶紧要穿衣服，领导忙说不要紧，天太闷热，你们北方人不习惯，就这样好。我就光着膀子谈起改稿的事，事后觉得挺逗乐。

双方谈得很好，领导让作者听出版社编辑的意见，认真修改，不行就重写，又讲了此书的重要意义。随后作者请我到家中做客，拿出当地的特产招待。我很受感动，答应要提供材料和帮助。不久，作者和韩少功等来到北京，我们又谈了一次。我本来希望韩少功能写这本书，那肯定会提高质量，可韩少功不置可否，实际上他还是让原来的作者写。

等到第二稿写出来，我一看就很失望，原来的问题照样存在。看来一个人的习惯定了型，想改是很难的。我就对室主任说，最好是换人重写。室主任看了也直发愁。退稿吧，那可是当地领导组织的，又是革命家的故事。再说，任弼时的亲属也知道了此事，其子任远远亲自过问。退稿是绝对不行的。在向社领导请示以后，室主任对我说："不要再退修了，你就自己改吧，不行就给他重写，怎么也得弄出来，你也有这个能力。"她还对我说起一些老编辑，包括叶至善等名家，都替作者改写过书稿，让我不要有顾虑。作者那边，出版社也告知编辑要进行修改。作者表示，一切由出版社决定。

我当时刚把《三国故事》写完，又接着改这一本。想起在汨罗的时候，受到人家的热情招待，也答应过要帮忙的，不好意思不干。我马上找来任弼时的相关著作和回忆录，突击猛看，列出了他的生平年表，又参照原稿列出了提纲。本来是想把原稿里能用的文字尽可能拿过来，保留一些作者的原话。可一写起来就做不到了。我的完整构思和语言叙述，与原稿合不到一起，硬要合，就破坏了整体感，写时反倒影响了思路，顾此失彼。后来我干脆就按自己的思路写起来。任弼时的品德高尚，又极具个性，我写时受到感动，词句自然带着热情，由情引出文字，行笔如流水，写起来很是流畅。我在书稿结尾处写了一段带总结意义的话，可

以看出当时写作是很投入的：

> 是啊，从儿时乡间的小学校，到上海滩头的亭子间；从外国巡捕的牢房，到革命根据地的崇山峻岭；从千山万水的长征路到新中国的首都北京城……四十年前，任弼时是一个诚实天真的幼童；四十年后，他成了一个伟大的革命者。他靠的是什么呢？就是靠这种"骆驼"精神：不管征途上有多少艰难险阻，不管斗争又是多么激烈复杂；在任何时间里，在任何岗位上，他总是全力以赴，百折不回，任劳任怨，一步一个脚印地向前进……这就是任弼时平凡又光辉的一生。

只一个多月，我就写完了 6 万字的书稿，共 38 节。作者看过"改样"后写信表示感谢，并说这本书实际是你重写的。书稿很快发稿，1980 年 6 月出版，比《三国故事》出版还早。我在书上没有任何署名，也没有稿酬。

《任弼时的故事》一书的写作和出版，带有那个时代的特征：作者、编者都是奉命而行，目的是为了政治宣传。所以无论是那位作者，还是我这个编辑兼代写者，都对此事心甘情愿。我一向不赞成替作者代笔，可这一回也不得已而为之地"越俎代庖"了。多少年之后，如果有人谈起此书，谁也不会知道我起的作用。

然而有付出就有回报。这次代笔，对我的编写能力是个检验，更是个提高。因为是参与了由设计到写出的全过程，我对书稿的写作有了全方位的体验，对如何写少儿知识读物也有了感受。又因为我是编辑，对书稿如何适应编辑的格式要求，格外注意，获得了足实的经验。此后，我在编与写的结合中，就更加从容不迫，处理繁难稿件很快会成竹在胸。这就是最好的回报。直到现在，我翻看《任弼时的故事》一书的时候，仍然为三十多年前的编写功夫而自我欣赏。它给我的丰厚报偿，不是名和利能体现得了的。

编中学、学中编的乐趣

我进社来就又编又写，质量数量速度都很突出，领导就又给我加了任务。一天，室主任拿出一部书稿对我说："你学文又懂史，搞这部历史小说肯定愿意，还是你弄吧。"她给我的是《文天祥》的书稿。这是一部积压很久的投稿。据说还在"文革"以前，一位南京的作者就写出来，投给中少社。编辑看了之后，提出了一些意见，让作者修改。作者改后寄回来，社里让老编辑刘重审读加工。刘重不但认真看了，还改写了一些地方。正准备发稿的时候，"文革"爆发，业务停顿。稿子没发成，刘重也受到冲击，流落他乡，生死不明。恢复业务以后，作者来信询问此事。幸好稿子还在，室主任就叫我处理。

我看了以后，感觉稿子写得很有层次，经过刘重的加工，语言也很流畅，有可读性。文天祥的事迹，过去我只是知道大概其，看过此稿之后，知道他的经历相当曲折。书里的故事情节写得很细致，人物对话很多，和当时的背景扣得很紧，就连一些小地方，还有出场一次的人物，都有具体的地名和姓名。这反倒让我拿不准了。写历史小说，应该允许细节的虚构，可这么细的交代，哪些是真实的哪些是虚构的？叫人不放心。我的看书习惯让我非搞清楚不可，于是就去图书馆借了有关文天祥的书，有他的诗文集，还有相关史料及后人写的传记、故事、小说等等，抱回一大摞。

回来一看，我就来了兴趣，看得很投入。文天祥不但是有民族气节的英雄，而且写诗出名，还是记史的高手。他写的《指南录》和《后序》等，

以诗文体记下了他自己的行踪轨迹，文笔也极生动。我花了几天时间看了材料，又列出了文天祥的年谱，对他的生平有了清楚的了解。再看稿子，就明白了。作者在哪些地方是按文天祥的回忆写的，哪些地方有自己的设计虚构，我都有了数。应该说，作者是很下功夫的，可也有渲染过度和背离史实的地方。我在加工的时候，对这些都做了修改，还按原稿语言风格加了几段描写和议论。稿子顺利通过复终审，在1980年1月就出版了。当时关于文天祥的书很少，这本书很受关注，北京的文天祥祠（在东城区府学胡同）也在展览室摆放。

对我来说，这次实践，是编中学、学中编的过程。通过系统学习文天祥的有关著作和宋元史料，我不但高质量地完成了编辑任务，还成为文天祥研究的内行，后来还写了文天祥的故事和评价文天祥的文章。在与史学界人士谈起宋元兴亡的时候，我也能有根有据地表示看法，进行交流。这都是当初认真学习文天祥资料的经历打下的基础。

继《文天祥》以后，我又接手编辑了《小刀会英雄传》和《秋瑾》两部历史小说。《小刀会英雄传》早在1962年就出版了，反响不错。"文革"以后，出版社决定再版，作者当然高兴，并做了修改和补充。我既然搞了一本《文天祥》，这差事自然我干合适。作者是上海人，显然具有极强的写作能力，对史料也掌握很多。全书用章回小说的方法写，结构严谨，情节紧凑，又带有上海市民语言的特色，读来很有味道。我以往对小刀会的历史知之甚少，只是看舞剧《小刀会》留下些印象。看完书稿以后，知道小刀会曾经占领上海近两年，与中外势力抗争激烈，深为惊奇，也有些疑惑。为了弄清小刀会的历史，我又去借来相关的书籍，边看边做记录，弄清了当时的背景和小刀会的来历，对书里写到的各路起义豪杰、清朝官员、外国使节等众多人物的身世，小刀会与太平天国的关系，都有了详细的了解。随后，我依据史料对书中的内容提出了一些疑问，谈了具体建议，希望作者进行修改。作者高兴地接受了我的大部分建议，认为这是一次"内行的合作"，令人愉快。

修订《小刀会英雄传》的同时，编辑部收到了投稿《秋瑾》，作者是南京大学的教师。我也就同时处理这两部书稿。秋瑾是辛亥革命时期的女英雄，我对她的事迹较为熟悉。可开始的书稿写得不太理想。一是有些情节史料根据不足，真实感较差；二是背景交代欠缺，历史感较弱；三是因为两个人合写,语言风格不一致,读来不够顺畅,可读性差。这就更让我下决心把秋瑾的事迹闹明白。我向来对辛亥革命的志士充满敬意,也想把这段历史搞个清楚。于是我借了有关的图书十几本,还去中华书局买了些旧版书,如冯自由的《革命逸史》等。那段时间里,我业内业余不分,兴致勃勃地看这些书,笔记自然写了不少,很快把秋瑾的生平和她的诗文内容熟悉了,对与秋瑾来往共事的志士的情况也知晓了,甚至兴中会、光复会和同盟会的情况,我也大体掌握了。随后,我给作者提出了详细的修改意见,包括内容的增补和情节的设计。作者看后,做了修改。我接到改稿,又对一些地方做了修补和改动。因为修改多次,《秋瑾》出版时间较晚,在1982年10月见书。作者来信说:"从你的建议和修补看,你看的材料和掌握的情况比我们还多,有些我都没见过。"1983年我到南方出差,在南京见到作者,他又重复了这个看法。这不是恭维,是实情。我在《秋瑾》一书上花费的编辑功夫远大于作者写作的投入。过后我想,如果让我写这本书,我肯定会写得比这本好。

三种历史小说

《文天祥》、《小刀会英雄传》、《秋瑾》三部历史小说,我都是在编辑与学习的同步过程中完成的,编辑的过程也是学习的过程,学习的结果又直接运用于编辑实践。这样做有四点明显的好处:保证了书稿的高质量,是一;提高了自己的学识水平,是二;享受到学习的快乐,充实了生活,是三;使作者对编辑有信任感和敬重感,编辑的主导作用明显,是四。从此,我形成了习惯,每编一本书,都要对其内容进行学习研究,

上编　编学研写相伴行

力争透彻掌握，而不是改改错别字就发稿，过后什么也没留下。

可能有人对此法不以为然，说你又不是作者，文责自负，能出版就得，何苦费那么大的劲儿？其实编辑审稿，谁都希望看好稿子，一次通过。可当遇到难点的时候，就要肯下功夫。我自己的做法，既是自小养成的习性所致，也从中获得收获，当然乐此不疲。人各有志，不能强求。不过我倒以为，如果编辑只止于"文字匠"身份，没有攻坚能力，那就不必评什么高级职称了，更不必侈谈什么"编辑文化"了。编辑是文化人，应追求高素质，对书稿全面把握。我不想降低自己的身份。

得到冰心题词

　　1982年上半年，当时的国家出版局举办了一次全国少儿读物评奖活动。我应邀担任评委会办公室成员，主要负责文学读物的初审，要提出初步建议。那次评奖活动，聘请了一些老作家老专家担任顾问。按计划，我们要向他们介绍参评作品的情况，征求他们的意见。为此，我们几个工作人员对顾问们一一进行了走访。

　　当时，这些顾问，有的上了年纪，有的身体有病，已很难对评选工作发表具体意见。记得科普名家高士其先生（他年轻时为搞科研身体致残）一边听我们介绍，一边点头，然后用我们赠送给他的钢笔在纸上写着字："你们送给我的永生牌钢笔很好用，我已经用上了。"那手虽是颤抖的，字迹却很清晰。儿童文学作家张天翼先生因病失语，手已不能握笔，听我们说着，只能发出"啊，啊"的声音，由他的夫人代述他的意思。

　　也许是出于对老作家们的敬意，他们的状态使我们多少有些感叹：上一代儿童读物作家老矣，经过十年动乱的断档，新一代尚未成熟，儿童读物出版事业前景如何？

　　带着这种心情，6月1日这一天，我们向冰心的住所走去。事先，我们已听说，冰心在前一段摔了一跤，身体也很弱。这就更增加了我们的担心。这位老太太会怎样面对我们的介绍呢？在此之前，我对冰心的了解是很少也很浅的。印象当中，她出生在幸福之家，从小受到良好教育，个人生活一直较为平稳，既不像鲁迅、郭沫若那样处在文坛的风口上，也没有丁玲那样的坎坷遭遇。在"文革"中，她虽然遭到冷遇，但没

有如党内"走资派"那样挨批挨斗。有了这种经历，我想，她对事物一定会是很超脱的，甚至会有些矜持的。

门铃响过，门被打开了，迎面便走过来一位穿着朴素，拄着拐杖的老太太，大声打着招呼，笑着道声"欢迎"。我想着，这就是冰心吗？只见她扭过身向椅子走去。看那走路的快捷轻盈，和拄拐杖的姿势有些不协调。冰心大概看出我们的疑惑，就解释说："我前些日子不小心摔了一跤，恢复得挺好，走路没问题，但家里人都不放心，一定要我拄拐杖，免得出意外。"说着便咯咯笑了起来。

冰心已经年过八十，相貌自是老了，可那神态、那动作，一点也不显老。冰心说话的声音很清亮，底气很足，虽是福建人，口音却是很标准的普通话。她的热情、爽朗、朴实，一下子"溶化"了我想象中的那个"冰心"。我们说起这次评奖的情况，冰心仔细听着，然后说："我老了，又没精力看那些书，但我相信你们一定会评好。"原定的任务完成之后，我和同去的两位同行便迫不及待地向冰心提起各种问题，有生活上的，有创作上的，有社会上的。事隔多年，具体的内容已记不得了，但冰心当时的神态却留在了记忆里。她有问必答，侃侃而谈，谈到了自己的家庭，谈到了"文革"遗害，谈到了社会上的进步，谈到了儿童文学的现状。她说话时没有丝毫的犹豫，更不躲闪什么，赞成的、不满的、反对的，明明白白，直截了当。

这才是大作家的风范，也是大作家的责任。冰心无愧于现代文学史上的大家。熟悉她创作道路的人应该都清楚，晚年的她在文风上较青年时代有了变化，纯熟、老练、通达，但对国家对人民的感情依然那么热烈，对事情的洞察力依然那么深透。

一个多小时过去了，为了照顾她身体的健康，我们起身告辞。两位同行又提出了一个要求，请冰心先生为我们写几个字吧！"好的好的，请把你们的名字写下来，我这就写。"冰心说着就取出了纸笔。

冰心提起笔，在纸上为他们两个人各写了一句话。轮到给我写了，她抬头看看我，大概是听我说也在写作，觉得我比他们两个年轻，应有所嘱咐吧，想了想，动笔写道：

　　　　提笔时请多想孩子　　学刚同志嘱　　冰心　六，一，一九八二

冰心也许不会想到，她写的这句话，后来成了我这个少儿读物编辑

的座右铭。我认为这句话既是冰心一生创作儿童文学的经验之谈，也是给少儿写东西编东西的第一要领。给少儿写东西或编辑作品，必须时刻想到你的对象是孩子，想到你写的东西，他们读得懂吗？喜欢读吗？要从他们的阅读习惯入手，符合他们的阅读特点。这么多年来，我无论在编时，还是写时，总会想起这句话，也时常对青年编辑讲这句话。

走访冰心，使我对儿童读物的编创恢复了信心，如果新老作家们都能以冰心的心态和热情投入事业，我们的事业就大有希望。在前面的回忆中，我讲到林汉达的几本书是引我走上少儿出版工作之路的动力，那么与冰心见面，特别是她的题词，就是在这条路上的一盏灯。

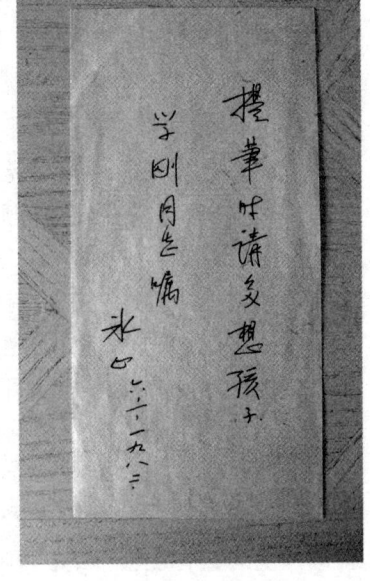

冰心题词

扩展提升，《中国通史故事》

我刚到出版社的时候，就听说这里正编辑一套大型丛书，《少年百科丛书》。为此专门设立了编辑室，一个负责编自然科学方面的稿子，一个负责编社会科学方面的稿子，俗称"一百"、"二百"。在社会知识类的选题中，就有《中国历史故事》(不是前面说的《中国历史故事集》)、《中国革命历史故事》、《外国历史故事》三套历史类选题。1980年，我所在的编辑室和"二百"合并，称为社会知识读物编辑室，我也开始参加《少年百科丛书》的编辑工作。

此前，我因接手编辑了林汉达写的那几本书，又续写了《三国故事》，同时又编出了《文天祥》、《秋瑾》和修订再版的《小刀会英雄传》等文学性较强的历史读物，就有了点小名气。好像我是个编历史读物的行家。二室合并之前，我就听到希望我去"百科"编历史书的说法。及至合并之后，我就自然成为三套历史读物的责编之一，而且渐成主要角色。我对此很是感慨。想当年我在考大学时，就把历史系当作首选，想当个历史学家，可没能如愿。"文革"中自学中外通史，也是兴趣未减所致。不想在出版社这里有了"机会"。编通俗历史读物，虽然不同于历史研究，但究竟要涉及许多历史问题的评判，我还是很有兴趣的。

开始，我主要负责把《中国历史故事》和《外国历史故事》两套书编辑完成。《中国历史故事》计划按朝代时代顺序编17种，我负责最后3种，即清、近代上、近代下。《外国历史故事》计划编5种，我也是负责后面3种，即中世纪、近代、现代。这几本书我在1981年至1985年前后完成，三套历史故事书就完全出齐了。接下来的事情，就是如何加强宣传，扩大影响，促进整套销售，还有修订完善的问题。

那时候，中青、中少两社还未分家，发行合在一处。发行办法也是多年的老规矩，每出一本书，先在新华书店征订目录上征订，有了订数再确定印数。如果是单本书还好办，套书就会造成麻烦。像《中国历史故事》，全套17册，好几年才出完，一本一本征订，订数印数都不一样，读者买了前几本，没买到后面的；买了后面的，又没有前面的，老凑不齐。为此给编辑部来信函购的非常多，编辑也增加了工作量。能否17册一起征订一起出呢？这在今天是很容易的事，可在那时候，从无先例，难办得很。我在1983年出任室副主任，后又在1985年主持全室工作，为此事就到出版发行处谈，到印刷厂与厂领导谈，希望把17册一次印制发行。出版发行处和印刷厂的负责人还到编辑部专门研究了一次。遗憾，没有谈成。原因是一次上版印刷，量太大，纸张不够；装订后，库房没地方放，又占用资金。

解决这个问题，是在1986年以后。那一年，中青、中少分家，实际上是中少社分离出来。从此有了独立的出版发行处。出版发行处的负责人王修文、尚万春等，原也是编辑，上任后就决定把这17册作为突破口，力求在整套书统一印制发行上打开局面，开创一条新路。我自然很是高兴，又与他们一起研究，确定17册装一套盒的办法，并立即请美编设计。王修文他们在印装发行上做了大量工作，终于在那一年实现了盒装整套印发，效果令人鼓舞。接着，《中国革命历史故事》和《外国历史故事》也做了盒子整套印发，再往后，《少百丛书》的各个小套及其他套书，都装起盒来。大大小小的盒装书，成了中少版图书的特色。摆在一起，蔚为壮观。实现套书丛书的整印整发，中少社是走在前面的。

17册《中国历史故事》在出版过程中，无论是编辑还是专家，还有一些读者，都感觉到书中存在一些让人遗憾的毛病。我接手之后，把17册一一读过，也发现一些问题。除个别处有知识性、文字性的错误（这是难免的）外，我认为主要是整体感不强。因为不是一个作者写的，也不是一个编辑编的，各册有很大的差别，如有的选的故事多，有的少；有的细节多，有的线条粗；在各朝代时代衔接处，有重复或遗漏的史实；在知识和故事如何结合的问题上，也有欠缺，等等。再有从发行上讲，盒装书虽然做到了整套印发，可仍要一本本印制，还外加套盒，成本很高。于是新的想法就产生了：把这套书内容重新编一次，对不合理和错误的地方进行整治修改，将欠缺的内容补上，出版合卷本。同时，原书下限到五四运动作为"近代史"结束，也是过时的认识，应延长到1949年新中国成立。

这个想法提出来以后，社领导就全力支持。经商量，既然是要延长下限，那就改书名叫《中国通史故事》，既大气又新颖，不会重复。1986年，我被"扶了正"，成了名副其实的主任，此事也就自然落到我的头上。于是，继《中国历史故事集》那半套书以后，好好搞一部完整的历史书，便成了我的新目标。我写出编辑方案后，把很多精力投入到此书的修订增补工作上，召开作者编辑的工作会议，安排进度。先由作者自己按要求改了一遍，而全部书稿的实质性修改都是按照我的思路并主要由我做的。同室的马书田、曾瑯也做了个别文字订正。为此我写了颇为详细的审读报告和修改记录。这里就摘录报告中的几段：

　　…………

　　重编的《中国通史故事》，是在原17册的《中国历史故事》的基础上修订而成。它继承并强化了原书的优点，去除了原书的缺点，弥补了不足，无论内容和形式，都有很大改观。《中国通史故事》将分上、中、下三卷出版，共150万字左右。三卷的内容是：

　　上卷：远古—两晋。8段169节。

　　中卷：南北朝—元。6段181节。

　　下卷：明—现代。4段175节。

　　三卷本与原书的最大不同点在于：(1)重新分段组合；(2)加强了知识性；(3)丰富了故事量；(4)延长了时间下限。

　　(1)重新分段组合。原书17册的编排，较多地考虑到了篇幅的大致相同，而打乱了一些历史时期的完整，有些地方内容的位置也不合理。如《东汉三国》一册写的是两个时期，一是统一的一是分裂的，放在一起，历史特点被削弱了，写得都不够丰满。又如把"唐"分为两半，前期与"隋"写在一起，后期与"五代"合写；把辽金两代分别与北宋、南宋合在一起，也难以表达各自的时代特征，还打乱了时代的完整。三卷本则严格按时代或朝代顺序分段，共18大段，是远古、夏商西周、春秋、战国、秦、西汉东汉、三国、两晋、南北朝、隋、唐、五代、北宋南宋辽金、元、明、清、近代、现代。这样分法,既有利于叙事,时代感鲜明,又尊重了历来的习惯和原书的基础。

原17册在各部分的开头结尾处,普遍存在着衔接不好,或重复讲述的毛病,这主要是不同作者各写各的、编辑工作又有些脱节造成的。这次修订对这个问题做了重点处理:A. 接得不好的,不连贯不照应处,如春秋与战国、西汉与东汉、东汉与三国、两晋与南北朝、唐与宋等处,或重新写过或加以补充,使全书不断线,联系紧密。B. 对写重复的,如战国与秦之间,元与明等处进行了删减。C. 对几处问题较大的地方进行了调整:如把"秦"的前三节内容,移到"战国"部分;把"两晋"的一、二节移到"三国"部分,因为这些内容原本"错位",这次归了位。原书对"魏灭蜀"、"晋代魏"的过程交代不清,这次也做了补充。原书的元明之间,有多处重复和时间交代杂乱的毛病,这次除删节一部分内容外,还对"明代"的前半部顺序做了调整和补充。通过这样的调整和排列,使全书层次分明,去除了重复脱节错位的毛病,更好地体现了系统准确讲述历史发展过程的编辑意图。这类问题还有一些,详见书稿上的说明。

(2)加强知识性。此次修订在保持原有的故事性的同时,加强了有关历史知识的介绍,多采用举一反三、讲重带次、以点带面的方法,如介绍到某件事或某个人物时,都尽可能讲一些有关的知识。这个写法在原书里已有多处,三卷本中又增加了。

三卷本还增加了一个重要的内容:18段的开头,各有一段"前言",介绍本时期的概况和政治、经济、文化上的重要特点及成就。这些前言能帮助读者了解历史大背景,加深对故事意义的了解,同时在150万字的长卷里,它们也起了"暂停稍息"的作用,让读者有间歇和思考的余地。这样写,也使本书的知识系统性大大加强,有别于故事集纳,而与"通史"靠近。18段的前言,前17段,是请朱仲玉执笔写的,第18段是我写的。18段写法一致,简洁明确,与前后故事紧密相连,成为全书的有机组成部分,而没有"加塞儿打补丁"的感觉。相信这一编辑方法会成为《中国通史故事》的一大特点。

（3）丰富故事量。按照修订方案，《中国通史故事》要完整、多面地反映各个时期的社会面貌，对政治、经济、军事、思想、文学、艺术、科学、技术、生活等都要讲到。所以修订中，凡原书在这方面有欠缺的，都做了补充，这些内容，有的是作者自加的，也有由编辑提议作者加写的，也有的是经作者同意由编辑在加工中补充上去的。比如原来的"五代"部分，因为是附属"唐"后的，没有全面反映，这次独立成一段，就做了较大补充。1840年到1919年的近代部分，原来在经济文化科学上反映不够，这次补充了相当多的内容。通过整节或整段的补充，三卷本在"近代"以前的字数，比原书增加了近20万字。如加上新写的"现代"部分，则增加了近30万字。从现稿来看，历史上各时期最有影响的事件和最著名的人物，基本上都讲到了，达到了编辑的目标。

（4）延长时间下限。按照编辑方案，这次修订，增写了1919年至1949年的30年历史，也就是通常说的"现代史"部分。这样，三卷本就从远古一直讲到新中国的成立，更加系统完整地讲述了中国历史。准确地说，它的时间不是"五千年"，而是一百万年左右。在目前的讲通史的通俗读物中，尚属首次，可以说是个创举。

关于现代部分的书稿编辑情况，另有审读报告详细记录。这里需要强调的是，我们的想法，作为"通史故事"，要全面反映历史面貌，这段历史也不例外。它应有别于长期以来的习惯，即以中共党史或中国革命史代替历史的做法，要从"中国历史"的角度来写，与全书保持一致。作者的书稿基本体现了以上的想法，也有不足之处。后经双方商定，由作者与编辑分别加以补充修改，达到了编辑要求。

除上面所说的四个方面，还有一些具体问题，在这次重编中也注意加以解决了。如对人事的评价尺度、知识的更正更新、故事题目改换、编辑格式的统一、插图的精选和增加重大人物事件索引，等等。我还通过已经调到农工民主党的金大业请历史学家、时任全国人大常委会副委员长和农工民主党中央主席的周谷城先生为此书作了序，题为《我的希望》。

1989年年初，《中国通史故事》（三卷本）发稿。随后，按同样方法，在原《外国历史故事》的基础上重编的《世界通史故事》(一卷本,陈翰笙先生作序),也发了稿。美编室主任李恒辰为这两部书设计了红黑相映、蓝黑相映的极富特色的封面。两部书在1991年出版后,很快在社会上引起反响。特别是《中国通史故事》,以系统全面、丰富准确、朴实流畅、精致美观为特征,连续加印。让我惊奇的是,精装本价格不菲,反倒比平装本受欢迎。足见人们对精品书的喜爱。《中国通史故事》成了中少社的品牌书,曾多次获奖,几次被评为畅销书。在宣传上也下了不少功夫,我和编辑室其他同事,组织了几十篇推荐介绍文章。我自己就写了十几篇,在《人民日报》、《光明日报》、《求是》杂志、中央人民广播电台、中央电视台等处登载播出。史学界、文学界、教育界的权威人士戴逸、李学勤、管桦、汪曾祺、朱家溍、李侃、刘祖禹、游铭钧等,都发表谈话或写文章推荐。

《中国通史故事》和《世界通史故事》

从编辑角度看,《中国通史故事》是对原17册的一次成功的扩展和开发,又是一个层次的提升。无论编辑思想、设计理念、学术观点、知识结构这些内在的,还是文字表述、排版格式、封面装帧这些外在的,都达到了领先他人之作的水平。如果从哲学角度讲,这是一次"肯定—否定—肯定"的过程,是自我超越的行为。我是《中国通史故事》的主要设计者和编辑主持者,它确实体现着我的智力、我的辛劳。凡参与最初规划和编辑过程的人也都出了力,特别是原《中国历史故事》的责编曹治雄、赵亚光两位,付出心血很多。我的作用,准确地说,是为这条大龙画完了龙尾巴,修好了龙伤口,接好了龙筋脉,点出了龙眼睛。

一部编辑交响乐

如果要问，我在中少社这些年来，做的哪一件事最累人，对哪一件事印象最深刻，那就是编《中华人物故事全书》。它前后用了十年工夫。其间从选题酝酿到成套出版，兴奋、喜悦、困惑、苦恼、奋争、欣慰，种种心绪交替着。每当回忆起来，竟像一支起伏跌宕的四乐章交响曲在耳边悠然响起。

一

在我的印象中，1983年是出版界一个转折的年头。十年动乱之后，经过20世纪70年代末到80年代初的恢复和发展，出版事业需要大步前进，创造高水平的力作，成了人们的共同愿望。新老骨干的交替，编辑队伍的扩大，为此创造了条件。中国少年儿童出版社就是这样。在重版了大批"文革"前的优秀作品、编辑了《少年百科丛书》这样大型图书之后，还应有什么"大动作"呢？记得我们进行过热烈的讨论。

"人物传记和故事，是青少年特别喜欢看的书，也是一个出版社编辑水平的体现。"大家都这么说。这个"大家"也包括领导者。总编辑就向我们提供了几条消息：一位出版界的领导建议中少社出版一套历史名人的故事书，可以一个人一本，搞上几百本；我们的印刷厂新引进了德国八色的印刷机，因为缺活儿而"吃不饱"，如果有套大型彩色胶印书，它就有用武之地了。上上下下的意向表明，编辑出版一套大型的有彩色插图的"人物"书，既必要又可行。这个意向使我们都兴奋起来。

领导拍了板，并让我主持具体工作，制定编辑方案。我们首先对已往和当时市场上的同类书进行了比较，发现它们的编辑方法很多：有写人物一生的，有写片断的；有一人一本的，有多人一本的；有综合各类人物的，有分门别类的……各有所长。

"我们这套书一定要编得与众不同，要编出自己的特点。"我的这个想法，大家都赞成。但是特点体现在什么地方呢？我和同行们经过多次讨论达成了共识：我们的读者对象是少年，必然是以讲故事为主，但是又不能只讲一个个故事，而要通过若干故事反映人物的一生面貌和主要贡献、作为，使孩子们从小就对这些名人有个基本了解。再就是所选人物也应有所不同。选哪些，当然要考虑人物的历史地位和知名度，但是也要适当扩大知识面，增加新鲜感，因为很多生动故事和优良传统是体现在众多人物身上的，如果只选些大人物，就会失去生动性，也造成重复。

编辑方案确定了。书名就叫《中华人物故事全书》，将收入古代和近现代人物近六百位。所谓"全"，是相对而言，即对少年儿童来说，他们应了解的人物在这套书里相对地"全"；每个人物的故事也相对地"全"。从这个意义上说，这套书无疑属于我们少儿读物的"基本建设工程"。

二

1984年到1985年，一切都在顺利进行。

为了使我们的想法在读者中得到验证，我们和北京市少儿图书馆的一些小学老师和辅导员就这套书的设想进行座谈，并把我写的三种风格的样稿印发给三至六年级的学生看。得到的反馈是令人鼓舞的。同学们对样稿都读得懂，而且很喜欢，希望尽快看到这样的书。老师们除了支持出版这套书外，还对编辑方法和所选人物提出了不少建议。工厂师傅们听说有一大套彩图丛书要上马，都很高兴，说这是中少社有史以来没有过的事，七言八语地说起了用纸、开本、装订上的事，出了不少的好主意。厂领导表示，要派最有经验的老师傅把关，保证印制质量。

按照几方面商定的，《中华人物故事全书》分为古代和近现代两部分，并要出两种版本，一是彩图本，图文并茂，字大图美；一是普通文字本，以文字为主，书价也低一些。这样可以满足不同读者的需求。

　　第一批书稿来了，编辑们立刻投入审稿加工工作。按照编写要求，这套书的内容要史实准确，故事性强，语言通俗生动，并且口语化。这些要求对于作者来说，无疑是很高的。尤其是对故事的真实性和生动性如何把握，是个难题。至于文字上的修改和润色，编辑们更是煞费苦心。记得写宋元两代人物的作者，对本书的要求理解不够，选择的故事不能准确表现人物的价值和特点，语言也很平淡，但本人又因工作忙而无力修改。后来，编辑们又重新组织史料，补充修改，真可谓字斟句酌。

　　专门做这套书的美编王庆生认真的态度更令人感动。文编交给他的稿子，他要一字一字数过，在版式上排出位置，再根据文字内容，确定插图的内容、位置、大小和形状，再去约画稿。因为是写中国人物，又是给少儿看的，所以要求写实、美观、色彩明快。有些画家不大愿意画写实的作品，或画出来不符合要求，老王就四处奔走，寻找合适的画者。

　　第一批一至四集发稿了。我们等待着一个未知数的公布。通过征订，订数超乎我们的预料，第一次就是 8 万！这在当时也是一个令人惊喜的数字。因为它是彩色胶印的书啊！从领导到编辑和发行人员，皆大欢喜。

　　1986 年，《中华人物故事全书》古代部分彩图本一至四集出版发行了。不久，五至八集也出版了，它在社会上引起了广泛注意和好评。不少中小学生自己给编辑部写信，表示非常喜欢这套书。"故事爷爷"孙敬修看到之后，高兴地说："我过去给孩子讲历史人物故事，大都是神话或小说里的，你们书里讲的都是真实的，很不简单，字号大又有这么多彩图，真是为中国孩子做了一件功德无量的事！"在几次读书和评书活动中，这套书的前几种入选或获得好作品奖、优秀编辑奖，并几次再版重印。社会的评价使我们信心十足，除了继续编辑古代部分后面的各集外，还开始了近现代部分的编辑工作。一套汇集中华民族古今近六百位杰出人物的"大书"即将问世，我们为之激动不已。

三

　　然而到了 1987 年下半年，形势发生了变化。首先是订数开始萎缩。这个现象的社会原因很清楚，显然，订数下滑是普遍的。《中华人物故事

全书》从第九集开始下降,到十一至十四集时,只有1万册左右了,从开始的赢利变成了"赔本"。而成本呢,又因为纸张、印刷等费用的上涨而一再提高,书价不得不上调,从原来的一元多涨到三四元一本。书店很快反馈过来读者的意见:太贵了。结果订数又低了。尽管这套书是社里的重点书,可以"计赢不计亏",但事情明摆着:工作只比别人重,却落个"赔钱"的名声。

编辑工作也遇到了极大困难。最突出的是文图之间的矛盾。四十集的文字进展较快,到1987年已基本完成,而彩色插图缓慢得多。美编工作繁杂,一个人显得心有余力不足。画家呢,也不像开始那么兴致勃勃了。这种写实费力的、又要符合历史真实和编辑要求的、稿酬又低的活儿对画家们越来越缺少吸引力了。文编美编都着急上火。幸而社领导一再表示了"坚定不移"的态度。随后,我们提出了几条建议:一是增强美编力量,加快发稿速度。社里同意了,陆续派了几位年轻人帮助老王找画者,做编辑,设计封面。二是为避免印制质量参差不齐,定价多变,应改变以往单本发行的办法,要一次成套出版发行,打整体战。发行也要加强宣传力度。社里也同意了,并组织印发部门代以安排。

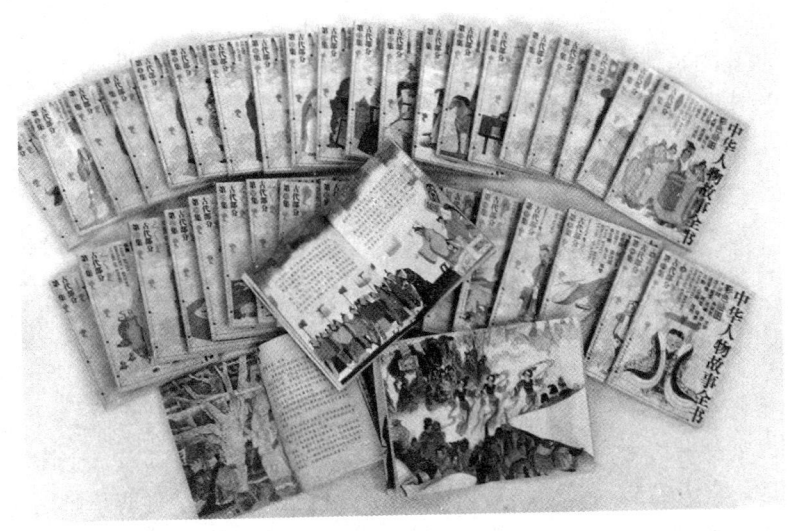

《中华人物故事全书》彩图本

四

目标明确了,大家又满怀信心地干起来。编辑们一本一本地编,出版部门一本一本地做。《中华人物故事全书》似乎销声匿迹了,三四年内没在图书市场上出现。许多读者写信来,询问何时配齐全套书,这更激发了我们的热情。再好一些,再快一些,成了我们共同的心愿。古代部分彩图本一天天接近完成,普通文字本也同时进行。近现代部分的书稿也陆续完成,进入编辑阶段。中华民族从古到今,各时期各方面的代表人物,在我们手下聚集一堂,展示着各自的风采,可谓一桩盛事。编辑们被英杰们的事迹感动着,为能有机会了解到这么多人物的生平和经历而感到庆幸,竟把那些烦恼事忘却了。

编辑们都这样说:"编完这套书,为孩子们提供了认识中华名人的阵地,我们也都成了中国人物通,这份回报最珍贵。"后来,我在好几篇介绍《中华人物故事全书》的文章中,都不厌其烦地重复这样的话:"一个作者,一个编者,如果他是认真地为读者编写有意义的书,这书的作用就是无法用时间、用金钱来比价的。无价是有价,这才是编辑工作的真正价值所在。"

收获的时节终于盼到了。1993年,《中华人物故事全书》古代部分的两种版本,同时付印。付印之前,我们全体出动到工厂,对所有文字和插图又检查校改了一遍,郑重地签下了名字。1994年,彩图本(40集)和普通本(8卷)先后成套出版发行。1995年,近现代部分普通本(8卷)也问世了(遗憾的是,近现代部分没能做出彩图本)。这些书很快得到了社会和读者的承认和好评。彩图本获得第二届国家图书奖提名奖,近现代部分获第十届中国图书奖。此外,这套书还获得了全国少年儿童图书一等奖、全国少儿图书编辑奖、团中央"五个一工程"奖等荣誉。到1999年,精装本的《中华人物故事全书》和《外国人物故事全书》,相继出版。这部大型丛书终于完成。

冰心老人看到这套书,高兴地说:"我这么大年纪了,要了解历史人物,也喜欢看这种通俗生动的书。"她为本书题词:"《中华人物故事全书》文字浅显,故事突出,是老少咸宜的读物。"历史学会会长戴逸先生给编

《中华人物故事全书》和《外国人物故事全书》精装本

辑部写信祝贺说:"这套书写得真实生动,插图构思精巧,读后令人爱不释手。它对弘扬爱国精神、传播中华文明、普及历史知识、提高青少年的思想文化素质都会起很好的作用。"

《中华人物故事全书》作为中国少儿读物的"基本建设工程",其使用价值和流传价值是显而易见的。它属于哪一类读物?可以有多方面的回答:它是历史名人故事书;它是记录中华文明成就的书;它是体现民族传统美德的书;它是学习历史的书,学习语文的书;它是美术作品集……功能当然不少:弘扬爱国主义,进行品德教育,传播各种知识,提高写作和口头表达能力,进行艺术欣赏,等等。

《中华人物故事全书》历经十年,渗透了编创者的心血,也磨炼了编辑队伍。它就像一块肥沃的土地,几十位作者、画家和编辑辛勤耕耘,使它结出了丰硕的果实;读者只要认真采摘,也会获得满意的收获。

探底文学名著

1985年，叶至善等一些老资格编辑专家提出一个选题计划，即把一些外国文学名著，主要是长篇小说，改写成适合中国少年们看的图书。他的设想得到了叶圣陶、冰心、张天翼、叶君健、黄庆云等老一代儿童文学作家的支持，引起了很大的反响。经过论证，丛书名定为《世界文学名著少年文库》。叶至善在丛书的前言中讲到出版这套书的意义："有些小说篇幅较长，孩子们往往没有耐性或者没有时间把它读完，但是读一读又很有好处。我们打算改写这样的小说，让孩子们读了知道个大概，也能得到一些好处；他们如果有兴趣有时间，可以再去读全译本。……让孩子们花比较少的时间，能够通过外国的著名小说得到开阔眼界和吸收营养的好处。"为了做一个示范，叶至善和他的弟弟叶至诚还率先选了《愤怒的葡萄》和《塔拉斯·布尔巴》两部小说进行改写。

在确定了这个选题之后，编辑温航就找到我，邀请我参加这套书的写作。我开始有点犹豫。我从小学四年级起，就开始读古典名著，而且是读原著；读外国名著晚些，也在初高中读了许多，仍是读原著。所以我养成了要读就读原著的习惯，对改写本，总以为那不是原版，读了反而会误解原著的意义。可是我的犹豫很快被打消了。温航自信地讲了这套书的可行性，认为改写名著不但可以让没时间没能力读原著的读者了解名著的内容，还能给他们提供一些从内容到语言都十分精致的文学作品。从中外出版业情况看，改写本名著一直是受欢迎的，有些改写本本身因为影响大，也成了名著，如《牛虻》。她这么一说，也让我想起来我读过的《莎士比亚戏剧故事集》,那就是非常流行的经典改写本。她表示有决心把这套书做成功,而关键在于找对作者。她认为我是最合适的:"你续写的林汉达的'三国',实际上也是在改写。谁看了都说好。你又是学文学出身,底子厚实,把握名著精髓肯定没问题。"温航的热情和自信显然感动了我,我同意试一试。双方商定,先搞个篇幅短的,就选了她建议的巴尔扎克的《欧也妮·葛朗台》。我看过这部小说,也看过同名电影,写起来难度不大,马上就开始干起来。

改写与缩写、节选都不一样,需要把原著的内容融会贯通,再用自己的语言把故事完整地描述出来。其中,除了保持原著的主要情节和人物面貌不变外,允许做适当的结构变动,也允许改变原来的语言风格。改写后应是一本新的情节完整的有自己特色的作品。我一向把守信用视为做人的根本,既然答应了,就要认真做。一是要守约;二是要拿出真本事。为此我对书稿反复修改,让文字精而又精。为吸引读者能"一口气"读下来,在情节的转接上都做了推敲、设计,有的地方还做了前后调动,重新安排了节数。巴尔扎克的小说多有大段景物和心理描写,我则做了压缩,并加强了对话的分量,为的是适应中国人喜欢看故事情节的习惯。原著的议论很重要,但过多也影响阅读兴趣,改写时做了精简,使之成为点睛之笔。不到两个月,我改写完成。责编看过后,非常满意,很快就发了稿,1986年年初就出了书。结果我的这一本反倒成了这套书的第一部。《欧也妮·葛朗台》的改写本,可以说是我精雕细刻的一个小作品。但因篇幅短,就有些"不过瘾",好像一碟小菜。

写完了这一本,我的兴趣也大了。当编辑让我赶快写第二本的时候,我就提出要改《奥勃洛摩夫》。这显然是有点冒险。《奥勃洛摩夫》,我以前是硬着头皮看的。因为书里既没有惊心动魄的场面,也没有吸引人的故事情节,就连人物,也是平庸无奇一辈子,毫不招人待见。比如一开头,主人公就躺在床上怎么也不起来,到他起床的时候,全书已经写了少一半了。因为这个缘故,这本小说可读性较差,在一般读者中知名度不高。可是,俄国作家冈察洛夫就是在这样的平淡叙述中,立起来一个令人难忘的"多余人"形象,塑造了不朽的典型性格——"奥勃洛摩夫性格":慵懒成性、害怕变革、安于现状、无所事事的一个"大好人"。当我认识到这部小说的非凡意义的时候,就忍不住有精塑它的愿望。改写《奥勃洛摩夫》的关键在于，要精简叙述，扣紧关节，加快节奏，一气呵成，把人物命运和他的性格接严实，并尽量设置悬念。语言则要个性鲜明，对话的句子简短明快，叙述的话则要做恰到好处的烘托。这就使作品的可读性大大增强了。原著四十多万字，改后只有八万字。写完之后，我自己读起来都被感动了。过多少年之后，再来读，仍然感动。有"识货者"对我说，《奥勃洛摩夫》的原著，几次看都没看下去，这次看改写本，一晚上就看完了，不忍放手。责编温航认为《奥勃洛摩夫》是这套书中的最佳之作。

《奥勃洛摩夫》的成功，使我的"攻坚"信心倍增。我对编辑说，要改就改大部头的，改那些一般人难以读完的巨著，看改写本才有价值。而且改写本的篇幅应尽量短些。编辑赞同我的观点，于是确定了改波兰作家显克微支的《十字军骑士》。《十字军骑士》原著六十多万字，是以情节取胜的历史小说。说是历史小说，其实真实的历史展示不多，主要的人物和故事都是虚构的。书中扣人心弦的情节一个接一个，人物很多，命运富于悬念，紧张得有点让人透不过气来。从改写角度讲，这种小说比《奥勃洛摩夫》费事，因为它情节勾连十分紧密，且是几条线索搅在一起，不好取舍。舍去一段后，要把情节连上不使脱节，还需多动脑筋。凭着已有的经验，我顺利地把《十字军骑士》改写完成，只用了十三万多字。

接着改的，就是托尔斯泰的《安娜·卡列尼娜》。这部八十多万字的名著，虽比《十字军骑士》篇幅更长，可对我来说，相对容易，最要紧的是把握住人物的形象意义。一般读者会以为，这部作品的主人公就是安娜。其实书中还有与安娜经历并行的另一条线索，就是列文的故事。而且小说是以列文开头并以列文结尾的。但是在作品中，二人几乎没有什么来往，更无直接的矛盾交锋。如果去掉列文这条线，小说仍然是完整的。为什么要这样写？我的理解，作者是在给安娜那条线上的故事和人物展开一幅更大的社会历史背景，同时在宣扬自己的人生观。安娜形象的意义在于反映社会和文学创作的个体价值，而在真实生活中，她肯定是立不住脚的。列文形象则不但有社会和文学上的价值，在生活中也是现实的。如果仔细读读，就不难感受到作者的情感倾向。基于这样的理解，我在改写的时候，除进行取舍和压缩以外，还把两条线索都清晰地勾勒出来。改写本也只有十三万字。

　　罗曼·罗兰的《约翰·克利斯朵夫》，原著达到一百一十多万字。在决定改它之前，我从没有完整地看过，实在是太长了。而且，这部书与其说是关于音乐家的小说，倒不如说是人生教科书，很多故事是依此设计的，让主人公经历了各样的曲折磨难。书中讲了克利斯朵夫的一生，除了他以外，再没有贯穿始终的人物，也就没有连贯的故事情节。我是边看边写的，在改过的几部书中，这本花费的时间和精力最多，经常要反复看几遍，才把细节搞清。不过这部小说结构比较松散，情节相对独立，取舍上易下决心。改写本用字十四万多。

　　《欧也妮·葛朗台》《奥勃洛摩夫》《十字军骑士》《安娜·卡列尼娜》《约翰·克利斯朵夫》，原著篇幅一部比一部长，而改写本的比例，一部比一部小。我在改写的同时，还写了评析文章，对作品的背景和意义做了分析。至于质量，我做到了不让编辑费力的自我约定，每次交稿都是一次通过。温航常对我说："你写的是最好的，看你的稿子，让我的信心更足了。"我相信她的话。从这套丛书的效果看，它也是成功的，在20世纪90年代成为长销书。

　　还有《高老头》，是后来这套书扩充延续的时候，由编辑部向我约稿时确定的。《高老头》和《欧也妮·葛朗台》同属巴尔扎克的代表作，在写作特点上有相近的地方，但社会层面丰富，人物性格鲜明，思想意义更大。原作主线明确，场景集中，有多处大段议论和对话，而情节主要在一个公寓和三个爵府进行，从改写角度讲，比较容易。由于有了改大部头的经验，我边看边写，很轻松地就一气呵成。由于选题计划变更，这本书稿没能印制出版。本来还计划改写果戈理的《死魂灵》，也开了头，因时间安排冲突，没有完成。

　　《苦儿流浪记》在世界文学史上算不上特别有名，但它在儿童文学中是部名著，作者是法国的埃克多·马洛。我以前没有读过，还是责编徐寒梅推荐后又找来给我看的。这本小说的情节太曲折了，结局也太完美了。看的时候，读者会跟着情节而情绪波动，接着又会产生疑问：会是这样巧合吗？不过我倒是通过改写《苦儿流浪记》体会到了儿童文学的一个鲜明特点，即情节要直观动人，结果要尽量圆满，即使带有理想化也无妨。原书四十多万字，但细节铺陈多，我"挥刀抡斧"对其进行精减并做了很多调整，重设了章节与标题，改成五万多字的一本。原著是以第一人称"我"来叙述的,在与读者的沟通上有便利条件。考虑到少年们的阅读特点,我在语言上做了认真推敲,多用短句子,多用对话,并注意口语化,向说话时的语气靠拢,读来就流畅自然多了。

改写中国古典文学名著,我也尝试了一部《儒林外史》。《儒林外史》是清代吴敬梓写的讽刺小说,写法很独特,一件事引出另一件事,人物也就跟着换了,没有贯穿始终的一个。所以改起来别有一种困难,要进行精简,就得把相关的细节摘干净,再接上前情,要会打补丁,又不能漏痕迹。另外,古代语言改成现代语言,也要下一番功夫。因为回数少了,回目也要改,还是用对偶的句子。原书中的官场、科场术语,也要解释明白。我的古文底子和严谨细密作风,在改写这本书的时候起了作用。

回想起来,20世纪80年代中期到世纪末,十几年的时间里,改写名著成了我的一件既费脑筋又有乐趣的写作活动。因为本身就是编辑,我写的时候,就完全符合编辑的要求,书稿每次都没有什么改动就发稿了。那个时期也正是我的编辑工作最忙碌也最要劲的年代,我的主要编辑成果绝大部分是那段岁月的产物。然而我还是挤出时间,费了精力做了这件事。陆续写的八部当中,除了一部中国古典小说以外,其余都是欧洲长篇小说。这个选择,缘于我对欧洲文学的喜爱和认识。

欧洲在"中世纪"曾经有过一段文化浅薄的时期,曾被人讥讽为"黑暗时代"。然而自从"文艺复兴"以后,欧洲在哲学、思想、科学、技术、文学、艺术各个方面,都有了划时代意义的转变和创新。这个转变和创新不是空泛的、虚夸的,而是用丰富的具体的成果来体现的。几百年中,思想家、科学家、发明家、文学家、艺术家,真如星河灿烂,各类创造和创作可比珠玑花海。这些杰出人物和优良成果,推动了全人类的文明进步,也推动了世界历史的进程,从根本上改变了人们的旧观念和原来的生活习惯。

拿文学创作来说,仅小说一项,文艺复兴以后,就出现了众多杰出作家和传世之作,从各个层面,以不同的创作方法,反映社会和人生,给人以文化滋润和深刻的思想启示。在那几百年里,欧洲文学堪称人类精神财富最经典的标志之一。20世纪以后,虽然后起的文学理念、文学流派不断出现并自我标榜,但要替代那几百年的文学在人们心里的位置,

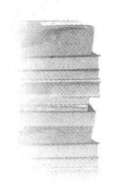

上编　编学研写相伴行

谈何容易？我向来认为，欧洲近代文化，与中国先秦文化、古希腊古罗马文化，是人类文化发展的巅峰，真正体现了百花竞放、不拘一格的繁荣，人的聪明才智也得到了真正的释放。这正是我喜欢选择欧洲文学名著进行改写的主要原因。

改写名著的过程是对改写者思想分析把握能力、材料组织能力、写作能力和知识水平的考验，实际上是一次再创作。我很看重这次写作实践，并把这些成果视为自己作品的一部分。毕竟是下了硬功夫磨出来的东西，不会亏待主人，过多少年再读它，仍觉得新鲜入情。我最大的一个喜悦，是当时为了弄通原著，不但静心细读，还要琢磨大作家们在结构安排、情节照应、人物性格、语言表达等等方面的创作技巧和不同特点，从而探查到了文学创作中的最深层的"秘密"。这就像一次到海底做探底潜泳，只有吸足气，塌下心，钻进去，潜到底，才能有所发现，否则是体验不到的。这对我无疑是一笔财富。

《神圣抗战》打出了声势

1987年，是抗日战争全面爆发50周年。如何正确看待那场战争，是一个重大的原则问题。鉴于当时的国内国际形势，在全国范围内开展抗日战争的纪念宣传活动，弘扬爱国主义，势在必行。中央为此专门发出了通知。我们在1986年春天就进入了"角色"，决定为少年儿童编一本学习和了解抗战的书，同时开展大规模读书活动。

在此之前，有关抗战的书已出过不少，有抗战史、回忆录、英雄故事等等，但是还没有一本反映抗日战争全过程的少儿读物。我们这本书如何编，才能适应形势发展的需要和特定的读者群？经过分析比较，我提出了这本书的思路：一是要如实反映抗日战争全貌，但又不是像成人读物那样，按时间顺序写抗日战争史；二是要有强烈的爱国意识和情感，突显敌人的残暴和中国军民团结御侮、为国牺牲的精神；三是要客观地反映敌我友三方的情况：中国共产党领导的军队在敌后抗战，一定要写充分；对国民党正面抗战也要客观反映；还应讲到各国人民对中国抗战的支援。总之，全书要体现抗日战争是全民族的行动又是全世界反法西斯斗争的组成部分——这样一个重要思想和主题；四是写法上，采取讲故事与讲知识结合、点与面结合的办法。

这四条思路落实到书上，就产生了这样的结构，全书分成七个部分：①日寇对我国同胞的残害；②东北抗日联军在抗战中；③八路军在抗战中；④新四军和华南游击队在抗战中；⑤民兵在抗战中；⑥国民党爱国官兵在抗战中；⑦抗战中的国际友人。每个部分开头，有一段概述，介

绍各方在战争中的基本情况，并给予评价(体现知识和"面")，然后讲若干个(二十个左右)事件，加以具体展示(体现故事和"点")。

显然，这是一本站在全世界和全民族高度讲中国抗日战争的书。它角度新、编法新、写法新，又具有鲜明的少儿读物特色，在以前的"抗战书"中是没有的。我们为这本书取名为"神圣的抗战"。

方案确定后，我们便想到，作为写给全国少年儿童的、全面了解抗日战争的书，无论对青少年正确认识这一历史事件，还是对正在开展的爱国主义教育活动，都有重要意义，应该请中央领导人题写书名。邓小平是抗日名将，时任中央军委主席，中国最有威望的领导人，如果他能为本书题写书名，对青少年是个极大的鼓舞，对这本书的推广也将起推动作用。

要知道，请领导人题字，特别是请邓小平这样的重要领导人为一本少儿读物题写书名，绝不是一件想办就办的事。我们在请示报告中，强调了这本书不同于一般读物，它将对中国一代代少年儿童的爱国教育起到作用，以及它在编法上全方位高角度的特点，恳请这位抗日老战士题写书名。

书稿的写作很快进入了程序，也比较顺利。但几个月过去了，领导人题字的事却没有消息。按计划，这本书要在1987年春天出版，才能如期举行读书活动。而按当时的生产能力，封面设计制作一定要提前完成。我们怀着忐忑不安的心情通过有关渠道做了询问。一个非正式的答复是：小平同志年纪大了，已很少题字，1986年又逢红军长征胜利50周年，请他题词的事还有不少，这本少儿读物获题的希望不大，可以请别的领导人题。我们听了，虽感到遗憾，但领导人的事，岂能奢望？于是便想到了改请胡耀邦同志题写书名。胡耀邦当时任中共中央总书记，又是团中央的老领导。他能为本书题字，也是十分有意义的。

请示报告送到了胡耀邦同志那里，这次很快，只十几天，中央办公厅的工作人员打来电话，说胡耀邦同志在1986年11月13日题了字，让我马上去取。一向关心少年儿童工作的胡耀邦同志为"神圣的抗战"写了横、竖两种题字，字体俊秀匀称，可见他对这件事的重视和认真。我取回后，立刻安排了设计封面制版的事。

没想到，喜出望外的事发生了。1986年11月下旬，中央办公厅工作人员打来电话：邓小平同志在1986年11月26日为我们题了书名，他题的是"神圣抗战"四个字。办公厅工作人员同时严肃发问："为什么一本书，你们同时请两位领导人题写书名？"我连忙把事情经过做了汇报，表示一定会妥善处理好两个题字的使用。工作人员说，你们尽快提出办法报上来。我放下电话，立即向社长和总编辑汇报，商定了一个办法：胡耀邦题的是我们上报的书名，把他的字作为书名；邓小平同志的字作为题词，用单插页印出。我把这个想法向中央办公厅汇报后，对方说等请示上边再说。第二天，我得到的答复是："经请示，领导认为，既然耀邦同志题字在前，小平同志的题字就不必用了，不再下发给你们。"

虽然我们无从知晓邓小平同志题字的详情，但他在百忙中为我们这本少儿读物题了书名，这本身就说明他对这件事的关切和重视。我们大家深深为此感到荣幸，同时，又为不能见到这个题字感到遗憾。

不想，到了1987年1月，事情再一次发生了变化。1月16日，胡耀邦同志因众所周知的原因，辞去了总书记的职务。我从广播中听到这个消息以后，立刻想到了这本书怎么办？第二天一上班，我就给中央办公厅工作人员打电话表示：鉴于当时的形势，这本书的题字怎么办？大概过了一个多小时，办公厅回电话：同意你们改用小平同志题字，来取题字吧！

我到中南海西门取回了邓小平同志的题字。横写的"神圣抗战"四个字，笔锋含蓄，笔力雄劲，足见小平同志书法功底的深厚。要知道，他当时已是82岁高龄了。回想起来，为了一本书题写书名的事，其间的一波三折令人难忘，更令人感动。这样的事，在中少社，在整个出版界，也是绝无仅有的，充分体现了两位领导人对少年儿童教育的关心。

《神圣抗战》一书在1987年6月出版后，立刻在全国引起报道热潮。新华社、《人民日报》等中央和地方几十家报纸和中央电视台、中央人民广播电台等媒体都报道了此书出版的消息。不久，我国港澳地区和东南亚、欧美一些国家的媒体也纷纷报道。日本驻华使馆也派人到我社购买这本书。一本少儿读物引起全国乃至全世界的关注，是极为罕见的。除了这本书在抗战50周年前夕出版这个因素外，中国领导人邓小平题写书名，无疑是最重要的原因。

6月25日，我们在共青团中央办公楼会议室举行了隆重的"纪念抗

日战争全面爆发50周年《神圣抗战》作者读者和抗日老战士座谈会"。中顾委常委、政协全国委员会副主席刘澜涛、程子华,人大常委会副委员长严济慈,老将军孙毅和八路军、新四军老战士代表,原国民党二十九军代表吴江平,张自忠、佟麟阁、赵登禹将军的子女,支援中国抗战的奥地利国际友人傅莱等,应邀和北京中小学生代表以及作者代表一起参加座谈会。团中央书记李源潮、刘延东等也到会或参加会见。三位领导人和与会人员先后发言,缅怀抗战先烈,控诉日寇罪行,并对《神圣抗战》的出版表示赞扬。中央电视台做了录像并制作了专题节目。这次座谈会规格之高,规模之大,是我社历次活动中没有过的。参加座谈会的团中央书记处书记李源潮同志对此也十分赞赏。

在此前后,读书活动也开展起来。许多中小学生读过这本书后,写下了读后感。一些报纸也刊登了评论文章。从读者反映上看,大家都认为《神圣抗战》真实全面地反映了抗战,不但突出了中国共产党领导的人民军队,而且客观地肯定和讲述了国民党爱国官兵的抗战事迹;不但深刻揭露了日本侵略者的暴行,而且反映了包括日本人民在内的国际正义力量对中国人民的支援。视角高远,评价准确,故事丰富,是一本有分量、有特色、高质量的图书。《神圣抗战》被有关部门列为1987年最有影响的出版物之一,后来多次被国家各部委列入"百部爱国主义教育图书",多次再版。

2005年是抗战胜利60周年,根据图书的现实需求,我们决定对这本书进行大幅度改版。第一,从原来的七个部分增加到十个部分,题目也做相应改动,即为:日寇的侵略野心和法西斯暴行、全国人民的抗日救亡运动、东北义勇军和抗日联军在抗战中、八路军在抗战中、新四军和华南游击队在抗战中、敌后根据地民兵在抗战中、国民党军队在抗战中、后方人民在抗战中、抗战中的国际友人、伟大的胜利。这样的增补,使本书不再只是反映军事斗争,也反映了全国人民对抗战的推动和支援。"伟大的胜利"一节,更使读者感受到抗战的成果和历史意义。本书主要作者阮家新同志(军事博物馆原副馆长)对于此次内容的增补,起到了重要作用。第二,从原来的文字为主,改成了图文版,放进了大量历史图片,更真实生动地体现了书的内容。改版以后,《神圣抗战》成为有极强思想性、知识性、可读性和收藏价值的精品图书。

《神圣抗战》新老版本

又过了十年,到了 2015 年,抗战胜利 70 周年,全国举行大规模的纪念活动。我们又一次对《神圣抗战》进行了修订再版,使这本出版了近三十年的名牌书,继续对青少年的教育发挥作用。这次再版,除了补充了一些新内容之外,一个重要举动是:把邓小平和胡耀邦两位领导人的题字,同时正式发表,用插页印出手迹,还标明了题写日期。

有一位记者曾形容《神圣抗战》是抗战题材图书的"常青树"。的确如此,《神圣抗战》是一本具有长期使用价值和永久保存价值的图书。它的成功,为少儿读物如何反映重大题材在内容和编排上都提供了可贵经验,也在我的编辑生涯中留下了难忘的记忆。

规划"大人物"

中少版的《世界大人物丛书》，曾在出版界引起热议，继而产生连锁效应。多家出版社随后也推出了人物传记的成套图书，成为一大看点。《世界大人物丛书》起编于20世纪80年代末。当时我作为编辑室主任，和编辑们在做社会调查的时候，得到一个共同的信息，即大一点的学生普遍喜欢了解世界级名人的事迹和经历。但几十万上百万字的大部头传记，他们看起来有困难，占用时间太长。我们已经出版的像《中华人物故事全书》，每个人物不到一万字，又感觉简单了些。这就需要编辑出版一种适合青少年阅读的文字量适中的名人传记。我于是设计出一套大型图书，取名为《世界大人物丛书》。

大人物应是指哪些人？当时我提出的一条入选标准，是那些对人类社会发展和世界进程有过重要影响的人物。因为只有这些人才能算得上"世界大人物"；而能够做到这一点的，我认为只有思想家、科学家和政治家。思想家能提出自己的哲学观点，对事物进行深刻分析，提出各种社会理想，进而改变人们对世界的认识，树立观念，从而推动社会的变化。如孔子、老子、亚里士多德、培根、伏尔泰、卢梭、马克思以及释迦牟尼、耶稣、穆罕默德等宗教领袖。科学家用自己的发明发现揭示世界的本质，探索出客观规律，使人们正确认识客观世界，推动生产活动，创造物质财富。如哥白尼、伽利略、牛顿、法拉第、达尔文、爱因斯坦等。政治家运用掌握的权力，制定法规和政策，主导重大事件的进程，从而改变国家命运和社会面貌。如拿破仑、华盛顿、彼得一世、罗斯福、列宁等。出于这个认识，我初选了一批人物。选题上报后，领导也认为是个有价值的想法，可以先编几本，看看效果再决定是否编下去。于是，我们决定先写四个人物：彼得一世、拿破仑、罗斯福、希特勒。从写作角度讲，这四个人物有相同之处，就是都有很高的知名度，个人性格鲜明，经历曲折复杂，带有传奇色彩，故事丰富动人，容易吸引读者。其中的希特勒虽属"战犯"之列，但他的人生轨迹奇特，个性怪异，曾经掌握绝对权力，并影响世界格局使之发生了巨大变化，可以从反面给读者以深刻的启示和思想警戒。

20世纪80年代那时候，很多人对历史人物的理解还受到过去观念的束缚，以"非好即坏"的格式看待外国人。记得有人就提出，这四个人物有三个反面的，另一个也是资产阶级的，先写这几个人是否合适？他把拿破仑和彼得一世都看成了与希特勒一样的"坏蛋"，显然是对历史缺乏了解和分析所致；而强调罗斯福为"资产阶级"，也是受到过去只有无产阶级领袖才是正面人物的认识的影响。当然，对这种说法，我和编辑们都认为没必要考虑。其实不仅一些中国人有时代局限，外国人也有。有一年有个美国儿童文学作家代表团来社参观，我陪他们看图书样品，他们见到《罗斯福》那本书，都惊喜地拍起手来。原来他们事先以为中国不会让儿童读美国总统的传记，想不到我们会自编自写《罗斯福》。我告诉他们，这套书中不但有罗斯福，还有华盛顿、林肯、杰弗逊等好几位美国总统。他们听了，都面露喜色。

重要的是写法。这样一套面向青少年和普通读者的人物传记书，写法自然应与大部头的"本传"不同，与以往的人物片段故事也不同。我提出了三点写作要求，也可以说是这套书的基本特征。第一，要写人物的一生，从生到死，让读者了解人物的整体面貌，而不是只写某一段经历和某一个方面的事迹。考虑到是给青少年看的，对人物的童年、少年和青年时代的故事，可适当多讲一些。第二，有重点地选材，而不是事无巨细地罗列材料。要选择能体现人物身份和特点的事情，把握人物的特点，刻画人物的性格和发展轨迹。尤其提出要优点缺点、成就错误都讲，不回避不掩饰。也就是说，要让人物立体化，不要平面化，才能感动读者，使读者留下深刻印象。第三，要适当运用文学笔法写作，如外形勾勒、心理刻画、环境描写等等，特别是要多用人物对话和具体情节来交

上编 编学研写相伴行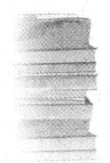

代过程，写出故事，避免总是由作者直述。这三点要求，被贯穿在《世界大人物丛书》的每一种书里，是特征所在，是这套书的"灵魂"。虽然书名里未带"传"字，但每种十万字的篇幅和写人物一生的要求，就使这套书带有人物传记的性质了。又由于强调多写具体情节，所以我称其为"故事性的人物传记"。

《世界大人物丛书》的前四种书，以很新颖的写法和外观，在1992年1月出版。比常见的32开窄一些的新32开本，很引人注目。外界反响很是令人鼓舞，编辑部连续接到读者来信，表示希望看到更多的"大人物"，销售量自然不少。当时在青少年读物中，这样的篇幅适中又通俗好读的人物传记还很少有，所以也就引起了出版界的重视。1992年3月18日，《新闻出版报》转载了我为这套书写的题为《告读者》的序言。我在序言中写道：

自古以来，世界上的人有过多少，恐怕难以数清，能称得上"人物"的，却在少数；说是"大人物"，又是"世界性"的，更屈指可数。……这些大人物以其思想和行为促使某些国家或某些领域发生重大变动，从而对一个地区乃至世界的进程产生历史性影响。……那么，具体到某个人，他的影响究竟怎样呢？人类社会的历史，归根结蒂，是人民创造的。离开人民，任何大人物也不会有作为。同时，我们也承认个人的作用，尤其是掌握很大权力或有特殊才能的人物的作用。一般说来，这种作用是在某个时期某种条件下显示出来的，而且最终将由人民对其功过是非作出公正的评价。那么，书中这些人物的功过如何呢？大人物也是人，和一般人一样，有自己的经历、性格、好恶和喜怒哀乐。不同的是，他们的个性和某些方面的能力比一般人要强，他们的生活道路也就比一般人惊险曲折，多姿多彩，因而也就为一般人所瞩目。人们往往关心大人物有什么"奇特"的地方，从猎奇中自觉不自觉地获得启示，接受经验，吸取教训，找出差距。那么，什么是这些人物最"奇特"的地方呢？以上这种种问题，读者都将在这套书中找到答案。当然，答案不是现成的，而是要靠自己开动脑筋，去分析，去理解。

"大人物"本身就是一种知识，就是一部历史，值得我们去探讨。很多人在青少年时期不是很崇尚心中某个或某几个"大人物"吗？不是从了解中吸取了力量吗？这就说明，和这些"大人物"在书中相识，能帮助我们开阔眼界，丰富知识，增强自信心和分析能力，摆脱幼稚而走向成熟，在自己的人生道路上大步前进。

既然效果很好，往下续编就是一致的想法了。我们又选定了一批人物，约定了作者。而且我的想法也在突破局限。最初，我的设计是只写外国人物，但很快就取消了这个限制。因为古代和近代中国有几位思想者和掌权者在世界上很有影响，应该收入。到了20世纪90年代中期，这套书已经出版了32种，分成了四个小套，装入套盒销售。当时在我看来，《世界大人物丛书》可以告一段落，而进行其他形式的开发了。

至于这套书要出到100种的想法，是20世纪90年代后期才有的。一方面，这套书平稳而长效的特点和可供开发的用途，使各部门对其感兴趣，希望延续下去。另一方面，一个现象也引起了大家的注意，就是在每年的看样订货会上，好几家出版社都推出了写中外人物的丛书，品种都达到几十种，字数虽比中少的少不少，但开本大，图多，封面耀眼。有一家一次就摆上100种一大盒。尽管各家的编法大同小异，有些外社编辑还坦诚表示是在学中少社《大人物》，但在规模和速度上已经超过了我们。销售上自然也占了些"便宜"。面对这个状况，是甘拜下风退下来，还是逆风而上？作为最先（起码在少儿出版界）出版中外人物传记性大型丛书的中少社，如果"先来居下"，大家都无法接受。于是就有了把《世界大人物丛书》出到100种乃至120种的想法。这个想法也得到了上边的支持。从出版策略上讲，一个出版社在图书品种的设置上必须要有远见，那些有长效的可开发的大型套书和丛书，应常备常推，而不能被一时的销售冷热乱了阵脚。图书销售是有周期性的，总会有时高有时低，但只要是读者的基本需求，就不会没有效益。达成这样的共识，继续编辑出版就不成问题了。

增加这么多品种，必然带来一个问题，就是人物类型的扩大。如果仍停留在思想家、科学家和政治家的范围内，就会造成单调和重复，人物的公认性也会降低。我这时已经担任社领导了，同大家讨论后，首先把"世界大人物"的含义做了调整，改为在某一领域做出重大贡献或有重大行动，在世界上有重要影响的人物。这样，就有一大批经济学家、实业家、军事家、文学家、艺术家、体育名流等被纳入进来。我提出了一

《世界大人物丛书》100种

个几十位备选的人物名单,约稿也很快展开。

平心而论,我对于把图书像生产日用工业品那样模具式地、成批次地、成规模地、机械化地生产出来,一直是抵触的,反对的。所以在决定扩大延伸《大人物》的时候,我强调必须保持原有的特色和质量,不要为了品种多、速度快而降低自己的"身价"。对此,编辑们都很赞成。主持此事的图书一部主任王洪涛做了大量组织工作,带领编辑们很好地将品种形象和内在质量坚持到底。所以到2008年,当100个"大人物"终于齐聚"丛书"之列,向读者亮相的时候,参与这套书编辑的人都为二十年的努力发出了各自的感慨。

《中华五千年》问世前后

1991年年底的一天，音像编辑室的主任宋祖廉找到我，提出希望我为他们设想的一套音带选题当主编。我听完他的选题介绍以后，立刻就产生了极大兴趣，当即就答应了。

宋祖廉说，他看到《中国通史故事》和《中华人物故事全书》等书以后，觉得质量很高，内容极有价值，如果把它们改成有声读物，将是具有开创意义的一件事，因为全国尚无用音带讲述历史故事的先例。再说当时又在爱国主义教育高潮中，历史读物肯定受欢迎。他的初步想法是，出一套音带历史故事作品，由我来主持编写文字脚本，然后请演员录音，配以音乐音响，制成录音带出版。计划出20盘，一盘两面，每面一个故事，全套共40个故事。

"这是个很大的工程啊！"我说，"要由编写者、导演、演员、音乐、录音、美术等等和编辑各方面一起携手才行。"宋祖廉则显得满怀信心："写什么，由谁写，都请你来定，你全权负责。录音出版的事我们来做，你放心，一定要搞成精品工程。"老宋虽是美术编辑出身，但多年的工作经历和经验，加上精力充沛又热情洋溢，使他具有很强的策划能力，考虑问题极为细密，且说到做到。所以我听了很有信任感，就答应尽快提出编写方案。我之所以没有犹豫地应承下来，还因为心中有底。通过编辑编写多套历史读物，我对中国历史的发展脉络和各个朝代的特点和故事点有了更加完整的了解。再者，从小对于戏剧的喜爱和观赏之多，也使我对"剧"一类的写法比较熟悉，自觉无甚难处。

话虽如此，但是在选择40个历史故事的时候，仍有需要仔细琢磨的地方。历史故事千千万万，这样的大选题，显然不能随便挑一些有趣的故事凑数，而是要反映社会整体脉络，讲重要事件和人物。中国的封建社会太长，当权者将很多精力用在设计阴谋、争权夺利上，用在国计民生上的心思很少。如果总讲那些政治争斗，就会给人很灰暗的感觉。这显然不是提出这个选题的宗旨。为此我确定了这样几条选材标准：一是表现爱国的，包括反侵略、反分裂；二是表现进步的，包括改革等；三是表现优良传统的，包括品格、思想等；四是表现正义的，包括清正、为公、除恶等；五是有关改朝换代和权力争斗的事件，要选结局是促进社会稳定进步的。在这样的标准下，经反复挑选，确定的40集内容是：

1. 炎黄结盟 2. 大禹治水 3. 商汤灭夏 4. 周公治国 5. 孔子办学 6. 晏子做齐相 7. 夫差与勾践 8. 西门豹治邺 9. 商鞅变法 10. 邹忌比美劝齐王 11. 胡服骑射 12. 屈原投江 13. 始皇帝 14. 大泽乡起义 15. 鸿门宴 16. 张骞通西域 17. 史圣司马迁 18. 昭君出塞 19. 蔡伦与张衡 20. 孙刘抗曹 21. 苻坚的成败 22. 孝文帝迁都 23. 南国圣母 24. 隋文帝和他的儿子们 25. 玄武门之变 26. 女皇武则天 27. 平定安史之乱 28. 陈桥兵变 29. 改革家王安石 30. 岳飞抗金 31. 大元帝国 32. 朱元璋治贪 33. 郑和下西洋 34. 戚继光平倭 35. 反阉党 36. 科学四名家 37. 郑成功收复台湾 38. 康熙大帝 39. 清官第一于成龙 40. 达赖与班禅

从这40个题目就可以看出，它涵盖了从黄帝时代到清代近五千年的中国历史进程，对每个重要的时期和朝代都有所反映，而且内容多样，有政治、军事、经济、思想、教育、科学、文化等各个方面，既有汉族的也有少数民族的，既有帝王将相的也有人民群众的。

题目确定之后，我约请了中国社会科学院近代史研究所的张晓林、果鸿孝，社会科学出版社的冯广裕和中国化工报的陶小康，参加写作。后来，出版社的蔡国筠也加入进来。我们先按要求写出了一批文稿，是通篇讲故事的写法。不久，传回来由导演们改为对话加解说式的类似广播剧的本子。我看过之后提出，后面的由作者直接写成以对话为主的稿子，导演看了提出意见再修改，速度就快了。我们在1992年下半年就紧张地投入了写作。由于写法有很大区别，只依照《中国通史故事》来改写肯定不行，我当时提出要以正史为依据，参照相关史料编写。写作方法主要是"虚实结合"。实，指的是剧中史实和主要人物的言行要符合历史真实，有切实根据。虚，则是为了能形成"剧"，可以合理地设计情节场合和人物对话，以及不具名的次要人物。故事的时代背景和作者的评述，通过解说词(旁白)来表达。在写出情节的同时，还要在文稿上标出一些声响要求，以加入音响效果。

　　写好的关键在于把情节和相关知识设计成人物对话，既要合乎情理，符合人物身份，又要做到口语化。我在写的时候，动了不少脑筋，还查阅了许多史料。比如写《昭君出塞》，为了把当时汉朝与匈奴的关系、汉朝内宫的情况交代清楚，参看了《汉书》和有关匈奴的历史，以及汉代诗歌作品，设计了汉元帝与大臣、与呼韩邪单于的对话，讲清汉匈交往的来龙去脉；又通过王昭君与宫女的交谈，表现内宫中宫女们的孤闷生活和王昭君的理想；还引用了几首汉代诗歌加以描述。又如写《朱元璋治贪》时，参看了《明史》和吴晗的《朱元璋传》，把众多的案件集中在朱元璋与相关大臣的廷对上，避免了头绪太多人物杂乱不好讲清的问题。为了写好《达赖与班禅》，我不但参看了有关史书，还看了《颇罗鼐传》等专著，得到不少罕见细节，使得跨越一百多年的、片段松散的这个故事，高潮迭起，极有特色。其他几位作者，对于"剧"的写法较为生疏，我也都逐字逐句地推敲修改，有的还要大段地重写加写。这样写出的稿子仍然是初步的，要在录音时进一步修改，最后定稿。

　　与此同时，老宋那里的录音事宜也筹备齐全。他约请到了北京人民艺术剧院和中国青年艺术剧院的演员和专业的音乐音响创作人员，将在北京人民广播电台录音。原来，音像室和北京人艺的著名演员李源等人早有工作关系，这次双方经过商谈，同意合作这个项目。美术编辑刘洛平也请到了中央工艺美术学院的专业人员设计创作磁带封面画和外盒装帧。我听了，不免为他们的热情和能干而感动。我还在录前与演员见了面，听他们试读。语言录音在 1992 年年底开始，前后进行了二十天左右。演员和其他工作人员的安排主要由李源等负责。每天下午到晚上，我都要到位于建国门外的北京人民广播电台录音室，和演员们一起工作。他们在配音室里录播，我在外面对着稿件监听，听到不对的或需要修改的地方，便按铃示意暂停，说明后再接着录。

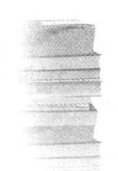

北京人艺和中国青艺都派出了很强的演员队伍，其中有不少有名气的。担任导演和解说的是曾在《以革命的名义》中扮演过列宁的周正，北京人艺有老演员张瞳、李婉芬、谭宗尧、顾威、金昭、李源、周铁贞、王领、王大年、王德立，青年演员梁冠华、杨立新、米铁增、严燕生、兰法庆、张万昆、丛林、张福元、李光复、王长立、唐烨等。中国青艺则由主演过电影《天云山传奇》的院长石维坚领头，还有老演员许正廷、王志泉、高慧彬、李耀华、董九如，青年演员陈强、宋洁、王慧源、张连仲、翟月荣、郭珊珊、杨青、佟凡、李庆祥、祝士彬、王楠、刘金山、何瑜和青年导演王晓鹰。此外，中国儿童艺术剧院演员李志新、空军政治部话剧团演员周贵元也参加录音。担任效果设计的是北京人艺著名音响效果师冯钦，音乐设计则请的北方昆曲剧院的昆曲音乐家傅雪漪和音乐家苏健。北京人民广播电台编辑赵春甫、录音师宋贺先负责录音制作。如此强大的创作队伍，预示着这个项目肯定会成功。

这些演员的理解力和表现力是很出色的，特别是声音的塑造能力极强。有的演员在一集中演播几个不同角色，都能用声音区分开来，并基本符合人物身份。尽管如此，小毛病还是不断有，因为演员们虽然有表演和朗诵的经验，但对历史并不熟悉，对人物性格特征的把握也不易准确，需要作者现场监听讲解和指正。我也不管哪位演员，只要错了就叫停，说明不妥之处，要求改后重录。演员们都很配合，始终情绪高昂。比如《孔子办学》一集，有孔子与弟子子路和颜回对话的一段。试读时，演子路和颜回的演员演播的声音都是一般学生对老师说话的谨小慎微很尊敬的口气。我对他们讲了子路和颜回性格的不同，要求"子路"用粗壮直爽的语气讲话，"颜回"用微弱略带病态的语气说话，二人就区分开了。演员再演时，声音果然有了变化，效果很好。又如李婉芬在演播《女皇武则天》一集时，有几句总是说得语气不对，我让她改了几次仍不行，我只好"示范"一次，她才明白台词的意义，改了过来。还有几集，我感到安排的演员声音不合适，过老或过嫩，提出最好换人。导演和演员商量后，也都同意了。总之，无论名气大小，演员们都很认真，有错就改，不端架子。我曾多次看过人艺和青艺的剧场演出，对不少演员很熟悉，这次近距离合作，留下的印象很好。

在音乐和音响效果设计上同样如此。傅雪漪和冯钦都是年过古稀的老人了，可对工作十分认真。傅先生和苏健根据稿件的内容选择了适合的背景音乐和伴奏乐，在现场配置。曾为北京人艺许多名剧设计音响的冯先生则按照文稿要求设计了雨声、雷声、武器击打声、喊杀声、马蹄声、哭叫声、敲击声等声响，与文白同时录进。最使我难忘的是，傅先生还应我的提议，用昆曲为《昭君出塞》中引用的汉朝细君公主写的一首歌词谱了曲，由他的学生、一位河北梆子女演员当场演唱录音，为此集增色不少。我因喜爱昆曲，在录音期间与傅先生成了朋友，并向他索求昆曲名段录音。我提出给"报酬"，他爽快地说："别的都不需要，你带几瓶酒来就行，我每天都喝点。"后来我带酒去他家拜访，他很高兴，亲自把他的歌曲作品和北昆演出录音带转录了送给我。

《中华五千年》音带

在录音期间，传来一个消息：时任中共中央总书记江泽民（后又任国家主席）为此作品题写了书名《中华五千年》。这自然引起了各方面的重视，我们也更加注意质量问题了。当40集全部录完之后，大家一致要求我从头到尾审听一遍，找出录错的地方，进行修改，一定不要留遗憾。我当然也有此意愿，于是花了几天工夫对照原稿（也有不少地方在录时做了修改）细听40集录音样带，果然又挑出些错录漏录的地方，通知有关

演员再到电台重录补录。录音完成之后，交由赵春甫、宋贺先他们进行音乐音响合成，制作成品。

　　这年9月，《中华五千年》录音带正式出版。由中央工艺美院杜大恺、孙德珊、吴冠英、何洁、张弓装帧绘画的套盒与封面，很大气雅致。由于作品出版适时，内容扣紧主旋律，写作、演播、录音与制作精良，加上有最高领导人题写书名，很快引起关注，新闻发布会、座谈会、表扬会等，一个接一个，让社领导和编辑们大为欢悦。后来，《中华五千年》在全国性的有声读物评奖中，多次获得特别奖、一等奖，被誉为"无可挑剔"的作品。再后来，它又被改录成光盘，几次重新包装出版，虽然不见了作者的名字，然而宋祖廉他们的策划运作之功，我和作者们的工程奠基作用，是无法抹掉的。直至今日，我闲时重听这些带子，仍然很是感动，一为那古人的伟绩，二为我和同仁们的辛勤高效的劳作。

投身编辑学的研究

我在编辑的路程上，可以说有三次转折。1978年进入出版界，本来要去中青社，却到了中少社。我几次要求调离，可是后来不但没离开，反倒是待了近三十年，直到退休。原因，除了社里不放以外，跟我的思想转变也有关。这第一次转折，经过了十年才完成。

第二次转折是实行编与学、写的结合。如前所述，到出版社之前，我就与编辑和写作有了"交情"。进入出版社以后，很快成了骨干。五年内发稿十几种，学习更系统化，还写了《三国故事》等三本书，形成了编辑与学习、写作并举的态势。

第三次转折就是把研究编辑理论作为我的一项工作，给予很多投入。如实讲，直到20世纪90年代初，我对编辑理论还没有多少接触，一门心思放在编书和写书上。1989年，一些少儿社编辑自发成立了少儿知识读物研究会，领头的陈天昌找到我，希望我也参加这个研究会。当时我是社会知识编辑室主任，他是自然知识编辑室主任。可我没响应。1993年，知研会在山东海阳开会，陈天昌又邀我参加，说要出书，把已有的论文编进去。他希望我能发挥作用，并与大家相识。我这次来了兴致，答应去海阳。因为为了参评正高职称，我刚写好了一篇论文《少儿知识读物的特殊性及编辑对策》，想到会上讲一讲。

我在上中学的时候，作文就是长项，尤以写论说文见长。后来在山西当中学语文教员，也把论说文当重点，给学生们细讲过。现在自己要写论文，又事关职称评定，我就决定写一篇正规的论文，以展示所长。

《少儿知识读物的特殊性及编辑对策》是按照论文的格式严格写作的，凡是会写也会看论文的人读这篇论文，都会很快领会到此文的中心论点和二层分论点所在，多种论据交替使用，论述方法也很讲究。而且，论文观点完全是在个人的实践基础上提炼而成，有很强的说服力。所以在评审中，受到评审专家的好评，被称为"标准论文"。我的职称评定也顺利通过。

说起职称，因受十年"文革"耽搁（其实不止十年），我获正高业务职称的时候，已经四十八岁了。即使这样，在20世纪60年代毕业的"老大学生"中，我仍然算是评上较早的。按正常进程，一个大学生毕业后进入文化领域，经过十几年的实践，在四十岁上下可以获得正高业务职称，同时在理论上也有了研究能力和基础。但在编辑行业里，理论研究之风似乎很弱，真正感兴趣的人不多。我后来担任高评委多年，看到一些申报人写的论文，实在难称论文，倒像是工作小结。

就我自己来说，这次写论文，激起了我研究编辑理论的兴致。因为编书编出了些名气，有些期刊和研究单位就找上门来约稿。我陆续写了一些，有学术论文，有编书体会，有长篇图书评论等。如应时国家出版署图书司之约为其组织编撰的《编辑手记》写的《编出图书的特色来》，在叶圣陶学术思想研讨会上发表的《叶圣陶与书刊的编辑出版》；1998年，我参加了中国编辑学会在青海召开的研讨会，提交了论文《审读加工四体会》；还有《图书的策划与组织》，等等。书评、书介和前言后记，自是不少。我还当了两年少儿期刊会的头儿，对期刊的业务也动了一番脑筋。这个时期的业务探讨，我主要是围绕着自己的实践，对某一个环节或某一专题进行具体探讨，如策划、设计、编辑审稿和加工、宣传等等。这些文章都提出了一些个性化较强的观点，提出了有实用价值的方法。

比如我在《少儿知识读物的特殊性及编辑对策》一文中，归纳少儿知识读物的特点有四点：深刻与浅显的结合；严谨与生动的结合；传播知识与思想教育的结合；创造力与编辑力的结合。又提出适应这些特点的自身建设的八个方面：熟悉少年儿童；扩展知识面，建立合理的知识结构；提高思想理论水平；加强文学修养；掌握写作能力；组织团结作者；有"为人梯"的观念；勤于学习，不断完善自己。这四点八面，就是我亲身实践和经验的概括。

《编出图书的特色来》一文，先以我编的《中国历史故事集》为例，破题说：

> 如同每种事物都有自己的特殊性，并以这种特殊性而独立存在一样，图书也要以特点见长。一般地说，书的特点越鲜明，它给人的印象越深，也越能被人们接受和喜爱。从编辑角度讲，同样题材的书，如果编辑的指导思想长远深刻一些，在内容与形式的结合上多下功夫，在内容安排、编排结构、语言表述、格式设计及插图封面等方面，都有独到之处，那么他编辑的书，特点就会比较突出，质量也会高一些。反之，思想平平，设计乏术，只能编出一些大路货，其生命力必然是短暂的。

接着，我提出"要想编出图书的特色来，除了编辑的功底和经验这些基本条件外，以下三个方面的问题，也值得注意。"这三个方面是："编书要看'对象'"；"编书要看'邻舍'"；"编书要看'自己'"。这篇文章扣紧我的编辑实例，写得有情有理。向我约稿的图书司人员看了很是喜欢，先后有两家出版社把此文收入出版的编辑文集中。

在《审读加工四体会》一文中，我仍然是把个人的体验加以提炼，没有重复好多人都有的那些"同感"，也没有追求面面俱到。我的"四体会"是：要"进得去出得来"；要抓"特点"；不要"媚俗"；要处理好三审的关系。这几点，我多次在编辑培训班上讲过，由于针对性强，没有套话，很多编辑反映讲得实在，切合实际。

自从写出第一篇编辑论文以后，我在编辑之路上又多了一项内容，就是理论研究。编、学、写三项并举，发展为编、学、研、写四位一体。不论三还是四，都是以"编"为前提，为基础。从"研"的情况看，实践性强，针对性强，提升到位，是我早期理论研究的特征。那时候，我还没有心思对编辑活动进行整体的研究，探讨带普遍性的规律。我对编辑学进行更深层次的研究，是在1999年之后。下面会讲到的。

风格演示：走自己的路（上）

前面说过，我到出版社之前，已有十多年的社会阅历，有过自行编书编刊的经历，又有教学和写作经验。这些优势，不但使我很快熟悉了业务，还显出了独到之处。

1978年到1982年，是渐入佳境的阶段。在编辑《中国历史故事集》和《少年百科丛书》等书的实践中丰富了经验。1983年以后，我当了室"领导"，成为一个方面的主持人，先后主持编辑了《中国通史故事》、《世界通史故事》、《中华人物故事全书》、《外国人物故事全书》、《神圣抗战》、《世界大人物丛书》、《中华五千年》等中大型丛书、套书。在这些书里，都体现着我的编辑思想和构思特点。可有一点让我不满足，就是这些大型图书多是延续提升以往品种，或是担负的全社重点书，而我自己在历史、文学、艺术、传统文化、经典文化等方面的底蕴，还没有完全用上，总想有机会自由施展一番，走出自己的路。有了这个念头，在进社十年以后，我的编书方向就有了改变，以我自己独立策划和主导的图书为主了。这里面有丛书套书也有单本书，更鲜明地体现着我的编辑思想和特色。

比如《千年对联佳话》。这是一部投稿，作者原打算写200个有趣的对联故事，出一本书。我在和他的接触中，知道他对民俗史很有些研究，掌握很多对联的知识，于是就建议他改换写法，从有记载的最早一副对联讲起，沿着发展脉络，讲历代对联的特点，再结合千百年的有名对联，讲对联的知识和写法，并介绍相关故事。这样就成了一本既讲对联发展史，又讲创作手法和知识，还讲趣味故事的书，其文化价值、使用价值和阅读性都具备了。作者很高兴地同意了，认为这样写实际上大幅度提高了作品档次。《千年对联佳话》一书出版后，受到读者欢迎，连印多次，还在学生中开展了写对联活动。

再比如《小学生百日问》。20世纪80年代后期，社里有过一次出版"准教辅读物"的小高潮，就是出一批配合学校课堂学习的、又不是正式教辅读物的书。社知室分工史地政各科，如果按课本内容出模拟考试的一般习题集，既不能像语文、数学主科那样有大印数，我也无兴趣。于是我设计了"百日问"的选题计划，把政治、历史、地理、音乐、美术、体育各科和日常生活常识等混合编排，包括课内的，更多是课外的，按每天4道题左右，分100天列出。问题的形式多样，不但有填空、选择、改错、连线，还有答问、识图、识谱以及比赛、制作、游戏等。这样一本书，既有知识的大含量，又有形式的活泼多样，让学生在课余时间愉快问答，温习了课堂所学，还多方面获取了知识，活跃了课外生活。《小学生百日问》出版后，获得很好的效果，多次再版。从编辑出版的角度讲，它脱开了一般知识读物的写法，又没落入"教辅读物"的俗套，是一种创新。

1989年以后，全国掀起了爱国主义教育的热潮。中少社与国家教委基教司合作，编辑出版了一批图书，从多方面宣传爱国主义，像《鸦片战争的故事》、《爱国英杰》等等。后来国家教委基教司提出，要出版有关中国在近现代史上遭受侵略的书，组织学生阅读。最初的方案是选择典型事件，按时间排列起来。我听后提出，这样写法的书已经出过不少，包括中少社的。如仍旧这样编，重复雷同，引不起学生注意，也就难以起到作用。我提出从两个角度分头写，一本主要写外国侵略者的罪行和中国人民遭受的苦难，书名为《屈辱的岁月》；一本写中国人民的反抗斗争，书名为《胜利的年代》。时间大体从1931年的"九一八"事变分开。这样不但写法新颖，而且主题鲜明，作者和读者的情绪也容易被调动起来。大家听了，都说这个主意好。书出来后的反响也印证了这一点。这个独特思路，后来在我自己策划的《中国情》套书中有了更明确的体现。

爱国主义是一个"永恒的主题"。不但中国重视，外国也同样重视。1989年5月，我第一次出国，到西柏林和西德访问。当时，德国还没有统一。我们参观了学校、幼儿园、书店和二战遗址等,也都感受到爱国主义和民主思想的教育。爱国的题目,不是"一时鲜"、"赶形势",应是常规化、常态化,要有能长期使用的基本图书。中少社出了不少有关"爱国"的图书,但也存在一个问题,就是多由国家教委或是团中央提出并组织,在某一个题目下(如纪念历史事件或围绕中心工作)编写的突击性选题,缺乏由自己操作的、有分量的、全面系统表现爱国主义思想的图书。我早有要自己编一套的意愿,便在1993年提出了《中国情》的套书选题规划。我的想法是,把这套书编成内容扎实稳定、编法独特、生命力强的上乘之作。篇幅上,既要有一定分量(不如此就不能体现爱国主义丰富的内容),又不能规模太大(那会增加阅读难度和读者的经济负担)。

《中国情》

具体地讲,《中国情》全套书包括10种:《壮美的祖国》、《富饶的祖国》、《源远的祖国》、《辉煌的祖国》、《受难的祖国》、《抗争的祖国》、《巨变的祖国》、《光明的祖国》、《育英的祖国》、《我爱你祖国》。十种书分别写山河大地自然风光之美;写自然及人文资源的丰富;写历史的悠久和中华民族发展的重要特点;写古代中国在各方面取得的成就;写近代中国遭受外敌入侵和屈辱的历史;写百多年来前赴后继的革命斗争历程;写新中国成立后发生的巨大变化;写改革开放的新面貌和光明前景;写中华大地培育出的杰出人才;写中华儿女热爱和报效祖国的事迹。这套书的突出特点是:每种书的书名都以"祖国"为中心词,前九种是在"画龙",写祖国如何可爱,最后一种是"点睛",写中国人如何爱国。这就是说,"中国情"包含两个意思:一是国情之"情",二是爱国情感之"情"。《中国情》出版以后,引起各方面的注意。有的评论文章说:"这是一套爱国的基础之作,编法独特,内容全面丰富,而篇幅适当。"《中国情》再版多次,随着它的影响渐大,"中国情"、"中华情"的说法也普及开来,其中的双层含义,完全被广大读者理解了。

就在这时候,台湾一些人提出"台独"主张,激起了全球华人捍卫中国统一、反对"台独"的声浪。台湾的话题,也成为青少年的关注热点和爱国主义教育的重要内容。我于是在1994年提出做一套《台湾小丛书》的方案。小丛书共五种,除收入了以前出版的《富饶美丽的台湾岛》(原书名为《祖国的宝岛——台湾》,由作者修稿补充并更名)和《刘六麻子下台湾》(写清朝首任台湾巡抚刘铭传的事迹)两种书外,还新设计编写了《台湾小史》、《今日台湾》、《郑成功收复台湾》三种书。这五种书分别讲了台湾的历史沿革、地理风情、现实状况,以及发生在台湾的两次重大事件:回归和建省。通过这五本小册子,读者完整地了解了台湾的基本知识,尤其是对"台湾自古就是中国的一部分"的事实,有了清楚的掌握。《台湾小丛书》出版以后,即被有关方面确定为推荐书,连续重印多次。

历史读物是中少社的强项,几套大型的图书奠定了基础。但无论是半套的《中国历史故事集》,还是完整的《中国通史故事》、《世界通史故事》、《中华人物故事全书》、《外国人物故事全书》、《神圣抗战》、《世界大人物丛书》等等,主题都是较为严肃的。很有名气的《中国历史小故事丛书》(到我主持后,增加到14种。一度改名《炎黄子孙四百轶事》),从不同侧面讲古人的故事,短小生动,可又简单了些。历史史料丰富无比,有必要让读者多角度地认识历史,提高鉴别能力。我提出并编过一本《中国历史上的反动人物》,里面集中讲了历代暴君、奸臣、卖国贼等人物的劣行。此书曾引起一些专家的反响,认为向青少年集中介绍这种人物很有必要,并对书中如实评价某些人的功绩而不是一骂到底的写法给予肯

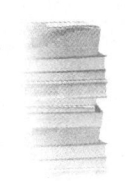

上编　编学研写相伴行

定。历史学家、时任全国人大常委会副委员长的周谷城先生还特意为此书写了题词"中国历史上的恶势力"。

1994年，我又提出了《古人故事新编》的选题方案。这套书也有10种，每种10万字，书名分别是《皇帝与皇后》、《太子与王孙》、《公主与驸马》、《太监与宫女》、《清官与赃官》、《才子与状元》、《武士与侠客》、《隐士与僧道》、《艺人与歌伎》、《商人与富豪》。一看书名就会知道，这套书写的是古代各阶层人物的故事，既有当权者，也有各阶层各行业的普通百姓。书中除了讲历代相关人物的有趣故事外，还有一篇前言，介绍此类人物的基本特点和在历史上的概况。这套书的内容更加开放丰富，多方面地展示了古代社会各类别人物的生活面貌，与中少社以往的历史读物有明显不同，在书店里也绝少见到同类。

风格演示：走自己的路（下）

进入了20世纪90年代以后，我设计的图书效果显著，内心就有了"轻松"的感觉。不是工作量减轻，而是天地宽了。再去看市面上的各种书籍，我有了"一览众山"的心境，新鲜感反倒少了。每当看到或想到一些题目的时候，无论是已有的，还是没有的，我首先就会问自己：如果我来编这类书，怎么编，怎样编得最有价值，又有自己的独到之处？我策划的图书就显示了自己的这种"心境"。同时，工作环境对我也很有利。因为我在编书和写书两方面都有了突出成绩，社里对我也就信任有加。我提的选题，大都一提就中。遇衍滨总编辑也几次对我说："你的基础厚实，要多搞些有价值的东西，留得住的东西。那些短平快的，你少参与。"这对我无疑是个鼓舞，也给我提供了机会。

当时社会上出现了一股"蒙学"热，多家出版社推出了以"三、百、千、千"为代表的多种古代"蒙学"图书。"蒙学"这个词并不准确，应是"儿童启蒙读物"的俗称。这类读物的编法基本一样，一种一本，原文加注释，有的还做了翻译。我于是想，中少社作为"国家级"出版社，应该有这方面的书。但是如果像别家一样编法，就成了大路货，缺乏大社气魄。我和总编辑说了此事，他很同意，让我搞一本"压得住"的。我提出的一个方案是：编一本合集，书中收入现已发现的最早的一部到清代最晚问世的一部，其间有各个时代最有影响力、最具特色的代表作。在内容上，品行、思想、知识、识字等各类齐全；在形式上，韵文、散文、齐言、变言等兼顾。所选各篇除原文外，还有评介短文（讲作者情况、时代背景、内容价值、历史沿革等)和详细注释,但不做白话翻译,因为把本来饱含典故和道理的短句子翻成现代白话,不但易伤原意,还失去了文采,不如不翻。

方案确定后,我找到了北京师范大学教育与心理科学学院院长、蒙学史专家王炳照,请他担任本书主编。王先生对此方案十分赞同,但考虑自己年纪大了,精力不够,便推荐其研究生王文宝做此事。在与王文宝的多次商谈中,这部书的范围和选目进一步明确。最后选定的54种(含10种附录)作品是:

弟子职、孝经、急就章、女诫、千字文(附闺训千字文)、颜氏家训、女论语、蒙求、百家姓、神童诗、童蒙须知、少仪外传、放翁家训、三字经(附重订三字经)、小学绀珠、名物蒙求、性理字训、小学、史学提要、千家诗、小学诗礼、经学启蒙、历代蒙求、二十四孝、幼仪杂箴、幼学琼林、龙文鞭影(附龙文鞭影二集)、小儿语(附女小儿语、续小儿语)、训蒙骈句、五字鉴、女范捷录、名贤集、增广贤文(附训蒙增广改本)、女儿经(附改良女儿经)、笠翁对韵、朱子治家格言、声律启蒙撮要、弟子规、历代国号总括歌、童蒙须知韵语、小学韵语、幼学诗(附太平天国三字经、御制千字诏)、四字杂言(附六字杂言)、幼学歌

《中国儿童启蒙名著通览》

这里面有不少篇目是其他书中见不到的。此外，书中还列出了历代儿童启蒙教育著作书目四百余种。书名最后定为《中国儿童启蒙名著通览》。从中可以看出，它内容丰富，形式多样，把历代学校蒙馆私塾的课本教材，与流行于社会上的各类儿童读物和家书家训等家庭教育读物，聚集于一囊。这是一部系统完整反映古代儿童启蒙读物成就的书，选材精到，编法也颇为独特，又配以多帧精美古代儿童学子图，极具使用价值和收藏价值。这部精装书篇幅达1300多页，彩图插页8张，是中少社迄今出版的书脊最厚的单本书。书出版之后，果然受到各界的赞誉。多位专家撰文评介，也有主动登门求购的，认为这是他们看到的同类书中最具品位的。

1995年，在安排报送国家"十五"规划重点书的时候，我提出了《百科小史》的选题计划，这是我策划的选题中知识含量最大、编法也最为新颖的一个。它要求从发展史的角度讲百科知识，从一种事物的起源或发明时起，讲到当今状况，形成一套以纵向知识为主的科学普及读物。全套书10个分册，每分册设15个专题，每个专题写1万字。在与作者多次研究后，10种书的150个专题最后确定为：

《科学宫》：宇宙小史、地球小史、植物小史、动物小史、水灾小史、地震小史、天文学小史、地理学小史、生物学小史、数学小史、物理学小史、化学小史、历法小史、中医小史、西医小史

《发明廊》：指南针小史、造纸术小史、火药小史、印刷术小史、自行车小史、汽车小史、火车小史、船小史、飞机小史、火箭小史、航行器小史、电话小史、计算器小史、电脑小史、显微镜望远镜小史

《社会窗》：人类小史、社会发展小史、中华民族小史、中国政权小史、世界稀有民族小史、殖民地小史、联合国小史、哲学小史、法律小史、儒学小史、宗教小史、喇嘛教小史、教育小史、考试小史、名牌学校小史

《创业碑》：农业小史、畜牧业小史、渔业小史、森林业小史、冶炼小史、丝绸小史、陶瓷小史、商业小史、市场小史、邮政小史、货币小史、银行小史、工业小史、航海小史、探险小史

《文化墙》：中国诗歌小史、中国小说小史、古代散文小史、中

国民歌小史、中国儿童文学小史、欧美文学小史、演说小史、汉字小史、对联小史、图书小史、报刊小史、文具小史、邮票小史、博物馆小史、风筝小史。

《艺术厅》：中国音乐小史、交响乐小史、舞蹈小史、芭蕾舞小史、中国画小史、油画小史、雕塑小史、书法小史、戏曲小史、京剧小史、中国话剧小史、曲艺小史、相声小史、中国杂技小史、电影小史。

《建筑林》：中国都城小史、北京城小史、长城小史、宫殿小史、中国庙宇小史、石窟寺小史、古塔小史、中国陵墓小史、水利工程小史、大运河小史、桥梁小史、中国园林小史、中国民居小史、名人纪念地小史、外国建筑小史。

《军体城》：中国战争小史、世界战争小史、古代兵器小史、现代兵器小史、军队小史、中国军事学小史、奥林匹克运动小史、武术小史、水上运动小史、冰雪运动小史、球类运动小史、足球小史、摔跤小史、拳击小史、棋小史。

《生活屋》：家具小史、油盐酱醋糖小史、厨具小史、茶小史、酒小史、灯小史、燃料小史、钟表小史、镜子小史、照相机摄像机小史、收音机小史、录音机录像机小史、电视机小史、冰箱小史、洗衣机熨斗小史。

《风俗园》：家庭小史、姓氏小史、婚嫁小史、丧葬小史、中国礼节小史、中国年节小史、外国年节小史、中国食品小史、烹饪小史、服装小史、帽子小史、鞋小史、理发小史、洗浴小史、厕所小史。

这些题目包括了自然科学、社会科学、文学艺术和人类生活各方面，既有基础知识，又有人们接触最多最为关切的事物。每篇文字不多，一万字就把一个很大的题目来龙去脉讲清楚了。读者在很短的时间里就了解了基本面貌。套书名定为《百科小史博览丛书》。因为内容丰富，立意独特，编法新颖，装帧脱俗，内秀而外美，受到极大关注，连印数次。

从编辑角度讲，《中国情》、《古人故事新编》、《千年对联佳话》、《中国儿童启蒙名著通览》和《百科小史博览丛书》这类选题有一个共同特点，就是书中涉及的知识宽广丰富，时间和学科领域跨度极大，编辑难度也自然加大，需要强力投入才行。像《中国儿童启蒙名著通览》、《千年对联佳话》，需要编辑通晓发展史和典故，还要有厚实的古文底子，我只好自己当责任编辑。别的几套都由我来主持，各位编辑合作。尽管难度很大，编辑们齐心合力，兴致勃勃，很好地完成了。大家还相互启发，想出不少好点子。像《中国情》，在每本书的封底加上名家名言；像《古人故事新编》，由一位学历史的编辑主管，协调选材统一格式；像《百科小史》，各位编辑亲自动手，在文中加进大量黑白图片，为此书增色不少。

使我不能忘怀的还有美术编辑颜雷。颜雷1991年从中央工艺美院毕业后来到出版社工作，一直踏实肯干。比如找图片，有的美编以各种理由推给文编做，颜雷却总是自己主动去找，再和文编一起挑选。设计封面和插图时，他更是反复思考，提出多种方案。我提出的思路，他都努力加以体现。如《中国儿童启蒙名著通览》的封面，我提出要凸显传统文化韵味，但又不要太厚重，要有儿童情趣。几次约稿的设计我都不满意，他自己闭门独思后，设计的样稿让我眼前一亮，从底色到图案布局都很悦目。书中用的古代学子图，他也跑了很多地方，翻拍了不少图片。又

《百科小史博览丛书》

如《百科小史》的封面，我把从国外带回的一本书给他看，希望参照那个样子设计：长32开本，封面封底全是纯白色做底，封面上不规则地排列着各种彩色实物小图，非常鲜亮新颖，看着舒服。颜雷也很喜欢，便花

上编 编学研写相伴行

费了许多心血，找来书中提到的几百幅实物图，反复挑选排列，终于设计成功10种书的外包装，很"洋气"。以往的国内图书，用纯白色做封面的几乎没有。《百科小史》开了先例，所以在订货会上，非常显眼，引来一批批观赏者。颜雷小的时候因病打错针导致两耳失听，言语也受阻，可他好读书肯钻研，设计特色突出。不幸，他在2005年因病夭折，只在人间停留了38年。记得他生前几次对我讲："来出版社遇上您很幸运，您的书讲究文化品位，要求也高，对我是个促进；我喜欢干这个，多干点累一点我愿意。"其实他说的，也是我想的，喜欢它也就不觉得累。

从1978年到20世纪90年代前半期，近二十年里，我紧张而辛勤地工作着，编出了大量套书、丛书和单本书，突破了道道难关和心中之"障碍"，也获取了丰富的经验，形成了自己的编辑风格。我的编辑风格，概括地说，有这样几个方面：

1. 编辑主导性强。我的编辑作品，绝大部分是自主创作的。无论是策划设计，还是实际操作，都是自己提出方案，组织写作，自行审读加工，以我为主地推动出版的全过程运作。即使少量组合已有图书（都是名著）的选题，也具有自己的独特视角和编排方式，而不是简单地拼拼凑凑。

2. 善于策划、设计、运作内容丰富的选题。无论是单本的还是套书丛书，大都从纵向或横向，或是纵横结合，反映一个学科或一个领域的知识全貌（当然只是相对全，绝对全是没有的），要深度也要广度，有侧重也有兼顾。无论是《中国通史故事》、《世界通史故事》、《中国儿童启蒙名著通览》的先纵后横，还是《中华人物故事全书》、《外国人物故事全书》、《神圣抗战》、《中国情》、《百科小史博览丛书》、《古人故事新编》的先横后纵，或是《千年对联佳话》的有纵有横，都反映了这个特点。

3. 编法上追求突破创新与个性化，重视把个人的功力、底蕴和时代特点结合起来；把深刻的思想内涵、丰富的知识与生动的表现形式结合起来。在编法和写法上不重复他人，也不重复自己，并力求超越他人。

4. 对书稿中讲的内容，尽可能多地了解和掌握，并融会贯通；给读者讲的，自己先要透彻理解，力求成为这一类知识的专家。

5. 编辑加工前，弄清书稿的结构及存在的问题，并与作者多沟通，了解对方的想法和水平高低；加工时，对书中涉及的知识和情况，讲清来龙去脉，力求完整明确，不留疙瘩，让读者看得明白。对书稿的语言要掌握其特色并加以强化，帮助作者提高。

6. 注意图书内在与外在的统一，在设计内容时对装帧和插图同时考虑，并参与其中，与美术编辑和画者密切合作。

这些在实践中形成的编辑风格，是属于个人的，也是属于事业的。1994年，我被评为全国首届"优秀中青年编辑"，1995年又被评为中直机关"工作能手"。在此前后，我编的和写的书，获这个那个奖的也有不少。我对图书得奖的事不太在意，但是我很看重"优秀中青年编辑"和"工作能手"这两个称号，因为它说明社会对我的能力和成绩的承认和肯定。而且这时候，我要担任"社领导"的迹象，已经很清楚了。

营造图书系统工程

早在 20 世纪 80 年代中期，在一次提拔副总编辑的"民意测验"中，我就是被提名者之一。当时我四十出头，呼声很高。社里社外给我"鼓劲"的朋友不少，团中央组织部的人找我谈了话。有的社领导也暗示我，要准备担任更重要的工作。可后来几次调整，我都没能"上去"。原因主要是我不在"组织"，也没提出加入"组织"的申请。而这在团的系统是提拔的基本条件。至于我自己，对"升迁"也不感兴趣，只想搞业务。这个想法束缚了我十五年，直到 1993 年以后，我才意识到，要想发挥自己，做更大的事，没有更大的空间不行，只当室主任就受了限制。此后，我不再回避"升迁"的事，表示了希望到社里任职的愿望，对加入"组织"的态度也变了。这样，到了 1996 年春，我被团中央任命为副总编辑。那年我已经 51 岁，要是在今天，这个年龄恐怕就不在提拔的范围之内了。上级显然考虑到我们这一代人受"文革"影响，耽搁了时间，要给机会。和我同期或比我还早的社领导中，有些人提拔的年龄比我还大，也是有同样原因的。这次任命对我、对出版社，虽有点儿晚，可主要原因在我自己这儿，我就只有心存感激了。

我对全社的编辑走向确实有想法，也自信能够名归实至，很想利用有限的时间，再做些实事，既是为个人价值的更大体现，也是为出版社留下些好东西。

此后，我的工作就由自己编书和主持编辑室业务转变为负责全社的编辑工作。先是分管社知、低幼两个图书编辑室，并负责七个期刊的协调工作。到了1998年年初，出版社决定图书、期刊、经营、管理等几大块分别由一位社领导分管。我于是分管了图书各编辑室的工作。这也意味着，将面临六七个部门和四十个左右的人员，以及图书的编辑和出版的总安排。我首先考虑到要先把事务性工作安排好。一是各编辑室主任的人选，要选那些有积极性的业务能力较强的，为此向社党组提出建议名单。事后证明，这些主任们绝大多数是称职的。接下来就是对全体编辑提出基本要求，为此我又制定了"编辑须知"，提出十项要求，印发给每个编辑。新的分工办法最大的也是最容易出现问题的，是稿件终审。每年几百种、各个方面的书稿，由一个总编辑终审，哪个人都做不到。我于是依照有关规定，提出了"终审委托"的具体办法，确定了各个门类的终审人员名单，包括在职的和离退休的老编辑。我自己则负责重点选题和"敏感"选题的终审。通过这些措施，编辑的工作基本进入了有序的轨道。

我最希望做的事，当然是图书整体结构的建设和重点选题的实现，也就是把多年来积累的经验和设想，用于实践中。实际上，这件事从1997年的下半年就开始了。当时社里提出要制订中少社的1998年至2002年的"跨世纪五年规划"，其中的图书和期刊两部分就由我来起草（我当时还负责七个期刊的协调工作）。我的总体思路是：中国少年儿童出版社作为国家级的少儿出版单位，应体现大社的风范，要全方位多角度地为读者服务，而不能像一些地方社那样，只以某一专项某类书取胜。在选题设置和图书风格上，应是大气的严谨的，讲求高品位高质量，且在各类图书中，都有立得住的品种。为此，我在图书发展规划的"总体设想"中写道：

> 要实行继承与发展相结合的方针，对以往积累的图书资源，要经过整理修订，更新换代，带入21世纪，与新版图书统一在有机的结构里，形成相对完整的体系。图式结构既整齐有序，又富于活力。代表性图书点、线、面结合，多层次多角度满足读者的基本需求，并适应形势的发展和市场的变化，有自我调节的功能。图书的设置和图书的制作，要体现中国少年儿童出版社的社会地位和编辑水平。重点图书要做到思想性、艺术性与可读性的完美结合。

我同时指出：这个规划是发展基础而不可能是全部，今后会有补充和调整，因此要规模适度，切实可行。对于效益问题，我也提出看法，认为出版社只有把编辑、印制、发行三方面的能力调动起来，同心合力，形成全社的一个"铁三角"，整体运转推进，才能促使图书健康发展，实现真正的繁荣。

在规划图书的结构时，我把社里已有的和计划中的品种归纳成14个方面：幼儿启蒙、思想修养、百科知识、自然科学、社会科学、文学作品、艺术娱乐、教育教学、技术技能、工具书、开发组合、对外合作、多媒体、标志作品。每个方面又包含有若干类别，初列77个类别。如"标志作品"，包括规模标志、形象标志、展示标志和真品标志4个类别，像特大开本和袖珍开本以及异型、立体型的图书等。记得我在1997年年底召开的全社研讨会上打过比方，我说图书的结构就像一座大楼，里面有几个楼层；每层有多个房间，每个房间即是一个门类；每个门类的图书各具形态。同时还会有一些空层空房，以待填充新的方面和门类。在运作时，各楼层各房间的书可以单独行动，也可以组合行动。

谈到具体的重点选题设置，我提出了点、线、面结合的模式。点，是指单本的精品书；线，是指有特色的长套书或丛书；面，是指一个主题或一种类型的系列或组合图书。为此，我对已有的有一定规模或有影响的选题进行筛选，又做了大量补充调整，提出了一批"选题代表"。其中包括8大组合系列，25个精致长套，25个特色品种。这中间包括新书、续编书和修订重版书。如8大组合系列，有爱中华教育系列、科普知识系列、幼儿智力开发系列、文学新创系列、大世界故事系列、工具书系列、作文指导系列、地球村引进版系列。

"跨世纪五年规划"的制订，在会上会后引起了谈规划、议选题的热潮。在我的印象中，1997年是中少社又一个出版高潮的开始。到了1999年，为安排国家有关图书出版的"十五"计划的重点书，我又一次对图书结构和选题做了调整。后来根据完成情况，又提出了"六大板块、五大书系"的说法。无论怎样调整，提法如何，都是以1997年"跨世纪五年规划"的设计为基础的。为使这个规划更具时代特色，我在规划中以及随后的几年选题中，提出了一批我认为极有特点的新选题，有二十多个。这些选题也引起了编辑和发行人员的很大兴趣，不少被各部门"认领"，并成功编辑出版。如文学名著开发方面的《儿童文学大师全集书系》、《中少版儿童文学传世名著书系》(详见下文)和《学生必读文学名著书系》，图画书《动物日记》、《中国故事》(详见下文)，思想教育方面的《八十年奋斗记》、《名人名言录》，科普方面的《科学门》，教辅读物《教你学汉语》，以及原版四大名著等等。

《八十年奋斗记》是中少社在20世纪80年代初编辑出版的《八十年寻路记》(余心言著)的续篇。《八十年寻路记》写的是1840年到1921年八十年间(即中国共产党成立前的八十年)，中国人在争取民族解放的道路上进行的探索和斗争。此书曾经在青少年中产生广泛影响。我在1997年那时想到，到2001年，是中国共产党成立后的八十年了，如再编写一本《八十年奋斗记》，写后八十年的历程，与《八十年寻路记》成上下篇，配合纪念活动，定会有好的效果。后来，图书二部主任张继凌编辑此书，约了青年党史专家陈晋著述，又请余心言对《八十年寻路记》做了修补。两本书同时出版，反响很好。

《名人名言录》也是我一直想做的题目。"语录体"自古以来就是受欢迎的，无论在中国在外国。我最初提的是"领袖语录"，后来经过调查，改为《名人名言录》。收入的名人有四种类型：思想家孔子、孟子、荀子、老子、庄子、孙子；革命家马克思、恩格斯、列宁、孙中山、毛泽东、邓小平；科学家亚里士多德、培根、伏尔泰、卢梭、爱因斯坦；文学家莎士比亚、歌德、巴尔扎克、雨果、托尔斯泰、鲁迅。

蓝皮书《名人名言录》

我提出了选材的标准，还直接参与了编选和修改，如孔孟老庄荀、

马恩列孙鲁等。图书四部主任徐寒梅负责约请了这套书的编选者,后由图书一部主任王洪涛组织编辑完成。美编刘静根据我的建议,为此书设计了细长条的48开本,以深蓝色为封面底色,以我拍摄的"思想者"雕塑照片做封底装饰。这套20种的"小蓝皮书"内容和外观均极具特色,再版多次,成为长销书。

《科学门》是针对当时科普读物过于理念化、内容也过深的倾向提出来的。我认为少儿科普还是应当面向广大青少年,以普及传播基础科学知识为主。中少社有很多有意思的基础科学题目,但都是"以小见大",缺少像《中国历史故事》那样的"大而化之"的实用品种。我于是提出了《科学门》的选题,包括数学号、物理号、化学号、天文号、地理号、植物号、动物号、人体号8种,目的是给中学生编一套课堂学习的延伸读物。书中不重复课本内容,而是补充丰富相关的诸如学科体系和学科史方面的知识。这个设计实际上是我自己的编辑风格的延续。此题由薛晓哲(他后来当了科普室主任)等编辑,约了一些青年学者编写,质量大都不错。随后此套书又增加了哲学号、政治号、经济号、法律号、军事号5种,就把自然科学、社会科学和哲学的最基础知识都讲到了。《科学门》中讲的内容稳定长效,无疑是出版社具有长期作用的基本建设图书。

《教你学汉语》是为学习汉语的外国青少年编的口语教材,以英语为母语。考虑到中国人学外语的书已有很多,而学汉语的热潮渐成高潮,我便建议编一本帮助外国人初学汉语的书。此书由当时负责教材教辅读物的主任尚万春等组织编辑,约请民族大学教外国留学生的教师编写,在内容安排和插图版式上下了很大功夫,质量是相当好的。

《学生必读文学名著书系》是参照教育部(委)提出的中小学生课外阅读书目而规划的包括中外文学名著在内的一个大型选题,提出后由几个部门共同完成,书目也由各部主任商议确定。最初在选择书名时,我对"学生必读"四个字有些犹豫,因为鲁迅曾对这一说法有过揶揄,但听说外面这种提法已是通用,也就顺其自然了。这个书系后更名为《语文新课标必读丛书》。其中的外国名著都是请人新译的,中国部分也是新写新编,这就为本社留存了一批名著的自主版权。担当主要编辑任务的图书二部为此贡献颇多。

中少社曾组织编写和出版过多种四大名著的缩写本、删节本。到

1990年后，人们的版本意识增强，就遇到难处。我于是提出，要打破少儿社不出原版四大名著的惯例，出自己版本的四大部，也为以后开发提供方便。这一动议立刻得到编辑和发行人员的支持。经过选本、校勘、注释和请专家撰写导言，中少版的《三国演义》、《水浒传》、《西游记》和《红楼梦》以不同于其他出版社的鲜亮色彩和注释方法出版了，受到各方关注。我作为总策划，除了提出总的思路以外，还为《水浒传》写了长篇导言《关于〈水浒传〉》。

还有一些选题，在编辑们的努力下也得以实现。情况有变的事也有，就是在规划中设计的一些选题，由于各种原因，没有实现。其中就有当时最受人关注的"少年万有文库"。我小的时候看过王云五主编的《万有文库》，留下极深印象。1997年，我在全社研讨会上提出要搞一套"少年万有文库"，并写进了"跨世纪五年规划"。"少年万有文库"初定1000种，与已出版的只收入知识读物的《少年百科丛书》不同，它可以包括各类图书，按一定程序编号，开本一致。如果出齐，将是中少社最大的丛书，在全国也是少有的。此意一出，便得到各方面的赞成，包括出版发行人员在内，都提出不少建议，并认为有了"少年万有文库"，中少社的影响必然扩大，众多新老的单本书和套书都可以加以改造加入进来，充分发挥作用。我于是开始摸情况，让各室把可入选的书名报上来，我则列出了第一批书目。社主要领导也做了调查，提出一些想法。上下心一条，此事按说是会有个好开头的，但是由于其他事务繁忙，加上那几年各方面投入很多，便拖了下来。到了21世纪初，机构变迁，人员大流动，不少骨干因各种原因离开本社，做"大书"的条件渐失，"少年万有文库"已无人提起。再往后，我也朝着"终点"快速奔去，此事便烟消云散。对此，我只有遗憾而已。

没有做成的还有"百科全书"。中少社在20世纪80年代曾编过一套8卷本的、规模很大的《少年百科全书》，我也参与过，因缺乏统一掌控，进度编法不一，后来下马了。但上下人等都觉得中少社应该有像样的自创的"百科全书"。在"跨世纪五年规划"中，就列入了几套"百科全书"选题，其中的"少年百科全书"和"幼儿百科全书"，后被定为国家"十五规划"重点选题。1999年，由社长牵头的"少年百科全书"正式上马，我提出了6卷本的设计方案。由于种种原因，此题后经删削，改以《新世纪少年百科知识博览》为名出版。"幼儿百科全书"也是由我主编。我本想编出独具特色的全国第一套"幼儿百科全书",设计了由"我"和卡通形象引导的画面丰富的方案。负责此题的图书三部和六部(美编室)很快选定了作者,写出了初稿,设计了图样。后来也是因为人员变动,编辑难以确定,不得不面对现实而告终止。

还有报告文学"科学家十日谈"和反映现实生活的长篇小说"走向生活"。这是我很看重的两个选题,为此进行了精心设计。后来主要因作者方面的原因未能问世(详见下文)。

选题中途更换或被撤销,本不足为奇。只是一些大家有厚望并投入很多时间精力的,没见结果,就有点可惜。这些已实现和未实现的选题,在创作和编辑上都有特色且难度较大,与我的习惯有关。我一直认为,一个编辑只有敢做并下功夫做好难度大的选题之后,才能真正成熟起来,成为有攻坚能力的好编辑。如果一直只做些不用费力的"短平快"选题,他就可能一辈子平庸无为。这些选题的相关编辑室和编辑们都极有热情,很想编出好书,也做了很大努力。有的虽然由于客观原因所致没有做成,但经历了曲折过程,获取了宝贵经验,对后来的进步也大有好处。

事实证明,我在制订图书"跨世纪五年规划"时的想法符合出版实际,即出版社一定要有长远有序的图书发展规划,有自己的定位和代表自己水平的精致图书,同时要有自我调节能力,根据需要填空补充,发现问题及时调整,不要硬钻牛角尖儿。从实际工作上看,1997年以后的几年中,图书编辑的目标明确,选题充足,各编辑室都有自己的长计划和短安排,主任们的心气儿也很高,各尽其力。那几年为全社留下了不少可供开发的高质量图书。同时这也说明了,只要心中有数,安排得当,注意发挥和调动每个人特别是室主任们的"能量",形成上下一心,营造浓厚的钻研业务的氛围,就能在"出书出人"上有所作为。

协调期刊与开设专栏

1996到1997年，我曾经负责协调全社的期刊工作。在分管一部分图书业务的同时，我的主要精力放在了期刊上。社外各种期刊的活动，像研讨会、发行会、征订会等等，还有出版署召开的全国期刊工作会议，都是我去参加。其实在此之前，我对办期刊虽然有兴趣，也曾想调到某杂志社工作，可从没有正式加入这个行列。这两年的经历，就使我开阔了眼界，还搭起了我和各期刊的桥梁。

中少社当时有七种期刊，分别是《中学生》、《儿童文学》、《我们爱科学》、《中国儿童》、《幼儿画报》、《婴儿画报》、《中国卡通》，号称"北斗七星"。我负责协调之后，首先就遇到了一个"低潮"：期刊订数大减，效益下滑。原因很清楚：由于社会上各类期刊大增，"撞车"现象突显，分散了读者群；各个地方期刊，占有本地发行方面的优势和便利，拉走了大量订数。原来中少社有的期刊在全国独大，发行不愁，现在订数则大幅度下跌。《婴儿画报》情况稍好，其他的都有程度不同的减少。新办的《中国卡通》由于情况特殊，基本是赔本的。遏制订数下滑，就成了期刊的当务之急。

那些日子，几位社领导为这件事多次商量，召开几次研讨会。采取的办法有这么几条：一是加强各期刊主编权力，实行编印发一条龙；二是设立期刊发行部，由专人分管；三是加大宣传力度，由社里出资，支持各刊组织宣传营销活动；四是在巩固邮局订数的同时，扩大自办发行和零售，积极开拓新渠道；五是要求各刊搞好定位定性，强化自身特点，

1997年在广州参加期刊征订会

明确读者对象，支持改版，提高自身质量；六是重点扶持，先把《婴儿画报》等几个期刊订数搞上去，突破难关，取得经验。

这期间，我和各个期刊主编都有沟通，根据不同情况，商量具体措施。当时七个期刊的主编分别是徐德霞、孙惟亮、孙士庆、毛红强、刘洛平、陈秋影、吴带生，都是编辑行家，也都积极想办法，同时也存在许多困难和思想障碍。我的态度是，要有压力，更要有疏通渠道和宽松的环境，让他们放手去做，而不是在背后指责。好的心理和人际环境是搞好工作的前提。有的主编向我反映问题，说着说着就哭起来，感到很委屈。我任其哭个痛快，说："你在我这儿哭没事，可别在下属面前哭。"我耐心听其反映的问题，尽力帮助解决，去其烦恼，鼓其信心；并疏通上下渠道，努力营造和谐氛围。后来有人说，那一段是期刊人气最旺的时期。期刊订数很快上升，是改革的结果，是各刊特别是主编们努力的结果。我则主要起了润滑剂的作用。

通过期刊的协调，我对如何当文化部门的"领导"，有了自己的一些体会。

一是要以平等的心态对待他人，无论是上级还是下级。对上级，遇到问题，要如实地讲自己的看法；当意见发生分歧的时候，则不必过于固执，应让主事者有主动权，但对于自己主持的事情要有坚持的勇气。

我是经历过"左"时期的人，深知"违心"之举的痛苦，所以有些事，如果考虑个人作用有限，说也无用，则索性不说。对下级，则不要以"领导"自居，摆"派头"。应认真听取他们的意见，不要自己说起来没个完，听下级说就不耐烦，不要随意打断他们的话或突然转移话题。我看到有些人，当了大小领导，就派头十足，一改往日常态，就觉得太可笑，让人恶心。我很欣赏这样一条格言：不喜欢上级的某些作风，就不要用这种作风对待下级；不喜欢下级的某些行为，也就不要以这种行为对待上级。

二是主要靠行动带动人，靠能力赢得威信。这里说的"行动"，是相对"言语"而言。我是搞业务出身，编辑的哪个环节也休想难倒我。当了"领导"之后，我仍然不离本业，仍然做责编，自发书稿。责编改得不好的，我就自己动手，做出样子。这就有了最大发言权和批评权，比停留在口头上的原则指导和严厉指责好得多。在身居高位的领导干部中，我最佩服廖承志。廖承志出身大家，父母俱青史留名，可他毫无官架子，遇到下级做得不好时，从不批评，而是拿过来自己做，有那个本事也有那个气度。

三是要敢于负责任。记得我在未当"领导"的时候，在一次中层干部会上说过这样的话："以我当了几十年'群众'的体会，我不怕一个领导主观武断，就怕他遇事没主意，出事又不敢担责任。"当时这话受到许多人的赞赏。及至我成了"领导"之后，这一条自然成了我的警戒线。实际上，这一条对任何一级干部都是需要的。在我的职权范围内处理一些具体问题的时候，我从不含糊其词，模棱两可，而是说到做到，有了失误绝不推卸，同时也要求他人如此处事。这是对自己也是对他人人格的尊重。

我和各期刊共事，最得心应手的，还是在编辑和写作上。除了不定时对《幼儿画报》和《婴儿画报》负责终审（一般终审，委托主编或编审负责）外，我对其他几个期刊也提过一些建议，对期刊的业务也很快熟悉了。还在1995年下半年，《中学生》的主编孙惟亮约请我开设专栏，讲传统文化的知识。他当上主编不多久，希望我能帮他一把，开几个有特点有品位的专栏。孙惟亮是残疾人，股骨头有病，走路不方便。但是他每天忙个不停，经常亲自跑外，主持自办发行，对刊物的质量更是上心，很是辛苦。这使我受了感动，没理由不答应。我建议以《传统文化讲台》为专栏题目，他也同意。这样，从1996年第一期开始，我就每月一篇

稿，开启了我的专栏写作，连续三年写了专栏文章《传统文化讲台》、《传统道德讲台》、《传统精神讲台》，共36篇。这种讲传统思想文化的栏目在以往的栏目里很少见，有新鲜感，因此很受读者欢迎，反映不错。三年过后，孙惟亮又提出要出书，希望进行补充修订，书名定为《祖先的遗产》。我于是理出提纲，对这本书的写法做了精心的设计。

《中国儿童》的主编孙士庆是积极性高、性格外露、说话直率的人。他看到我在《中学生》开专栏效果很好，就几次提出请我在他的刊物上也开专栏。我开始有些犹豫，因为我的长项在中外经典文化上，《中国儿童》的读者是小学中年级学生，登的多是小故事一类的短文，我怕我的文章不能与之合拍。孙士庆听了直摇头，一摆手，严肃地"教导"我说："您的想法不对。一个刊物就要有一些档次较高的栏目，才能有分量。小学生在成长阶段，课外读物要比课堂讲的深些广些，才能帮助他们开阔眼界，成熟起来。这正是我们的责任，也是您的责任。再说，我们正在准备把刊名改为《中国少年儿童》，程度提高到小学中高年级，文章长些深些更没问题。这个栏目必须要写，就这么定了。"他这么一说，我就不好再推。我提出栏目可叫《谈古说今》，文章一千多字，讲古代的故事联系现在的现象，或是由现在的现象引出古代的故事，做些思想启示。孙士庆连说这个题目好。

《谈古说今》这个栏目，我从1998年开始，一直写了四年，近四十篇。每期的内容基本由我定，也有是编辑建议的。这些文章，结合小读者的关注和兴趣，对古今一些有意思的人和事，做简单介绍，进行评论。别看是一千多字的短文，倒给我提供了一个梳理所思所想的高地，像《从看〈水浒〉谈起》、《〈三国演义〉中的真与假》、《榜样与偶像》、《也谈项羽》、《农民皇帝刘邦》、《"草木皆兵"与苻坚》等，都是我一直想做的课题，在这里简要地说出来，感觉很好。从读者来说，这个栏目也是受欢迎的栏目，后被称为该刊的"名牌栏目"。《中国儿童》在2000年1月改为《中国少年儿童》，孙士庆为此花费了很大心血。可惜，他在2000年秋天因患癌症去世了，那时实际上是在带病坚持工作。他病重期间，我曾经去医院看望。他还说病中仍然每期都看我的专栏，希望继续写下去。这给了我很深的印象。

孙惟亮和孙士庆的身体都不太好，从他们身上，我看到了一种精神，就是一心扑在工作上，不计个人得失。我并不赞成舍命工作，但是他们的经验和能力，与客观现实在那一时那一地相聚在一起，就成了一种摆脱不掉的责任。他们勇敢地承担起来，令人敬佩。

给我很深印象的还有《中国卡通》主编刘洛平。她是美编出身，对期刊装帧有经验，工作热情也是非常人能比。《中国卡通》是国家"5155"工程确定的重点刊物。因是初创，难度大，困难多，是必然的。但是刘洛平里外一把抓，干得很出色。我对这个刊物也提供了建议，包括把一些中国神话故事改成卡通，绝不比外国的神魔故事逊色。后来我就应刘洛平之约，写了《封神演义》的卡通脚本。画好以后，在1997年登载，共十二期。这也算是我的支持之举。

给《中学生》写的讲传统文化的专栏结束后，双方商定换个题目，决定在1999年开设《20世纪回眸》专栏。这对我来说是个挑战，用不到两千字的篇幅写一个世纪某个方面的情况，要有高度概括的能力，又不能空泛，要有具体的描述。我为此花费了不少时间翻看资料，确定的12个题目是：《中国的觉醒(上、下)》、《俄国的巨变》、《美国的突起》、《战争世纪》、《埋葬殖民主义》、《谈谈国际组织》、《欧洲的联合》、《世界大经济》、《科技在20世纪》、《百年赛场》、《百年文艺》。可以说，这些题目把20世纪的主要特征基本反映出来了。

和《中国少年儿童》的合作也在延续。《谈古说今》栏目在2001年结束以后，我又为这个期刊开了《科学家排行榜》栏目，在2002年刊载。这是个"科普"的题目，需要对那些大科学家的情况有准确的把握。我根据自己的认识，排出了牛顿、爱因斯坦、伽利略、达尔文、哥白尼、欧几里得、巴斯德、法拉第、拉瓦锡、普朗克与海森堡的顺序，一一介绍了他们的生平和科学成就。其中必然涉及相当多的科学技术的名词术语，需要用浅显的语言加以解释，又不能走样。这也是很费工夫的事。

我和期刊的栏目合作，延续了多年。与此同时，我与社外的一些杂志也有了联系，应邀为他们写过专栏文章。在协调中少社期刊的两年中，我对期刊的编辑和发行有了很多了解。期刊和图书的编辑工作有很多是相通的，都需要编辑的创造能力和扎实的基本功。不同之处在于，期刊需要众人合力，共造形象，共创名牌，是个集体项目。图书则是一本一样，单打独斗。从侧重点来说，期刊编辑要联系大批作者，活动能力要

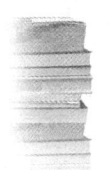

强些；图书编辑加工量大，更需要踏实沉稳。了解了这些异同，我对期刊的理解也深了一步，甚至有过改行搞杂志的念头。一个切实的收获，是期刊的编辑特点和运作方式，对我策划图书有很多启发。

1998年以后，我重新回到图书部门，以规划编辑图书为主。但期刊给我的收获已经融入我的编学研写的各个环节里了。

记《动物日记》，讲《中国故事》

在1996年之前，我从没有策划设计和编辑过幼儿图书，或是低幼图书。幼儿图书都要有大幅的图画，文字则很少。我见过有些外国幼儿图书，完全是图，没有文字。所以设计幼儿图书，需要的是精到的形象思维，通过生动可爱的形象，表达一种观点，一种知识。这是极为独特的本事。有些人瞧不起搞幼儿读物的作者和编辑，认为是太简单的事，其实是他们自己无知。

我自从分管"低幼读物"特别是主管图书编辑工作之后，也开始关注起幼儿读物的选题来。中少社的低幼读物有很厚实的基础，有很多经验丰富的老编辑，编出了不少有影响的图书。可我感到以前的书，大多是传统编法：讲一个故事，配上图画；或是一个知识，配一张图画，缺乏有先进理念和艺术构思的作品，我便想从孩子们最喜欢的动物故事方面入手，设计出一个选题来。记得那时的《北京晚报》等报刊上经常登载一些作者亲身经历的与动物交往的真实故事，非常有趣。这启发了我的灵感，要在动物的真实故事和科学知识上做"文章"，把科普、文学和绘画艺术结合起来。至于"文章"如何做法，有一次看记录大熊猫经历的电视片，那里面的大熊猫自述话语，很新鲜也很有趣。这使我又一次获得灵感。我便在1997年年初提出了《动物日记》的选题。

当时的设计是：以一种动物自己的口气，叙述动物在一天（或一段时间）内的经历和所见所闻，把动物故事和动物知识结合起来，从中介绍这种动物的生活习性、行为特点和朋友天敌等，目的是使儿童们树立爱护自然和动物与人是朋友的观念。要达到这个目的,关键是把握三条:1. 讲好故事。要依据某一种动物的真实情况编写故事情节,最好是有记载的或作者亲身经历的;把一天内发生的事串起来,要有的有趣,有的惊险,有的愉快,有的动情……才能吸引读者。2. 讲准知识。故事中涉及的动物的生活习惯、性情、动作、食物等,要完全符合这种动物的实际,就是说,要写成"科普故事",与"童话"、"寓言"、"传说"一类虚构、拟人的写法区分开。3. 精制画图。图画书,图自然起到主要作用,设计要求必须用写实画法,动物和环境,形象和色彩,都尽可能接近真实,不夸张。此外,我还提出,在"日记"之后,要写一段"主人公档案",介绍这种动物的相关知识。"日记"的文字不要太多,不要把什么都讲出来,要给图画留有余地,多让图来表达内容。另外,当时搞"双语书"的呼声很高,就决定用这套书做试验,做汉英对照的版本。

　　选题确定之后,我选定了第一批"写日记"的十种动物:猫、狗、刺猬、兔、狐狸、狼、虎、熊猫、海豚、企鹅。为了风格多样,日记主人来自各个方面,有家养宠物,有野生小动物,有狡猾而聪明的中型动物,有大型动物,还有海洋动物和鸟类动物。这十种,都是人们熟悉的又个性鲜明的动物。为了做个示范,我先写了"猫"的日记。我以"猫叫醒主人救火受表扬"的真事和猫狗打架、闹猫、猫偷吃鱼等常见场面为主要情节,并把平日猫的起居、神态和习惯都揉到它一天的活动中,编辑们看了都说这种写法很新鲜而别致,就这样写下去。我于是又把搜集到的狗、兔、刺猬、狐狸、狼、海豚、企鹅的真实故事写到它们的日记里,其中狗和刺猬的某些情节,还是我亲自接触到的,是这么写的:

　　(狗):主人外出,让我看家。这是我的天职,我哪里也不能去。几个小坏蛋(老鼠)跑出来干什么?那个"喵喵"叫的懒家伙(猫)吃饱了就睡,也不来抓。我去抓!我扑上去,按住两个,打几下,小坏蛋就没气了。有一只钻进洞里,不出来。我叫来一个伙伴在另一洞口吹气,我在这边等着。它果然跑了出来,被我一巴掌打死了。都说我爱多管闲事,这事我非管不可。主人回来了,带我到地里。他收庄稼,让我看着。忽然,一只"长耳朵"(兔子)跑过来,后面有几个伙伴在追。"长耳朵"跑得飞快,他们都追不上。看我的!我从旁边追上去,和"长耳朵"赛起跑来。我猛地一蹿,把它捉住了,它吓得直发抖。多可怜啊，我又不想吃它，就松开爪把它放了。主人走过来，高兴地抱起我。我又做对了。我也很愉快，趁机表演了一番"空中接食"。哦，还是这东西（骨头）对我的胃口。我跟着主人回家了。不好，家里进了小偷。主人冲上去捉他们，我当然不能袖手旁观。一个小偷要杀主人，我猛地蹿上去，咬住他的手腕。这家伙疼得哇哇直叫。可另一个小偷打伤了主人。幸亏邻居们赶来，抓住了小偷。主人昏了过去，我难过极了。主人醒后被抬到医院去了，我也要跟去。主人拍拍我，让我留下，看好这个家。我的责任太大了，就是不吃不喝，我也一步不离家门，死守在这里，等着主人回来。

（刺猬）：天气变得暖和了。我独自在田野里走着，找些东西吃。这日子过得很自在。这个家伙（田鼠）最讨厌，可它的肉很好吃。我去捉住它！往哪儿跑！这回可以美餐一顿了。吃饱了，到这里（小河）喝上几口。噢，我的同伴也在这里。"喂！你们好！"我们在一起说着，互相追打着，玩得很开心。哎呀，大怪物（狼）来了！跑已经来不及了，快，赶紧缩成一团。它叼起我，我把满身的刺立起来，疼得它大叫一声，放下我跑了。不好，这个尖嘴的家伙（狐狸）来了。它的坏主意太多，会放很臭的屁。我赶紧滚下坡藏了起来。它走远了，我也累了，想回家睡觉去。我运气不好，碰上了这个两条腿的，一点办法也没有。我被他抓住了。他把我带回家，关在小笼子里。这里面太小了，"我要出去，快放我出去！"他一家对我真好，给我这么多好吃的东西。我大吃大喝了一顿。天黑了，也冷了。我把这些东西（树叶等）都裹在身上，还是冷，这一夜睡得很不舒服。天又亮了。趁他打扫笼子的时候，我悄悄爬出来，一头钻进了地洞。我拼命刨土，终于看到了光亮。原来这里通着一条暗沟。爬出沟一看，这里正是我最熟悉的地方。我快步向前跑去，我又自由啦！

文字稿完成之后，美术编辑周宪彻、文字编辑高荷美（他们先后担任低幼编辑室和图书三部主任）就开始了约画稿、搞装帧设计和审稿、翻译英文的工作。他们想了很多好办法，如多方选择国内善画动物的画家，比较后确定画者；参照国外图书的风格设计出了十分新颖又高雅的封面和版式；为让小读者参与互动，专门制作了一个小记事本，供他们记录动物故事用等等。画家们都很理解策划者的设计，画得令人满意。其中

《动物日记》

《刺猬》、《狗》、《狐狸》等画得尤为出色。这套《动物日记》出版以后,立刻受到各方面的关注,在几场看样订货会上都引来众多观赏者和订货者。因为在当时,这样的写法编法和鲜亮清雅的外观、栩栩如生的图画,是绝少见到的。就像很多人说的,《动物日记》做得十分"洋气"。从读者那里也很快有了回音,很多孩子让家长来信,表示对《动物日记》的喜爱,希望继续编下去。高洪波、金波、张美妮等作家和评论家都撰文,给予很高评价,有的还表示要参加第二套的创作。有了这样的形象,后来《动物日记》获得国家图书奖二等奖,就不足为奇了。

第二套的十个日记,也很快编完出版,有猴、鹿、天鹅、鸽子、猫头鹰、马、狮子、鸡、象和袋鼠。《动物日记》是我第一次策划并主创的图画书,虽然是给低龄儿童看的,但我用力投进了智力和心血,也有了切实收获。我一直把它视为我的代表作品之一。

1998年,我提出了另一套大型图画书选题《中国故事》。提出这个选题的原因来自一种现象,就是西方的一些传统民间文学作品,如希腊神话、伊索寓言、克雷洛夫寓言等,多少年流传不断,各国出版界用不同方式出版,具获佳绩。特别是那些精美的图画书,更令孩子们喜爱。我于是想到，中国古代的神话、寓言、民间故事也十分丰富，有许多故事的曲折和含义超出欧洲的那些，何不以此为题做一版图画书呢。因为要讲中国古代最好的最有代表性的故事，我便想到用《中国故事》命名。开始有人说此名太大，不像儿童书书名，但后来大家都觉得很有气势且易入耳，很快叫响。此后，社会上以此为名的文化项目也有了。

选题通过后，经与发行部门协商，确定彩色绘图的《中国故事》共20集。我很快列出了篇目，分为神话4集、寓言6集、民间传说4集、民族传奇4集。考虑到京剧和武术也是中国传统文化的代表，还专门安排了京剧故事和武术故事各1集。20集共收入83个故事，都是流传最广也最有意义的作品。

神话有：盘古开天地、女娲造人、女娲补天、撞倒不周山；五神山、伏羲与神农、刑天断首、鸟的王国；太阳兄弟、羿射九日、神男除害、嫦娥奔月；夸父追日、精卫填海、愚公移山、鲧盗息壤。

寓言有：矛与盾、九方皋相马、拔苗助长、守株待兔、刻舟求剑、丑女效颦、南辕北辙、激流丈夫；滥竽充数、掩耳盗钟、邯郸学步、画蛇添足、一叶障目、一孔之见、截竿进城、取勺尝羹；郑人买鞋、不死之药、丢斧之人、东食西宿、兄弟分家、仆人看门、溺死之人、折箭教子；河与大海、叶公好龙、百兽之音、蝉·螳螂与黄雀、鹿与狗、皇冠与虎、猫和老鼠、朝三暮四；井底之蛙、狐假虎威、大泽之鸡、鼯鼠学艺、虎与刺猬、鹬蚌相争、鸡与乌鸦、黔驴技穷；东郭先生和狼、商人与猩猩、崂山道士。

民间传说有：牛郎织女、天仙配；梁山伯与祝英台、宝莲灯；刘海砍樵、白蛇传；哪吒闹海、高亮赶水。

民族传奇有：格萨尔王（藏族）、艾里甫与赛乃姆（维吾尔族）；刘三姐（壮族）、勇士古那干（蒙古族）；阿诗玛（彝族）、召树屯（傣族）；阿里山的传说（高山族）、帕拖除妖（黎族）。

京剧故事有：三岔口、贵妃醉酒、打渔杀家、长坂坡。

武术故事有：少林寺、武当山、八卦掌、津门大侠。

按照写作要求，故事要依照古书记载的原来面目写，不能随意更改人物和结局，只可以在对话和表情上稍加铺开润色。为此，我先写出了样稿。但在组稿时，有些作者缺乏资料，希望我来提供。我掌握的材料

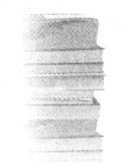

上编 编学研写相伴行

很多,但要一一复印出来,也很费事。编辑们就说:"您给他们找材料的工夫,自己就写出来了,何必费那个时间?他们写的不行,您还得改。文字不多,不如您自己写就得了,一次成功。"我一想也是,就一晚上写一个,很快写出了大部分文稿。只有少数几个,因缺乏材料,请别人写的。我编选的故事,在传统意义上,又注意赋予新的理念。如神话中的《夸父追日》:

有个叫夸父的神,他望着太阳,心中发出疑问:"太阳为什么会发光发热?为什么早晨起来,晚上又落下去?太阳在什么地方休息?"他决心弄个明白,便迈开大步,向着太阳跑过去。"我一定要追上太阳,到它的身边看个究竟。"夸父越跑越快,高山、大河、森林、白云,都在他的脚下向后退去。只有太阳在前面,引导着他向前飞奔。"我一定要追上太阳!"他的决心丝毫没有动摇。夸父追呀追呀,不知跑了多少路程。他跑累了,就捡起一根树干,当做拐杖,继续飞奔。眼看着离太阳越来越近,他高兴极了。终于,在太阳的住所禺谷,夸父追上了快要落下的太阳。太阳是那么大,那么红,那么热,他张开双臂跑了过去。

夸父忍不住心中的喜悦,跪在地上,向着太阳高声喊道:"太阳啊,我追上你啦!我追上你啦!"他不顾浑身的热汗,伸出双手,想抱住太阳。可太阳太大了,抱不过来。他又不顾一切地向太阳爬过去。忽然,他感到忍受不了的干渴,连忙站起来,一纵身跳进黄河,只几口,就把河水喝光了。接着,他又喝光了渭河的水。可他仍然感到浑身发热,渴得难受。想到北方有一个大湖,那里有着清凉的甜水,他就不顾疲劳,向大湖跑过去。"等我喝足了水,再来拥抱太阳吧!"他想。可是夸父太累了,也太渴了。眼看着大湖就在前面了,他终于支持不住,高大的身躯朝大地倒了下去。夸父转过身,最后看了一眼火红的太阳,然后把手中的拐杖扔向远方,就倒在了地上,慢慢地闭上了眼睛。夸父死去了。他扔出去的拐杖化作一片桃树林,林中结满了鲜桃,为人们解渴。人们永远怀念追求光明的夸父。

又如寓言中的《激流丈夫》:

古代圣人孔子一次带弟子远行,来到一座山前,见一挂瀑布飞流直下,在水潭中激起汹涌的水浪,水中的鱼儿都不敢游过去。大家正在欣赏景致，忽见一个健壮男子正在激流中翻腾。孔子说："这个人一定有难事，要跳水自杀，你们快去救他上来！"弟子们刚跑过去，只见那男子已跃出激流，蹬上一块巨石。面对咆哮的水浪，他高声唱起了雄壮的歌，声音回荡在山谷之间。唱完了歌，男子又纵身跳进了水潭。孔子大声问道："我刚才还以为您是鬼呢！您敢在恶浪中自如地游水，有什么窍门吗？"男子在水中边游边说："没有什么窍门。只是养成习惯，顺其自然，能和激流一起浮沉罢了！"孔子又问："怎样才能养成习惯，顺其自然呢？"男子立在水中，哈哈笑着回答："我生在大山里，又在激流中长大，天长日久，掌握了水性，习惯就成了自然！"说完，他又劈波斩浪游起来。孔子赞叹说："如此无畏的男子，真是伟丈夫啊！"

　　文稿写出之后，图书一部的编辑们很快为之配上了汉语拼音。关于这套书的配图，我提出了用西画之法画中国故事的想法。因为传统的中国画法已经出版过很多，且在表现方法上有局限。西洋画法讲究人体结构比例和明暗透视，有立体感，更适合画以人物、动物为主的题材。负责美编的图书六部于是约了一些画油画、水粉画的画家，进行多次试画交流，美编颜雷因两耳失听，与人交流困难，我便每次都到场讲述要求，看画评说；又因对每个故事特点十分熟悉，所以修改意见大都由我自己告知画者，有的画家在外地或郊区，我还写出十分详细的修改意见或进行电话交谈，简直快成了特殊美编了。画家们见此情景都对我说："我们接触过不少当总编辑的，都不管具体事，像您这样亲自讲要求，讲具体修改意见的，少有。"我并不觉得这样做有失身份，总（副总）编辑就应是编辑行家并爱做具体事才行。

　　画家们也十分认真，不厌其烦，多次修改。按要求，每个故事，要画十几幅插图，大小不一，和文字插排在一起，形状自然也不一样，难度自是不小。画家们都很认真，认为是展示自己风格的机会，画得都很认真。像安徽五河县的画家曹亚洲，一个人担当神话部分的画稿，非常投入，县里领导也大力支持。所以他工作虽忙，但按时按质地完成了上百幅作品。我特地到五河去看样稿时，受到当地领导和不少专家的热情接待，电视台也来采访。他们真正把此事看作文化"事业"对待，令人感动。

《中国故事》

　　还有画京剧故事的赵梦林，家住呼和浩特，是很出名的京剧人物脸谱画家。我自己向他约稿，提出用"原汁原味"的京剧舞台的服装道具和表演程式画几出戏的故事情节，他听了感到挺新鲜。以前他主要画京剧单个人物造型或脸谱，这次要画出剧情，组成多人画面，有动态，就难得多了。好在我和他都对京剧十分熟悉，双方配合很是默契。他对我写的文稿也提出不少好建议。我到呼和浩特去看画稿，他招待得极为周到，还特意请来内蒙古京剧团著名演员李继春(李万春之孙)等清唱，很是红火。"京剧"那本书，不但在《中国故事》中独具一格，也用了图画书中从来没有过的画法，是一个新尝试。

　　20集的画图质量总的看，达到了预期的效果。我也当了一半美术编辑。由刘静设计的封面，金红色调，热烈高贵，凸显了中国传统文化特色，为本书大增光彩。《中国故事》出版以后，有好几种很快销售一空，我到书店也见到小读者蹲在地上细看，可见很吸引人。

《动物日记》和《中国故事》是我策划、设计的两套图画书，也仅此两部。在运作过程中，我既主持编辑又是主创人员。虽然文字量不多，但它们留下的我的有形和无形的投入比我写的那些几十万字大部头的文字书都多。后来，每当记起这两个书名时，我眼前马上就展现出两个风格完全不同的图书封面：一个清雅洁净，显露时代情调；一个阳光灿烂，蓄含传统神韵。它们确实凝聚着我和文编美编们的心血，留存的经验和启示，更如云霞般多彩，如流水般细密。

寻求儿童文学传世之法

儿童文学作品是少儿读物的不可缺少的一个部分。在过去很长一段时间里，很多人，包括我在内，都以为少儿读物就是指儿童文学作品。"文革"过后，因为前十年知识的荒废严重，而文学创作的虚假现象又使人反感，所以各类知识读物，特别是科普读物、历史读物等，备受读者重视，发行量很大。作为传统优势门类的儿童文学，反而有些冷落。我在1982年参加过一次全国的少儿读物评奖，印象中各地申报的参评图书中，知识读物普遍质量较好，文学作品则少有出色的。这种状况一直到20世纪90年代后才有改观。

就我自己来说，虽是学文学的出身，但对儿童文学一直无甚兴趣，也就很少关注。这种状况也是一直到20世纪90年代后才有改变。起因有两件事，一是我发现有的儿童文学作品发表后，被人宣传得"热"得不得了，作者也被捧得"高"得了不得。及至我找来一看，大失所望，写得粗糙浅薄，难成气候。二是我发现在人们经常提到的中外文学名著中，儿童文学作品极少，很多在儿童文学领域很出名的作品，拿到整个文学史上就排不上号。我曾应约为一家出版社主编一套大型中外文学名著的书库。我定其名为《中外文学名著集成》，除了中国现代文学作品因版权问题不收以外，把中外古今的名著几乎都囊括进来了。此书库共20卷，中外各10卷，16开本，每卷60多个印张，总共1230多印张，名副其实是个"库"。当时我特意留心要收一些儿童文学名著，也有失所望，中国的没有一部能够格，外国的也极少。

这两件事反让我为儿童文学有些抱不平：为什么反映儿童生活的作品很难在文学史上占据席位呢？从此我就有了一种情结，做几种真能传世或在文学史上提得起的儿童文学作品。1997年制订"跨世纪五年规划"，我在考虑文学方面的选题设置时，就提出了几个选题意见。我的想法是，一方面在名著整理开发上下些功夫，一方面抓出几本新创作品。

在名著开发上，我首先提出了编辑出版《冰心儿童文学全集》、《张天翼儿童文学全集》、《叶圣陶儿童文学全集》的想法。这个选题后被纳入《儿童文学大师全集书系》。应该说，这是一个创举，同时也是我策划选题力求内容全面系统这一风格的体现。我认为出版一个有成就作家的"全集"，是一个出版社有实力有地位的表现。像叶圣陶、冰心、张天翼这样的大作家，虽不可能把他们的"全集"（其中有许多不属于儿童文学范围）交少儿出版社出版，可是他们的儿童文学作品的全部，中少社是完全能获得出版权的。以前这类作家的作品出过各种版本，都是"作品选"、"自选集"一类，但编辑出版儿童文学作品的全集，即全部里的一部分，一部分的全部，还没有过。要出这样的"全集"，需要三个条件：一是作家在儿童文学方面具有公认的成就；二是在读者中和社会上有很高声望；三是年事高或已过世。叶圣陶、冰心和张天翼无疑是首要之最。

我提出这一设想之后，立刻得到一致赞同，并很快由图书四部运作。青年编辑白雪静虽少有经验，但勇气十足，几位大师的合同都很快与其家属签了下来。我确定的选文标准是：凡是以儿童为阅读对象的，或反映儿童生活和问题的作品都收进来。书中内容除作品以外，还要有作者的生平简介和照片等。为了保证质量，三部全集的内容分别请当代文学馆的专业研究者编选，再由作者的亲属或有关专家负责审定。如冰心全集由她的女儿吴青和女婿陈恕审定；张天翼全集由文学评论家樊发稼和老编辑段成鹏审定；叶圣陶全集由叶至善和叶小沫父女审定。叶至善先生当时已经患病在床，听说要出《叶圣陶儿童文学全集》，十分高兴，特意嘱咐要把叶老早年编的小学课文找到，编进书里去。后经责编等多方努力，终于找到，使之真正成为一部"全集"。美术编辑周建明为这三套书设计的封面新颖而脱俗，堪称精致，特别是中间图案的挖孔的设计，十分独特。

如同事先预料的，三套既能长期阅读又有研究和保藏价值的儿童文

上编 编学研写相伴行

《儿童文学大师全集书系》

学全集出版之后，很快成为畅销书，最先问世的《冰心儿童文学全集》连续重印，一年内就超过了10万套。后出的《张天翼儿童文学全集》和《叶圣陶儿童文学全集》发行量也很是可观。对于出版社来说，又有了可供多方开发的母体品种。我在提出此选题的时候说过，这个书系将是开放的、延续的，有了符合条件的人选，可随时加入，编纂其作品出版。

继《儿童文学大师全集书系》之后，我又提出《中少版·儿童文学传世名著书系》的设想。中少社自建社以来，曾出版过不少儿童文学作品。许多内容过时的已无再版价值，还有一些曾产生很大影响，成为名著。把其中一些加以组合，成套发行，在此之前就做过。不过到了21世纪初，著作权法的实施让一些作者产生了收权改投的想法。为使一批有留传价值的作品得以在本社继续发挥效用，也为了展示中少社的成果，我才有了重新组合形成书系的想法。这次组合与以往的组合不同的，一是对选入书系的作品，更看重其内容的儿童生活化和创作的文学价值，力求把思想性、艺术性、可读性都好的作品留下来；二是强调这个书系与《儿童文学大师全集书系》一样，是开放的、延续的，随着时代的发展，今后凡是达到入选条件的作品，都可以陆续收入。

此套书由图书五部运作，先后当主任的徐德霞、吕卫真等为选书签约的事，做了很多工作。首批选入的14部作品有张天翼《宝葫芦的秘密》，严文井《小溪流的歌》，管桦《小英雄雨来》，颜一烟《小马倌和大皮靴叔叔》、《盐丁儿》，金近《狐狸打猎人》，金波《在我和你之间》，葛翠琳《会唱歌的画像》，胡奇《五彩路》，孙幼军《小布头奇遇记》，严阵《荒漠奇踪》，刘先平《千鸟谷追踪》、《云海探奇》，张之路《第三军团》。14部中，有的是20世纪50、60年代的名家名作，有的是80、90年代的优秀作品；有的是长篇，有的是短篇集。重新编辑的每本书，除作品以外，还有专家的评介文章、作者照片和生平简介。我在为此书系写的序《形象，把过去引向未来》一文中说：

　　……岁月的流逝，使我们逐渐淡忘了许多记忆、许多荣誉、许多成绩，而代之以新的向往、新的思考、新的成果。……也有不会忘掉的：文学化的形象就是其中之一。……因为他们已经成为跨越时间与空间，超越时代与国界的永恒。……美好的文学形象留在人们的脑海里，便会产生无限的感召力，它的作用便没有止境。这就是我们出版《中少版·儿童文学传世名著书系》的出发点。在众多的中少社儿童文学作品中，选出最优秀的经典名著，组合成强大的阵容，请一代代新少年新儿童检阅，也让这些蕴含着美好形象的作品一代代流传下去，这无疑是一件极有意义的事。形象将随着这些名著的出版走向未来，也必将对代代新人的成长和成熟发挥作用。……一部优秀的儿童文学作品出现，大都会引起一阵热潮，成为一种时尚。但时尚不一定会成为典范和传世名著，只有包含着深刻内容和完美艺术形式的作品，才有资格走进"传世"的行列。我们希望作家们能创作出更多更好的精品，也希望广大读者更多更热情地关注儿童文学的发展。这样，才会有更多更优秀的作品成为传世名著，为中国的儿童文学事业增光添彩。

《儿童文学大师全集书系》、《中少版·儿童文学传世名著书系》和《学生必读文学名著书系》，这三个书系同属于名著开发类型，在那几年的图书阵容上是占了重要位置的。

上文提到的报告文学"科学家十日谈"和反映现实生活的长篇小说"走

向生活"两个选题,则是我在新创作品方面的设想。关于"科学家十日谈",我的想法是按照薄伽丘的文学名著《十日谈》的写法,约请十位有成就有影响的科学家,用讲故事的方式就设计好的十个方面的问题写出自己的人生经历和科研活动,对青少年进行科学世界观和方法的教育。书中以第一人称讲述,分十天讲,每人一天讲一个,共100篇。这是由科学家写自己的科学思想、精神和方法的书,显然,它是思想品位高、编辑方法独特、编辑难度也很大的选题。先后负责此题的图书五部主任徐德霞和吕卫真为此投入了很大力量,很快确定了入选的科学家名单,并约请到曾任中国科学院院长的周光召出任主编。10位科学家(姓氏笔画为序)是:王选(计算机应用技术专家、汉字激光照排系统创始人)、王弭力(地质学家)、王绶琯(天体物理学家)、乔松楼(军事装备学家)、位梦华(地理学家)、冼鼎昌(高能物理学家)、张开逊(自动化技术专家)、郭正谊(化学和科普学家)、潘文石(动物和生态学家)、潘厚任(空间技术专家)。此外还确定了一些负责撰写的"第二作者"。经过讨论,初步确定围绕理想与信念、亲情与友谊、机遇与挑战、个体与集体、成功与挫折、思路与方法、精神与财富、真理与谬论、科技与社会、科技与未来等十个方面写作。召开作者座谈会那天,我讲了一通设想和要求,到会科学家们都说这是件极有意义的事,很想把自己的所思所做告诉青少年们。但往下的进程就慢了下来,原因是科学家大都年事已高,自己不习惯写这种通俗文章,让秘书或其他人代笔,也有记录上的困难。拖了两年多,只有少数人交出几篇样稿,有些则表示抱歉。尽管我们的编辑力量很强,但"难为无米之炊",看来好事难成,只好拆灶撤火。

  出一部有社会意义的长篇小说,也是我思考很久的。我认为如果局限在儿童狭小的生活圈子里,如家庭、学校,往往容易平淡,很难写出有震撼力的作品,也引不起广大读者注意,要长期流传很难。外国的一些反映儿童生活的名著就都是社会背景十分宽阔的,如马克·吐温的"历险记"等。我想到一段时间有许多农村青少年到城里打工,结局却大不一样,有的立住脚,有的退回去,有的报复社会犯了罪……便想到巴尔扎克笔下的"外省青年"到巴黎闯荡的情景。如果以此为题,写一部长篇小说,当很有社会和艺术的价值。我若有生活素材,都有心创作一次。我选中了写《凤凰琴》的青年作家刘醒龙,在把小说初定名为"走向生活"后,便通过熟人与在武汉的刘醒龙通了电话，说明情况向他约稿，他表示有兴趣，愿意考虑，希望有机会细谈。2000年夏天，我到武汉出差，和他见了面，再谈此事。他当即同意，但因手下有其他创作任务，一时不能动笔。双方还就稿酬交换了意见。又过了一年多，编辑室主任吕卫真再去找刘醒龙时，他仍然表示要写。但是后来再联系，他就改了口，说实在顾不上了。我知道应约创作小说确有难为之处，好在一直没有签约，便决定作罢。

设想中的报告文学"科学家十日谈"和长篇小说"走向生活"，我本来希望值甚高，没有实现，令人失望。主观努力究竟代替不了客观现实。虽然没有成书，但在我的编辑记忆中有很深的痕迹，也留下了同行们的奔走足迹。

访陈省身谈"科普"

1998年，社里决定把图书、期刊分别统起来管理后，提出图书以科普、低幼、文学创作为重点。因为在此以前，中少社图书的优势在思想教育和社会知识读物。这两方面有发行量很大的品种，还有很多大套的"基本建设工程"可长期使用。相比之下，科普、低幼、文学创作方面的突出品种就少些。所以，我在分管图书编辑工作以后，就着重在这三方面费了些心思。在"跨世纪五年规划"中，这三方面的选题占有很大比重。此后又多次召开科普、低幼、文学新创的选题研讨会，发动众人出主意。前面讲到的低幼和文学创作方面的一些选题，就是这些研讨会的成果。

科普方面也一样。记得在一次科普选题研讨会上，应邀参加的专家和老编辑提出，中少社曾出版过不少科普图书，像《少年百科丛书》中就有不少，尤以数学方面的质量为佳。对此，我也有同感。1982年，我参加全国少儿读物评奖，中少社的《数学花园漫游记》（马希文著）曾受到好评。社内数学方面的编辑如文赞扬、陈效师等，水平也很高。如果把他们编过的书加以修订，组合起来，将是很有特点的科普读物。为此我提出，中少社科普图书应把继承和创新结合起来，以数学为突破口，争取大的发展。针对当时科普编辑短缺的情况，我又建议尽快调进几个科普方面的新编辑，而首先是数学的专职编辑。那次会后，一个数学方面的选题经几番研究后很快设计出来：把张景中（中国科学院院士、中国科普作家协会会长）和李毓佩（首都师范大学教授）两位著名数学科普作家的作品集成小套出版。时任图书一部副主任、后任科普编辑室主任的薛晓哲具体负责此事，动了不少脑筋，把张、李二位的书各三种（包括在本社的和从其他社移动来的），组合起来重新设计出版，做得很有质量，后获得国家级奖励。

书出版之后，我们决定开一次高规格的研讨会，张景中是中国科学院院士，通过他邀请到五位院士数学家。我也邀请到了我在南开大学时的老师、时任新闻出版署署长的于友先生（后因事未到）。因为听张景中说他曾当面向被誉为"国际数学大师"的陈省身请教并得到鼓励，我便产生了去天津拜访住在南开大学的陈省身先生的愿望。

陈省身早年就读南开大学，后赴美国留学，并从事数学研究。多少年后，他已经成为驰名世界的数学大师，被誉为当代最杰出的数学家。20世纪80到90年代，他几乎每年都回国从事科研活动，指导国内数学研究。2000年，年届九旬的陈省身回国定居，住进了南开园。学校为其修建了宅院。暮年的陈省身仍潜心数学研究，并且十分关心国内外的数学动态。我之所以想见见这位大科学家，一是想请他为张景中、李毓佩的书做些评价，自然也有"借光"之念；二是领略一下这位世界名人的风采。此前，我接触过一些文艺界、学术界的权威人士，但还从未接触过"美籍华人科学家"。2002年3月初，我打电话找到陈省身的秘书，向他说明拜访陈先生的意图。经请示，秘书回话说同意，还告诉我，先生近来身体欠佳，不久前夫人又去世，心情也不爽，所以时间不能过长，20分钟为宜；若有什么需要他说的，可以事先写好，到时请他看后认可，就能节省时间了。我于是写了不到三百字的谈话稿带着，12日上午乘车来到南开大学，同行的还有薛晓哲、陈效师。

自从毕业后，我只在20世纪80年代初来过南开，是为了到历史系找写《外国历史故事》的作者谈稿。时隔20年再来，见校门口一带景致如故，便没有眼生之感。按秘书所示，很快找到陈先生住的宁园。这是一处不大而幽静的院落，进了院门，走进二层小楼的正门，见迎面墙上有"几何之家"四字大匾。到客厅坐等片刻，陈先生便坐着轮椅从里面出来相见。九十高龄的老人，还很难说是"老"，先是那清瘦的面颊和明亮的目光就使人感到了智者的魅力，接着的话语，又令人有了意料之中也之外的惊喜。

那天，先生的谈锋很健，兴致极好。听说我也是从南开毕业的，而且是学文科的,他很高兴地说:"我们是校友啊!我现在什么书都看,不只研究数学,最近看了一部写清朝入关前后故事的电视剧,对孝庄皇太后的事很有兴趣,还写了一篇研究文章发表。顺治、康熙登基时都只有几岁,主事的是太后,起了很大作用。"他于是又谈起对历史人物的见解。我听了以后说:"您是大科学家,可对历史和文艺也很有研究啊,听说您还擅长写古诗词。"他摆摆手说:"谈不上研究擅长,只是有兴趣,人不能只会埋头研究一种学问,不要太单调了,要广泛一些,掌握多方知识才好,便于开阔思路,相互借鉴,才容易接受新鲜的东西。"话题又转入他在美国生活的情况。他讲到美国社会特点和美国人的习性,讲了对打得正热火的"反恐战争"的看法,还把美国和中国的国情进行比较,认为各个国家和民族都有自己的长处。接着他表情严肃地说:"我回国这几年,中国变化很大,不容易。过去中国落后,受欺负,美国不把中国当回事,瞧不起。现在不敢小瞧了,还说是'中国威胁',实际上是有些怕。中美之间的竞争实际上是人才竞争。我这一代人老了,你也五十多了,也不用说了。主要是十几岁二十几岁的年轻人怎么样?所以中国年轻一代的素质怎样,非常重要,关系到今后国家的前途。"

我听着他这些话,感到了一丝惊奇:先生在美国生活了几十年,加入了美国籍,可看问题的角度和用语完全是中国式的,用词也是很传统的,没有一些留洋人士喜欢在汉语中夹杂英语的说话习惯。看着先生穿着的中式上衣,我也完全没有与一位留洋多年的外籍人士交谈的感觉,倒像是面对一位深谙传统文化的老者。记得我提到:"听说美国有一句俗话:钱在犹太人的口袋里,智慧在华人的脑袋里,是这样吗?"先生听了略显惊奇,说没听到过这句话。从他的前言后语中,我听出来,对这样的说法,他并不认可。

回到数学的话题上,先生才微微露出大家本色,说中国有数学传统,应当多培养数学人才,自己回来的目的就是要做些教育方面的事,让中国成为数学大国、强国。我忙拿出新出的张景中、李毓佩的书,并说明了情况。他一一拿起来翻看着说:"这些书很好,我一定好好看看;你们给孩子们出这样的书,非常好。数学能启发人的智慧,是各门科学的基础,对人的成长有很大作用。诺贝尔奖没有设数学奖,因为他遗嘱要奖对人类生活有贡献的人,首先是和平奖、文学奖,还有理化、生物医学。

2002年3月到南开大学拜访陈省身(左)

但是研究理化离开数学也不可能出成果。写数学的书是很有意义的事，应当提倡，但一定要写得有趣才好；我在小的时候，就喜欢数学，觉得数学好玩，后来就研究上了，也没想到成了'家'，现在还在研究，仍然觉得好玩。""数学好玩"这句话，他在此前后多次讲过，已成为科普读物的名言。

先生接下去说的又让我不由得直点头。他说："不过我不知道，现在学生们有没有时间看这些书。听说学生的负担很重啊！"我说的确如此，现在学生为升学和考试，埋头功课，看课外书不多。先生笑笑说："这大概是个社会发展的过程，有一定的必然性，家长老师都希望孩子学习成绩好，考上名牌大学，所以就为分数奋斗。这在美国在欧洲也是如此。不考试也不行，但不能过分，只看这个分数是不行的。我一向认为人才不是培养出来的，是自己'蹦'出来的。一个人对数学有兴趣，就肯钻研，肯下功夫，不怕苦，就有可能出成果。他没兴趣，钻不进去，你怎么培养也不行。所以办教育一定要给学生自己选择发展的自由，不要管得太死。太约束他们，就没有了个性，出不了成绩。过去张校长(张伯苓)办校就很注意这一点，很有特色。我和吴大任、吴大猷这些人就是这么出来的。"

听先生说得如此深刻，我就没好意思拿出事先写的谈话稿。时间已

经过了一个小时，在秘书的示意下，我意识到该请先生休息了，便起身要告辞。先生却没有倦意，说他现在虽然很少出门，但是对外界很关心，有些活动能参加还要参加。今年秋天要在北京召开国际数学家大会，他是要参加的。说着把我们送到门口，并在"几何之家"匾前与我们合影。秘书又把我们送到院门外，对我说："先生今天很高兴，精神也好，说了不少话。"我说："先生虽行动不便，头脑始终清醒，思维极其敏捷，仍然关注着世界。这就是大科学家的本色。"

拜访陈省身是我最难忘的经历之一。两年多以后的 2004 年 12 月 3 日，陈省身以 93 岁高龄辞世，我参加了遗体告别仪式。在我的脑海里，他的形象就定格在 2002 年 3 月 12 日的那次会面情景。而他送给我的最大礼物，就是让我加深了对"科普"的认识和感受到做文化人的真谛。

一般常说的"科普读物"，按人们的传统习惯，主要是指自然科学方面的。实际上，科学还包括社会科学和思维科学。人们对"科学"和"科学领域"、"科学门类"的界定和划分并不一致，中外的方法也不尽相同。而在 20 世纪出现的"新兴科学"，则是以打破各传统学科领域的界线进行交叉研究为特征的，特别是把自然科学和社会科学的成果综合起来，开辟了许多新学科。只要留意就会感觉到，在人们的日常生活中，科学无处不在，而且是各类现象交结在一起。搞科学研究，搞科学普及，思想境界不高、知识面很窄，都很不利于出成果；需要多方的知识涉猎，才能做得好一些。很多有成就的科学家的身上都体现了这一点。钱学森就说过，科学和艺术之间有密切联系。我在策划报告文学"科学家十日谈"时，也有这方面的内容考虑。《科学门》中更是安排了社会科学的几种。

另外就是文化人的气质，本应是开阔的、虚心的、包容的、高雅的，不能是狭窄的、自傲的、排他的、低俗的，才能构成社会的重要一角。尽管现实中的文化人与"本应"的还多有虚光错影，但究竟有真人在，像我见过的陈省身、陈翰笙、冰心、戴逸等，应属于其中的卓越者。我感觉到，要成为文化"大师"，自己这辈子难了；然而具有大师的气质，也许不是可望而不可即的。

《祖先的遗产》激起著书新浪

在主持全社各类型编辑活动的同时,我自己的写作也与之呼应,有了更多成绩。前面说过,我写东西是以编辑的需要为前提的,以编辑为中心。从早期的《三国故事》、《两晋南北朝故事》、《任弼时的故事》,到参与《中国通史故事》、《中华人物故事全书》、《中华五千年》等大型图书的写作,无不是为了把编辑工作完成得更好。1985年以后,我参与改写外国和古典文学名著,也是为了帮助某些大选题实现目标。由于有了些名气,社内社外的编辑们向我约稿的越来越多。我则首先考虑不要影响编辑工作,又不能太搭工夫。比如《魏忠贤与阉党》(河南人民出版社)、《庄严美丽的北京城》(百家出版社)和给一些报刊写的文章,就是这么写出来的。

20世纪90年代初,我应台湾万卷楼图书有限公司之约,为其设计的《中华文化宝库》写了一部文学家传记《漱玉清芬李清照》。为此,我遍览了有关李清照的生平资料和相关的宋代历史,又研究了她的所有诗词文章,在安排了写作提纲后,按对方要求,用繁体字写出了十万多字的全部书稿。因为有文学研究功底,又熟悉历史背景和环境,加上写通俗读物的经验和语言技巧的熟练,我写完后就自感不错。后来台湾方面因经费紧张,压缩了选题,推迟出版,但我的这本书,很快被通过,排在前面出版了。《漱玉清芬李清照》是我写的第一部人物传记,检验了我的学术研究能力和写作水平。

优先答应为本社图书部门和期刊写稿,是我的一个做法。这里面"为

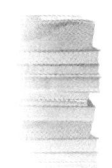

台湾出版的《漱玉清芬李清照》

朋友和同事帮忙"的心思自然是有的,也是为其编辑工作助一把力。前面提到的,我应《中学生》杂志主编孙惟亮约请,连续三年写了专栏文章《传统文化讲台》、《传统道德讲台》、《传统精神讲台》。三年过后,孙惟亮提出要出书,希望进行补充修订,书名定为《祖先的遗产》。我于是决定从传统思想、古代科技、古典文学、古典艺术、传统生活习俗、传统道德、传统精神七个方面,比较系统地讲述中华文化遗产的特征和价值。全书共设了101个专题,分别是:

孔子的学说、孔子的教育思想、孟子的学说、荀子的学说、老子的学说、庄子的学说、墨子的学说、韩非的学说、百家争鸣、历史上的儒学;

农业的文明、古代天文学、中国算学、传统地理学、以古为镜的学问、《孙子兵法》与兵学、商市之说、民族之间、宗教在中国、创造发明的国度、水利之利、中医和中药、中华养生学、方言与普通话、汉字、古代书籍;

诗之经、风采独具的楚辞、诗文合璧的汉赋、乐府民歌、承前启后五言诗、唐诗的魅力、词与宋词、元代散曲、杂剧与传奇、谈谈古典小说、古文的价值、文学在民间、对联趣话;

古代音乐之路、中国舞蹈印象、百戏之首、曲艺中的唱、曲艺中的说、独特的戏曲、京剧、中国画、书法古韵、话篆刻、古建筑中的美、古典园林、手工之艺、中国陶瓷；

食品与食文化、中国菜、茶与酒、服装的演变、丝绸之国、百姓的房子、中式家具、中华武术、围棋与象棋、过年过节、文房四宝、民间绝活、姓与名；

人·道德·传统道德、仁爱与正义、诚实与信誉、谈勇德、人要自强、立志之要、"谦"受益、解"中庸"、宽让为怀、知耻与改过、话俭朴、古人的苦乐观、"孝"的分析、关于慈爱、尊师重教、为"公"最崇高、贵有气节、爱物惜物、敬业务实、讲礼仪；

大禹精神、周公精神、晏婴精神、屈原精神、司马迁精神、苏武精神、张衡精神、祖逖精神、冼夫人精神、魏徵精神、范仲淹精神、王安石精神、岳家父子精神、耶律楚材精神、三先生精神。

这本独具特色的书，用101篇短文，从整体上描画了传统文化的主要内容和特点，并对其现实意义和局限做了分析，可以说比较全面地反映了我对传统文化的观点。其中不乏与众不同的提法和认识，有些还属独创。像"传统精神"，我受当代诸如"孟泰精神"、"铁人精神"、"雷锋精神"等启发，也用古代某些人物为某种精神命名，如"大禹精神"、"周公精神"、"屈原精神"、"苏武精神"、"张衡精神"等等，对其代表的精神实质进行介绍和评价。用短文章写这么多大题目，要有"以小见大"、"以浅释深"的功夫，难度可想而知。我在"自序"中说：

文化，是个内涵很广、界限也不严格的概念。中华传统文化又是那么久远，深邃，博大。要讲透它，谈何容易。就拿本书列出的101个题目来说，要把哪一个问题讲全面，讲系统，讲深刻，都需要写一本书才行。然而，文化又是无形的，要靠心灵去碰它，就看怎么讲，怎么去接触它、靠近它了。从这点上说，本书用不到两千字的短文来讲每一个题目，似乎也够了。

重要的，要看读者是谁。对于涉世不久的青少年，不可以一下子给他们输入那么多又古老又厚重的知识。我和编辑们的一致想法：本书旨在引导他们关心传统文化，初步了解传统文化的面貌和价值，启发继承优良传统文化的自觉性。为此，就要以简洁取胜，只从整

上编 编学研写相伴行

体上去讲，从基本特征上去讲。如果借机大作学问，就会适得其反，也失去了自己的特点。

这101个题目，分别归类在传统思想、古代科学技术、古典文学、古典艺术、传统生活习俗、传统道德、传统精神等几个部分。选择题目的时候，有两点考虑：一、它们产生于古代，却又是鲜活的，对于现代人仍有着或大些或小些的影响。有些古代文化现象已成为历史陈迹，这里就不讲。二、有些传统文化现象虽然现在仍然很活跃，却不适合介绍给青少年，这里也不讲。因此，这不是一本全面研究古文化的专著，而是有针对性的通俗读物。当然，毕竟在讲古文化，不是什么知识快餐，再通俗，再浅显，要读懂它，也不是入目而就的事。如同前面说的，要靠心灵去认识它。人的大脑很怪，不开窍时，笨得出奇；一旦开了窍，点到就通。读书的过程，就是开窍的过程。

不管怎么说，书就这么写出来了。怎么读它，是读者自己的事。我们的祖先是喜欢读"闲书"的，读的时候，还讲究好的心态。"知之者不如好之者，好之者不如乐之者"，"读书之法无他，惟是笃志虚心，反复详玩，为有功耳"。这是两位老教书先生孔丘和朱熹说的话，有道理。我希望，当这本书走进谁的生活的时候，谁都不必像读情节小说或奇异新闻那样，想一口"吃掉"它。只要乐读，好读，想读，它就会长久地陪伴你，随时为你服务。

《祖先的遗产》在2000年出版以后，很快引起了关注。很多朋友看后，主动来信或打电话向我谈读后体会，有的还写了评介文章。《博览群书》杂志在2001年辟出专题，刊登了三篇该书的评论文章：《精耕细作真文章》、《架构文化传承的桥》、《阐发道德 提炼精神》。该杂志还同时配发了"编者按"：

> 处在当今新奇又多变的世界，面对大群求知欲旺盛的青少年，如何使博大深厚的中华传统文化，在一代代新人中延续并得到弘扬，这是个需要冷静思考并且热情推动的事情。《祖先的遗产》一书就是这种"冷热"结合的产物。书中对于如何认识传统文化和对待传统文化的态度、方法，提出了建设性的意见，表达了作者积极的立场。

浙江嘉兴教育学院的方伯荣和卢玲二位教授，在读了这本书以后，主动写来了两篇评论文章。方教授的文章题目是《用宏取精 化深为浅》。他说：

> 作者雪岗精心梳理，严格选材，选出了101个题目，用娓娓动听简洁明快的语言一一讲述，将久远、深邃、博大的中华传统文化，分别归类在传统思想、古代科学技术、古典文学、古典艺术、传统生活习俗、传统道德、传统精神等几个部分，有条不紊、各自独立又相互联系地介绍给广大年轻读者朋友们。这是一件十分有意义有价值有贡献的好事，又是一件非常复杂非常艰巨非常困难的好事。关键在于作者必须有渊博的知识，有高超的本领，能够在浩如烟海的古代传统文化中选择名牌精品极品，用宏取精，删繁就简，化深为浅。有了这样的水平，那么这件事就能做好。我读了《祖先的遗产》，以为作者像一个高级探矿专家，带领广大中学生已经进入祖先丰富的传统文化遗产宝库的门口，让他们看到了里面的宝藏在闪闪发光。如果学生们在那里对这些宝藏发生了兴趣，初步认识到它们的意义和价值，去自觉地关心它们保护它们从而继承发扬，那么作者的目的就达到了。

卢教授的文章题目是《听邻家叔叔讲古》。她说：

> 雪岗先生如同勤奋的矿工，孜孜不倦地用丁字镐挖掘并归类梳理着传统文化金矿……运用多种类比手法，比如古今类比、东西方类比等，叙说自由宽广、挥洒自如，使得原本遥远的、晦涩的、今人难以理解的事理融入我们生活的氛围，变得通俗易懂，有一种与圣人贤士同处一堂，亲见所行，同辩是非的感觉……那种极其简洁明快、准确通畅、口语化的叙述风格，完全卸去了读古读史的艰涩疲累……读《祖先的遗产》，就像夏夜纳凉、冬日围炉听邻家叔叔讲那过去的事情，亲切明朗，质朴无华，只要细心地倾听，娓娓交谈中，你便会感触到一位才隽之士诚恳宽厚的心灵涛声；便会在不知不觉中走进浓缩了的历史文化小百科，欣喜地发现中华民族辉煌的昨天。

这些话真是说到了点子上，正是我写此书的用意和方法所在。《祖先的遗产》出版后，编辑们希望推荐它参评国家图书奖或"五个一奖"什么的，我没同意。我是出版社主管评奖活动的，推荐自己的作品参评大奖

上编　编学研写相伴行

《祖先的遗产》

不合适，后来这本书被评为"冰心奖"，也行了。再后来，它被几个部委选为"百部爱国主义教育图书"和"一百种优秀图书"，算是有了"出头之日"。我觉得有关部门有眼光，选得很准。在对青少年进行人文素养教育的实践中，这本书的作用是恰到好处、实实在在的。这么说，凡是看过此书的人就不会认为我在自夸。

《祖先的遗产》也可以说是我在分管图书和期刊过程中的结合产物。它的成功，让社内社外的同行们对我的信任大增，觉得我是编辑出身的写家，对写书的理解程度和语言特色把握到位，又对编辑的要求掌握熟练，出手快且基本不用修改。我自己的信心也水涨船高。《祖先的遗产》容量如此之大的书，尚且驾驭自如，其他单一内容的就感觉容易多了。

这么一来，我的写作出现了又一个高峰(第一次高峰在20世纪80到90年代初)。除了给期刊写专栏文章以外，在世纪之交的六七年时间里，我就写了几十本书，连我自己也有点儿惊讶。这里除了像《动物日记》、《中国故事》那样的彩图薄本以外，还有像《荀子(点评本)》、《鲁迅作品精选》、《中国十大诗人精品选》、《外国十大诗人精品选》那样的几十万字的学术味儿很浓的精装厚本；有像《李清照》（在台湾版本基础上的增补本）、《尼克松》、《梅兰芳》那样的人物传记；有像《楚汉之战》、《历史之谜》、《中国共产党的80年》那样的历史读物，还有像《爱我中国人》、《中学生公民道德教育读本》那样的思想教育读物，以及一些百科知识读物和图画书。这里面，我格外上心的，能集中体现我的观点和风格的有这么几种：

《荀子（点评本）》：这是《中华古典名著文库》中的一种，按编辑要求，要选择原著里的精华段落，加以注释、翻译、点评。荀子是先秦诸子中集大成的思想家，成就涉及各个方面，《荀子》一书也完全脱开了之前的"语录体"，是大块文章了。研究荀子，讲解《荀子》难度很大，历来专家较少。我对荀子的一些主张一向认同，就把这个题目认下来。写作的时候，我通读了原著的32篇文章，把凡是代表荀子思想主张的、论述精彩的段落都抄录下来，其中《劝学》和《天论》两篇是全收的。随后做了字词的注释，翻成白话，又对其思想意义和局限进行分析，结合历史和现实的实例，加以评论。同时写了一万多字的导语《关于荀子与〈荀子〉》，还做了一篇《荀子名言录》。这分明是在做学术研究，可又要让青少年读得懂，语言要尽量通俗、浅显、生动。二十多万字的这本书，考验了我的学术研究能力和古汉语水平，也验证了"深研究浅表述"的语言功夫。

《鲁迅作品精选》：这是《学生必读文学名著书系》里的一种。鲁迅是现代文学最有影响的作家，我通读过他的全集。选文的时候，我把鲁迅全集翻了个遍，仗着底里清楚，很快选出了小说19篇、散文和散文诗19篇、杂文70篇、诗歌23首，都做了题注和注释，字数达到了四十多万字。这个选本的难度不在注释，而在如何选、选哪些。过去把鲁迅首先视为革命家，强调"阶级性"，选的多是战斗性、批判性、讽刺性很强的文章。如今再这样就有失偏颇了。我选文就更注意文学性，同时又要考虑到鲁迅的时代特点。在《读懂鲁迅》的导言中，我分析了对鲁迅及其作品的种种模糊认识以后，把我的选择思路讲明白了：1. 选择最具有代表性的作品；2. 选择曾产生过广泛影响的作品；3. 选择对今天青少年有启示作用和借鉴作用的作品；4. 涉及思想文化的论争和具体人事的作品，因背景较为复杂，并非一般人非读不可，即使很有影响的名作，也没有收入。

《中国十大诗人精品选》和《外国十大诗人精品选》：这是五年规划中

的重点选题，由图书二部操作，商定我来选编。首先是确定十大诗人是谁。我以诗史地位、时代标志、成就和名望等为标准，进行了综合比对，选了中国的屈原、陶渊明、李白、杜甫、白居易、苏轼、辛弃疾、郭沫若、闻一多、艾青和外国的歌德、拜伦、雪莱、海涅、普希金、莱蒙托夫、惠特曼、裴多菲、马蒂、泰戈尔。中国的一本包括古代和现代诗人，

《荀子(点评本)》、《鲁迅作品精选》、《中国十大诗人精品选》、《外国十大诗人精品选》、《楚汉之战》

这样编还是一个独创，前所未有。在选诗的时候，我翻阅了大量资料，为每人选出二三十首最有名又能为读者理解的诗作。除加以必要的题解和注释以外，还有作家介绍。选注完以后，我又写了《情景交汇贯古今》、《徜徉诗国会诗魂》两篇序言，分析了他们的人生和艺术特点。责任编辑张继凌在与译者签合同的时候，也是花费了很多工夫。这两本30万字的厚书，封面很有特色，是我自己提出的建议：把十大诗人的头像用椭圆形装饰，围着书名排成一圈。中国的以红为底色，外国的以蓝为底色。美编刘静反复修改，做得很细致。在文编美编的精心打造下，我对这两本的构想得以完美实现。

《尼克松》和《梅兰芳》：这是两本人物传记，各十多万字。尼克松那本，本来是别人写的，不成功又无力修改。编辑找到我，希望我给动"大

手术"。我看了以后，觉得原稿原则错误很多，修改已没有基础，只能换人重写。编辑也同意。可重写就成了我的事了。仗着我对尼克松比较了解，特别是他当美国副总统和总统期间的轰动全球的"表演"，我都印象极深。于是用了两个多月时间写了出来。梅兰芳的经历，我很熟悉，又在剧场看过他的演出。对于京剧昆曲，我也算半个内行。写这本书，我很顺畅轻松，借着人物的经历，把我对文化艺术的理解也写进去，我掌握的材料有的是别的书没有的。这两本人物传记和李清照那本，一古一今一外，都把真实性和可读性成功结合起来，也让我对写人物传记有了厚实的经验。

《楚汉之战》：这是一本24开的大型连环画册。美编周建明策划此选题，一定要我来写脚本，让画家王可伟绘图。我只有答应。为此我们仨几次会面商量，电话沟通。此书文字量不多，但要精到严谨，不但把楚汉战争的经过写出来，还要刻画人物性格，渲染气氛。我完全按史书记载写了二百多条，其中含有我对刘邦、项羽的理解和评价，有不少个性化语言。王可伟酷爱战争题材，用钢笔画了两年才完成，可说是精细入微，有的壮阔之极，有的惨烈之极。此书印得不多，但做得阳刚大气，动人心魄，极受好评。我的开头引言说：

　　公元前三世纪末，在辽阔的中国大地上，爆发了一次伟大的战争。经过四年多的较量，刘邦统率汉军战胜了项羽统率的楚军，建立了在世界上产生过巨大影响的东方王朝——汉朝，从此开始了中华民族辉煌发展的历史阶段。在楚汉战争中，胜负进程的反复曲折，战略计谋的高下得失，厮杀场上的惨烈悲壮，英雄豪杰的大智大勇，不同志向和性格的激烈碰撞，无不震撼人心，引人深思。纵使岁月已经流逝了两千多年，那一幕幕场景，依然如水涌山叠，荡人胸怀……

世纪之交那些年，我正在编和写的结合"地带"忙碌的时候，又一项工作落到我的头上。由此，我的编辑学研究也有了新的成果。

个性研讨：专著·论文·讲座

在《投身编辑学的研究》一节末尾，讲到我对编辑学进行更深层次的研究，是在1999年之后。因为那一年，我出任中国编辑学会少年儿童读物专业委员会主任。这个"全国性"职务，给了我新的机会。我后期的编辑理论研究，就有了新的升华。

中国编辑学会少年儿童读物专业委员会是1994年成立的。它的前身就是1989年由一些少儿出版社的知识读物编辑自发组织起来的少儿知识读物研究会。叶至善为名誉会长。"知研会"举办了几次编辑研讨会，很有成效，有了影响。1992年，中国编辑学会成立。学会要下设若干专业委员会，经学会秘书长邵益文等与"知研会"会长陈天昌等商议，决定把"知研会"转为中国编辑学会少年儿童读物专业委员会，保留少儿知识读物研究会的名称，即一套人马两块牌子，按照中国编辑学会的章程活动。少年儿童读物专业委员会经国家民政部审核批准，正式成为中国编辑学会下属的二级学术团体，有了自己正规的组织机构和公章。我在1993年和1995年曾参加过两次研讨会，留下的印象很好。这个会学术气氛很浓，与会人员态度也十分认真，是一个正规学术团体的活动方式。

1999年，专委会换届，由我担任主任(也是少儿知识读物研究会会长)。我的理论研究从此由个人行为转为责任，开始对编辑学进行研讨。在参加了当年在海南的研讨会以后，我对研讨活动的方法做了一些改进。比如针对交流方式单一的问题，增加了专题讨论、请当地文化名流和出版行家做专题报告等内容。再有就是各社编辑提交的论文，写得都很认真，但有新意的似乎不多，有的仍在重复多年前论文的写法和观点。总的看，还缺乏有理论深度的分析透彻的文章。于是我想到，作为学术领头人，自己应首先写出几篇有分量的文章才好。

2001年春，我抽出几天时间，写出了早有酝酿的《编辑之路四阶段说》这篇论文，并在当年于新疆乌鲁木齐召开的研讨会上宣讲。这是我担任专业委员会主任后写的第一篇论文。我在文中提出，从对比较成功的范例进行的分析中，从业的编辑人员的成长，"要经历从生疏到熟练、从被动到主动、从狭窄到广阔、从必然到自由的过程。这个过程大致可以划分为四个阶段"。这四个阶段是：应对阶段、初创阶段、驾驭阶段、超越阶段。在描述和分析了四个阶段的思想和业务能力特征之后，我总结道：

> 这四个阶段是密不可分的，是互为因果的。任何从事编辑工作的人不可能跨过某一阶段而直接进入高一阶段。从应对，到初创，到驾驭，到超越，在学识上讲，有一个从"单"到"杂"，到"专"，到"博"的过程；在工作状况上讲，有一个从积累经验，到获得经验，到运用经验，到超越经验运用方法的过程；在思想境界上讲，也有一个从渴望成功到追求功利，到获取功利，到淡泊名利的过程。……很明显，尽管四个阶段密不可分，却不是人人都能走完全部过程的。对很多人来说，能进入驾驭阶段，成为一名编辑家，就已经是令人羡慕的成就了。而因为条件和思想上的障碍，停止在初创阶段，也大有人在。只有那些思想洒脱、敢于否定自己、追求新的自我、不为名缰利索所束缚的人，才有可能进入超越自己的境地。

《编辑之路四阶段说》是我从事编辑学研究的重要成果，我曾经听到许多同行和上级对此文的赞赏，我也把它视为我的代表性论文。2002年，我应《作者编辑实用手册》(此书由中国标准出版社在2004年年初出版)编委会邀请，撰写了其中的《少儿类图书的编辑工作》一章。我把此文分为"少儿类图书的定位和分类"、"少儿类图书的特点"、"少儿类图书的编辑加工"三个部分，较为全面详细地论述了少儿类图书的编辑要领。在写作此文的时候，我就想到：如果把这些内容进一步扩大完善，进行系统化，就可以写成一部研究有关少年儿童读物编辑学的著述了。于是，一部学术专著的雏形就显现在脑海中。书名一开始就确定了，是《少年儿

上编 编学研写相伴行

童读物编辑学初探》。

这样一部学术专著，由谁来写？一种方法是我自己写，好处是个人专著学术性强，结构严谨，语言风格一致，问题是个人不大了解的方面写起来有困难，还需要请教他人，时间也慢。另一种方法是由专业委员会组织集体撰写，分工合作，好处是大家各有所长所见，速度快，但每个人的理解写法不一样，语言风格有差异，不易统一。我考虑后，决定用第二种方法，我做主编，可以行通稿之权进行加工修改，以解决不统一的问题。

我先把这一想法向中国编辑学会的常务副会长邵益文通报了，他非常支持，认为这将是中国第一部少儿读物编辑学的专著。于是，我请辽宁社刘铁柱出面组织，当年8月在大连开了一次专题工作会。应邀到会的都是专委会的骨干，也是各社的编辑能手。我讲了设想，大家赞同，商定了各自承担的部分。报纸与刊物等部分，我约请了相关行家撰稿。这年年底在云南开研讨会期间，我再一次召开《初探》的座谈会。邵益文也参加了，提了很好的建议。2004年又召开贵州会议，约有关人员座谈编写事宜。

写作还算顺利，但估计到的问题也显现出来。尽管有严格的结构要求，有些部分还是写得很散。没别的可说，我进行了逐篇逐字加工，加工不了就重新写。也有写得很好的部分，改动不大。全部书稿在二十万字上下。按照我的设计，正文之后要设附录，放入有关出版编辑的政府文件和编辑业务具体规定，作为案头备用。为此我定了一些，责编王洪涛也找了一些。原定此书由中少社出版，后来江苏社的祁智社长也希望出这本书，就商定由两社合作出版，王洪涛和孙全民当责任编辑。

《初探》一书对少儿读物编辑的各个方面都做了探讨，而侧重于编辑工作实践和方法技巧。全书共七章，第一章总论，包括少年儿童读物编辑学研究的意义和方法、界定和读者对象、分类、基本特点、地位和作用、主要工作环节、编辑加工的方法要求、发展简史等八节。第二章到第五章分别讲图书、期刊、报纸、音像电子读物的编辑工作，其中图书部分又分思想品德、科学普及、社会知识、文学创作、名著开发、学习辅导、工具书、幼儿、引进版和美术十类分述。第六章讲新技术的应用，第七章讲编辑人员的修养。为方便编辑们使用，书中还设有附录，收入

127

一些案头备用的资料。先后参加《初探》写作的有二十几家出版社、研究所的 23 名编辑和研究人员，大家都很认真地写了自己的那一部分。我特意请中国编辑学会刘杲会长和中国出版工作者协会下属的少年儿童读物工作委员会海飞主任作了序，他们对此书都有很好的评价。关于本书的特色和意义，我在"后记"中这样写道：

> 正因为参加写作的人员主要是工作多年的编辑，所以本书具有这样的最大特点：它是编辑实践的总结，是从编辑工作的实际出发，对编辑学进行探讨。言外之意，它不是一部教科书，不像教科书那样全面而系统；它也不是一部高科技学术专著，不像高科技学术专著那样严谨而周详。参加写作的这些编辑具有比较丰富的工作经验，把自己的想法和做法加以提炼，写出来，编成书，主要目的无非是有这样几点：一是供同行们参考、交流和借鉴，当然也包括提出意见；二是借此引发大家对编辑理论研究的兴趣，提倡钻研之风；三是为各方面人士进行有关研究提供来自"第一线"人员的信息和意见。既然它只是起参考、提倡和表达意见的作用，因此它也就不会十分完善，更不会是什么结论，取名"初探"就是合乎实际的了。我一向认为写东西要有真情实感，要有个性，这本书在这点上是做到了，从中可以明显地感到一群编辑在真诚地发表自己的见解。

《少年儿童读物编辑学初探》是国内第一部有关少年儿童读物编辑学的专著。所以它出版之后，受到各方面的重视。许多出版社为本社编辑配备了此书，一向关心少儿读物编辑工作的邵益文、李书敏等老专家都写了评介文章。2007 年 12 月，此书获得了中国编辑学会科研成果二等奖。在人民大会堂会议厅召开的颁奖会上，好几位副委员长和政协副主席到会祝贺并发奖牌。《少年儿童读物编辑学初探》一书是我从事编辑学研究的标志性成果，也使我的研究进入了新阶段，即转为主要对普遍性问题进行大范围探讨。

2004 年 10 月，我应邀参加了在湖北武汉召开的第十一届国际出版学研讨会，并写了论文《国际化出版中的编辑工作》。因为要中英文对照，实际上几个月前就开始准备了。我在文中提出了"编辑要担当引进图书的主导"、"引进图书要以'补己之短'为主"、"把住翻译质量关"、"树立'引进'是为了'创作'的观念"、"双语书的利与弊"、"努力提高个人业务素

《少年儿童读物编辑学初探》

质"等观点。会上我虽没有宣读，但刘杲会长在总结时特意提到我的论文，认为此文针对性很强，提出的观点切合实际，可惜没有发言。会后有几家期刊都发表了我的论文。

2007年以后，我退出编辑一线，对一些问题的研究更有了时间，便接连写出了几篇论文。这些文章都是多年所想但一直未能动笔，现在有了空闲才发放出来的。如2007年写的《一个驳议——关于编辑的"案头"与"策划"》，对把编辑分为"案头编辑"和"策划编辑"的做法提出异议。我在宁夏召开的研讨会上讲完之后，很多人表示赞同。也有的同意但又认为那样做是不得已而为之。而希望就此问题引起讨论正是我的初衷。

2007年年底，我写了《思维科学与编辑实践》一文，提交中国编辑学会理论研讨会。文中从人的思维方式分析了不同读者的阅读特点和编书的要领，并结合我的编辑活动，就运用思维科学的成果进行选题策划和系统化工程建造等问题讲了些意见。这是我从科学理论角度提升编辑理念的一次尝试。

2008年12月，我写出《编辑工作中的道德建设》一文，在中国编辑学会的研讨会上宣讲。文中分析了编辑队伍中存在的道德偏差，有四种表现：公私关系的倒置；名利观念的扭曲；务实敬业观念的淡薄；自身修养的缺失。进而提出编辑道德的基本内容：1. 公私分明，把公利放在首位。2. 主正义，明是非，自觉行使编辑职业对社会的义务。3. 求实求是，坚持稿件和产品质量第一的原则。4. 爱岗敬业，踏实实干，不追风头，不图虚名。5. 正直诚实，不自傲也不媚俗。6. 勤奋好学，不断提高思想水平、文化素养和业务能力。7. 善待他人，能与同行与作者团结共事。8. 懂礼节，会交往，礼貌待人。9. 热情大方，举止谈吐文雅，具有文化人的气质。这些也是我长期以来对文化人的形象思考。

在我的研究计划中，有一篇题目很大的文章，在2007年就开了头，但一直存在电脑里没有定稿，就是《我的读书观与我的编辑观》。没定稿的原因是感到有某些欠缺和想不透的东西。直到2009年开春，我才最后写出来。这篇文章比较全面地提出了我对读书和编书的一些最基本问题的观点，实际上是我多年来形成的文化思想的系统阐述。对于读书，文中提出"读书应认真读原著"、"读书要吸纳与挑拣相结合"、"读书要根据自己的爱好和特长进行"。对于编辑，文中明确提出了"编辑是图书出版流程的中心和推手"、"编辑是图书出版的主导者"、"编辑是图书工程建设的组织者和建设者"。这些提法，既涉及基础理论，又有针对性。

这些文章，我都在研讨会上讲过。而且这些年，有多家单位包括中少社，约请我到编辑培训班讲课，或做专题报告。内容当然离不开"如何当编辑"这个基本话题。这让我有机会对以往的编辑活动进行了回顾总结。我在讲课的时候最注意的一点是避免程式化、一般化、报告化，不做"官场文章"。我讲的都是我自己的做法和我的理解，带有极强的个性。只有这样，才能对听者有触动，才能吸引人。如我提出的"几种编辑类型"、"审读加工的方法"、"文化人的三好"等等，都是我自己的亲身体验。

2010年起，我每年到北京大学新闻与传播学院兼课。应老师的要求，主要讲编辑文体的写作和审读加工。编辑写作，是我一向在意的问题。我把编辑文体分为"书内文"和"书外文"两部分。书内文有内容提要、出版说明、编者序、编者按、编后记、凡例、封面语封底语等等，书外文有策划报告、审读报告、征订说明、图书评论、编辑论文等等，达几十种。我讲了每种文体的基本特征和写法要求，并通过大量实例和样品

加以说明。

　　总而言之,我对编辑学的整体研究,是在基本问题上着眼,从自己的实践着手。在个性中体现共性,在普遍意义上突显个体风格,力求使理论研究生动有趣,触及现实问题,而不是空洞重复,让人心烦。所以我每次讲完,听的人都感到很新鲜,认为不同一般,很受启发。事后总有些同行、同学,特别是青年编辑,或面谈,或打电话,或发手机短信,或发邮件,谈他们的感想,提出问题。我当然也高兴和他们交流,这能使我的思维保持活力,不致老化。

学者，"学习者也"

20世纪90年代以后，我经常听到社内社外的同事和朋友说我是"学者型的编辑"。我对此说法是"坦然接受"。这还是从编辑角度看。如果从职业角度看，我认为我是专业编辑加业余学者。以编辑为职业，做了近三十年，有了些许成就，算是个全方位的编辑人；不是以某一学科的学术研究为职业，自然不能算是正式的学者，但又在一些领域做了较为深入的系统学习研究，并有实际成果，就以业余学者自居了。学者，一般是指掌握了某些专门知识或在学术研究上有成就的人。我还有另一种解释，即学者，"学习者也"，指爱好学习也善于学习的人。我更愿意做这样的"学者"。

我当年曾以当学者为人生目标，开始想去研究历史，后又想研究戏剧。可二者都没有实现，而是在辗转多年后当了编辑。好干实事的习性让我很快喜欢上这一行，并"钻"了进去。"编辑是杂家"，我经常听人这样说，可我不赞成。我自己绝对不愿当杂家，更怕成了杂家。诚然，编辑工作的性质会带来"杂"的现象，然而我体会，一个编辑的知识"杂"，只能是过程，不应是结果。我在《编辑之路四阶段说》这篇论文中就讲到这个看法。一个有心的编辑应尽快把"杂"转变为"专"，甚至是"博"。我就是这么做的。我的途径，是把处理每部书稿都当成学习的过程，对所遇到的各种问题都力求自己先弄清搞懂，为此要看大量有关专业书籍和资料，做梳理和归纳，有时比原作者看的和掌握的还多。这样一方面能高质量地做编辑加工，另一方面则在无形中积累了知识，掌握了研究方法，也有了系统学习和钻研的基础。无论是"学者"还是"专家"，我看都应是以做系统学习研究为前提条件。

回想起来，我的学习研究活动有三个明显的特点。一是与本职工作即编辑工作密切相关。也就是说，学习和研究的题目大都从编辑图书涉及的问题中来，其成果又体现在编辑作品中。二是与我的写作相伴。我写的书和文章都是有感而作，当学研获得体会时，我就有了写作的欲望，反之则没有。我从不为写而写，也不为出名挣钱去写。三是专业研究与通俗表述结合。因为工作性质和写作风格的缘故，我学研都是以与广大读者交流为目的，所以形成了把专业学问和观点用严谨而通俗的语言化解的方法。

我学习和研究的内容，主要有这样几个方向：历史、文学、艺术欣赏、传统文化，对自然科学发展史和新兴科学也做了一定程度的学习研究。

在历史方面。通过自学中国和世界通史专著，又编辑了几套大型历史通俗读物(我也参与了部分写作)，我已对中外历史的基本面貌有清楚的了解，对如何评价历史事件和历史人物有清醒的认识，对历史的研究方法也有较多掌握，特别是详细占有材料并从中提炼观点的方法。这在我编辑的大量历史读物和写的《中国历史故事集》、《魏忠贤与阉党》、《历史之谜》、《楚汉之战》等书文，在专栏《二十世纪回眸》和音带作品《中华五千年》中都有体现。

在文学方面。因为青少年时期看的中外文学名著(多是中国古典和外国经典)较多，又因为熟悉历史，所以自然就把学研重点放在对整个文学发展史和各种体裁形式的发展走向上。从整体看个体，从全局看局部，就容易得多也有条理得多了。对具体的作品和作家进行分析，就有了驾驭的基础。如《漱玉清芬李清照》、《鲁迅作品精选》、《中国十大诗人精品选》、《外国十大诗人精品选》、《关于〈水浒传〉》、《〈奥勃洛摩夫〉与俄国19世纪文学》、《〈十字军骑士〉与波兰历史》等书文，都是从大角度分析作品和作家的。

在艺术欣赏方面。从小对京昆和曲艺的爱好，促成了我对剧目曲目的分析习惯，后又扩展到其他艺术种类。艺术表演与文学创作不同，除一些话剧和古典戏曲作品以外，思想很深刻的作品不多。相比之下，表现技巧更为要紧，艺术水平不如说技艺水平更为准确。我的研究也多关注这些方面，写出了《京剧小史》、《重读〈缀白裘〉》、《曲艺中的唱与说》、《古代音乐之路》、《中国舞蹈印象》、《追寻流行歌曲之源》、《京戏·津曲·沪歌》等。

在人物方面。受社会风云的吹拂，我对各类人物的个性和命运及其与环境的关系产生极大的兴趣，又主持编过《中华人物故事全书》、《外国人物故事全书》、《世界大人物丛书》等丛书，对中外众多名人都有了大概了解，也就对如何认识和表现他们产生了一些看法，还自写了一些对人物的研究文章、传记和故事。如《一将成功万骨枯》、《百年英杰简考》、《英雄起于民众》、《明星与大腕》等和传记《李清照》、《尼克松》、《梅兰芳》等。

在传统文化方面。我主要是对传统思想和道德最为看重，花了很多时间学习研究。除了写出《祖先的遗产》和评注本《荀子》之外，在《中学生公民道德教育读本》和《谈古说今》专栏、《党建》杂志《精神文明》栏以及《中华古文明少年图典导语》中，我都阐发了对传统文化的理解。

由于参与了一些科普读物的策划和编辑工作，又听过一些科学讲座，我对自然科学也予以关注。自然科学研究与社会科学研究的最明显不同，在于前者注重客观存在和使用价值，后者着重观点的确立和阐发。而二者的结合与相互支持，就产生了在20世纪出现的以"交叉研究"为特征的"新兴科学"。在《关于科学的试定义》、《科学家排行榜》、《中华古国技冠全球》等文中，我做了初步的探讨。

在编辑实践中学习研究，又用学研成果提高编辑实践水平，这是我做学问的基本特征。所以在申报"国务院特殊津贴专家"的业务成果时，我就能把编辑活动、理论研究、个人著述三个方面成果并列，呈现出相互作证的效果。

既然学习研究和写作成了习惯，买书藏书也自然成了爱好。多年来，我在买书上的花销成了一笔重要开支，到书店书市和旧书摊寻书是常有的事。不知不觉，家中的书竟也占了半间屋子，成了一笔家产。

有人可能以为，写了那么多书和文章，会不会影响正常工作？应该说，确实有些人处理不好，是影响了的。而在我这里，把工作放在第一位，是我遵循的大原则。因此不但丝毫没有影响正常工作，反而有效地提高了工作效率和工作质量。原因在前面我已经讲了，学研内容和本职业务的紧密挂钩，使我的研究和写作呈水到渠成之势，与工作相辅相成。我编辑和主持编辑了三十多个大中型套书丛书，还有许多单本书，其设计和内容安排就体现了我的学研观点。这就可以说明问题了。

我的编、学、研、写各方面相向而行，"运营"良好。有很多朋友很是惊奇，他们一再问我："你每天准时上下班，编了那么多，自己也写了那么多，还搞编辑理论研究。哪儿来的时间？莫非不睡觉吗？"我说，自身功底是基础，与合理地安排时间和精力也不无关系。多年来，我养成了晨读晨写、静心深钻、拿得起来放得下的习惯，能在一天内变换思维方向，适时调节关注点。所以尽管工作繁忙，仍能不间断地从容进行学习研究和写作。好的心态，好的方法，应是"多赢"的基础条件。

每个人都有自己的活法，不会一个样。我经常说我的看法：一个人真正属于自己的，只有两件东西，身体和本事。这两件，你借不来，别人也拿不走。其余的都是身外之物，未必真属于你自己。我一向以此看待自己和他人。以此信念，我走过了在"官"之路，又回到了在野之地，开始了又一轮的编辑历程。

返归编辑岗位

我退休是在 2006 年以后。在我退休之前，就有些单位找我，希望我到他们那里去，待遇如何如何。我没有理会。主要一点在于，我干事不喜欢有头没尾，有一些项目是我策划主持的，不做完就若有所失，心里不舒服。干实事干惯了，那就要善始善终。这么一来，就只好再干一段。我于是决定回原来的编辑室当编辑，把要做的事做完。

要做的主要是几个大项目。其中就有《中国通史故事》的修订再版，《世界通史故事》的重编，《世界大人物》的收尾，《百科知识博览》的定稿发排等等。这都是我在职时候安排的，现在也需要我来协助或主持完成。所以，我离开自己的办公室后，又来到了原编辑室的座位上，当起了普通编辑。好在我一直没有离开一线，当"领导"时照样编稿审稿，回归就像是水流归大海一样平常。

《世界大人物》要编出一百种，是早定的计划。进展基本顺利，只是有几种的作者，找得不合适，稿件质量较差。《胡志明》的书稿也属于这一类。我拿过来看了一遍，觉得原作者使用的材料有很多欠缺，对中越关系的复杂性也把握不好，就提出由我来当责任编辑，重新运作。编辑们说："这本书是第 100 种，《大人物》的最后一本，您来编敢情好了，如果您来写，就更理想了。"可我考虑自己手下东西很多，这个人物又需要花大功夫，就决定约请对国际关系了解颇多的老作者姜昆阳重写。姜昆阳很快列了提纲，写了初稿。按规定，写胡志明这类人物要请有关专家审读同意。我和作者一起找到中联部专家，又多次电话联系。通过外审

上编 编学研写相伴行

以后,我又进行加工,做了一些修改。《胡志明》一书在 2008 年 4 月出版。说来也巧,这套大型丛书的第一种《彼得一世》和最后一种《胡志明》,都是我当的责任编辑,时间相距十八年。这也是我最后一次当责编。《世界大人物》运作完成,我是满意的。可《中国通史故事》的修订再版和《世界通史故事》的重编,我就很难说满意。

三卷本《中国通史故事》凝聚着我的心血,自 1991 年出版以后,畅销了十年,到新世纪之初,需要进行修订了。我早就做出计划,一是对原内容进行修改补充;二是把原来的清、近代、现代三部分改为清和民国两部分;三是加进"共和国"部分。新版的《中国通史故事》是四卷本。内容的修订虽然很费时间,但基本顺利。我回归编辑室以后,对全书又通读通改了一遍,做了很多补充;尤其对民国部分,增写了很多。"共和国"部分,我提出"少写上层矛盾,多写基层和民间活动"的办法,作者姜昆阳写得质量不错。

但是在出版方式、装帧插图和编校质量上,出了很大偏差,让我费了很多口舌和精力,甚至动了气。有关部门对修订此书很感兴趣,提出把原定的四卷本改为九个单本,各走各的书号和定价,分开卖,每本不得超过 20 元。这样,原本完整的一部书,被人为地切割,"大卸九块",有薄有厚,互不联系,没了整体感。《中国通史故事》有其名无其实,失去了"通"的特征。编辑部门一度缺乏主见,轻易放弃原方案,没有体现出自身应有的作用。再就是排出的校样,在目录、标题、书眉、序号等技术细节上,都出现了明显的差错。新画的一些插图,质量极差,都是一副面孔,服装错误比比皆是。新设计的封面也没了档次,与原来的有天壤之别。查其根源,错多是由排版、设计、画者等方面的人员造成的,但负有把关责任的一线编辑看了三四次,也没有发现,当然也没有改正,甚至还将就辩解,这就令人惊讶了。造成失误的原因,实际是编辑的学识和能力经验缺乏所致,又没有全面有效的组织安排,编辑互不通气,各干各的。在排版过程中出些错,本是难免的事。但是当明显差错一直未被发现和改正的时候,编辑就要负主要责任了。我多次讲过,编辑能挑出毛病比看到优点重要,看不出明显差错并及时改正,就等于放弃了编辑的责任。

我一开始出于尊重一线人员的考虑,曾同意分成小本,但强调必须保持"通史故事"的一体性。但后来看到搞成这个样子，几次提醒也不听，我生气地说："这个书还没出就已经失败了！"最后我只好表明态度，认为按这样办法出书，不但两个效益都没有，还把名牌书的牌子砸了。我无法同意，建议下马放弃。幸亏后来给予了坚决纠正，我也把别的事放下，集中时间处理这事，才避免了失败。这件事提醒了编辑，市场意识绝不等于简单跟从市场。事后我写了一篇《〈中国通史故事〉编辑活动追思录》发表在《中国编辑》（改题为《〈中国通史故事〉编辑随想》）杂志上，除了讲成功的经验以外，我也提到了这次修订发生过的失误，认为"《中国通史故事》的这次修订，在各方协作努力下，结果是圆满的，但其间发生的曲折也给了我们值得认真记取的教训，那就是要头脑清醒，记住自己的编辑职责和身份"。

一卷本的《世界通史故事》跟三卷本的《中国通史故事》在1991年同时出版。它的前身是《少百丛书》中的《外国历史故事》（五种），责任编辑是常大林（前二种）和我（后三种），作者都是世界史的专家。我在设计和主持编辑《中国通史故事》的同时，也把这五种合编成了一卷本的《世界通史故事》。

我还记得，为了向读者推介世界历史故事的书，我和常大林曾两次拜访了世界史前辈专家陈翰笙先生。94岁的陈老先生亲自出来接送。他非常健谈，对过去的事有清楚的记忆，对时局也有清晰的分析。说起这套书，他说很喜欢，出版有很大意义。过后，他写了一篇题为《应该读读外国历史》的文章，推荐这套书。我在《世界通史故事》上，发表了这篇文章。陈翰笙去世的时候，已经108岁了。

那时候读者对世界史的兴趣不大，所以《世界通史故事》比起《中国通史故事》来，影响就差了很多，印数有限。到了1997年以后，看到当时中国与外国交往增多，媒体对各国的今昔也经常报道，青少年对外国的兴趣与日俱增，我就提议重编《世界通史故事》，规模加大，与《中国通史故事》篇幅相当，也是四卷本，分别写世界古代、中世纪（中古）、近代和20世纪的故事。上下人等对此都很认同，我就组织起来，先确定每卷的主编，再由主编组织写作班子，对书稿质量负责。主编都是世界史所的研究员或大学教授。

写世界历史故事受材料来源限制，比写中国历史故事难。对此，我

上编　编学研写相伴行

是有思想准备的。可是初稿写得特差特慢，我是没想到。有些作者明显不够水平，与都是有经验的专家写的《中国通史故事》相差不少。看来当初组稿的方法有毛病，编辑主导作用遇到障碍。我看了稿子很不满意，征得作者同意，自己先把第二卷通改了。可其他各卷的编辑还是各搞各的，有的编辑只能改改错别字，无力加工。我提议集中在一个人手里统一做，情况有所好转，但又出现随意大改一气的现象，稿子被改得"满脸花"，语言杂乱。我很后悔当初没有自己抓到底或及时改办法。尽管编辑们也努力了，但能力所限，整体质量不高。《世界通史故事》在2011年出版，离组稿已有十几年的时间。社里很支持此事，召开了发布会和研讨会，我主持研讨会，讲了这套书的价值，也提到了缺点。这件事使我看清了，现在的作者和编辑与我们当年的那一批大不一样，做这种大选题的条件已经不复存在。

重回编辑岗位的几年，让我很有感慨。特别是对编辑队伍的现状，应该说是有喜有忧。喜：这些编辑学历提高了，有很多研究生。他们在外语、电脑、手机和程式化操作上远远超过前辈，生存能力也很强。忧：编辑活动需要思想的挖掘和对文化跨时空的感觉，需要基本功和广博的内存，需要自知之明和全局观念。这些我已经很少看到。当然，只讲编辑如何如何，不看社会环境和管理层面，是不公平的。这些我就不想说什么了。

2010年，中少社搬到建国门大街的新址，我仍留在原处，只是偶尔去一趟。从此我和编辑们来往越来越少，也就没了感觉。

回头看，"文集"与"情览"

　　回归以后，我一面帮编辑室编几套大书，一面着手编选我的文集。出版文集，主要是想对以往的经历特别是编辑活动做些回顾和思考，同时把发表过的文章聚集起来。为此，我从2008年起，进行了故地重访和材料搜集。故地重访，包括天津和北京的原住处，小学中学大学原址，当"四清"运动和"学大寨"工作队员的河北、山西的村子，下乡劳动的地方、任教的学校和原雁北地委的办公室等等。材料搜集，有我多年保存的文字和图片资料，更多的是我编辑和写作的东西。在此过程中，我见到了许多老朋友、老同事，很多是分别几十年的。随后，我抓紧写作，把记忆和寻访记下来。人大多是这样：年轻时爱往前看，想今后怎么干；年老了爱回头看，想从前干了什么。我也是一样，只是有自己的方式。

　　文集内容，包括"亲历漫忆"、"学海晨游"、"编事求邃"、"书头书尾"、"选读一瞥"和附录"友人指划"六个部分，另有自序《缀文非好名》与代跋《书赋》。六个题目中，"亲历漫忆"是几十年生活和工作经历的片段回忆和记录，从中提炼出一些有益的思想启示和工作经验。"学海晨游"是对某些领域的知识进行探讨的文章，因我习惯在清晨读写而取名。"编事求邃"是对编辑工作进行探索研究的论文、报告和书评等。"书头书尾"是为一些图书撰写的前言和后记。"选读一瞥"是一些图书的篇节摘选。附录"友人指划"是朋友们写的评论，都与我编的写的东西有关。

　　这部《雪岗文集》收入了我写的文章的一部分，还有一些是新写的，比较集中地反映了我在编辑、学习、研究和写作各方面的活动，写成绩

上编 编学研写相伴行

也写不足，谈成功也谈失误，文字平实，一五一十，真切平易。勒口上的四句自题语是：

　　普通人的经历　平民的视角　学习者的评说　淡雅的格调

全书共计九十多万字，我自己写，自己编，自己设计，延续了我一贯的做法：自己的东西自己做，从不找什么名家领导写序。我在自序《缀文非好名》中说：

看了这个题目，有些人就会想到古有"知兵非好战"的说法，也就会想到这篇自序要讲的主要意思了。这么多年，许多朋友对我说过这样的话：你写了不少书和文章，又有厚实的文学底子和不浅的生活经历，应该写一些小说之类的作品，弄个作家当当，名气也就大了。听到这样的劝告的时候，我都会以笑应之，并不辩解。我有我的想法。

记得很小的时候，我看过一幅很大的漫画，画上画着很多著名作家，都在忙碌着自己的创作活动。坐在画中央的是作家协会主席茅盾，文联主席郭沫若则坐着和平鸽飞在半空中。那幅画给我留下了长久的印象。从此孩童时代的我对"作家"就充满好奇之心，甚至是敬仰之情。

往后，我看了不少文学名著，熟悉了许多中外作家的名字，对他们可以说是视若神明，对其所写更是全盘接受，也有了将来当作家的梦想。

再往后，我懂得了些写作的方法，了解了些创作的内情，再看作家们的作品，包括名气很大的作家的作品，就不由得有了些异样感觉，不大愿意全盘接受了，还大胆地挑起了"毛病"。

再往后，很多作家的作品挨了"批判"，我还见过不少人在进行"自我批判"，高举手臂喊打倒自己。不管是真诚还是违心，在我的心目中，作家就不再是神明，没了对他们的敬仰之情。当作家的心思也随之轻化。

再往后，我当了编辑，接触到了更多的作家。可能是自己有了些资历的缘故，看他们的作品，审视多于欣赏。感觉好的自然有，感觉差的也不少。有些作家的写作能力真让我吃惊非小：原来当作家这么容易呀！虽说容易，此后我反而对作家"认生"了。

与此感觉同步，我在编辑岗位上实行"编学研写"四位一体的工作方式，运行三十年，不但于事业有大益，也给自己带来大悦。既然走出了自己的路，我便无意变更，愿意走到底。……

这里提到的"编学研写"四位一体的工作方式，就是我几十年实践的体现。《中国编辑》杂志在刊登责编吕卫真推介这本书的文章时，用的题目就是《编学研写心血凝聚　四位一体成功展现》。

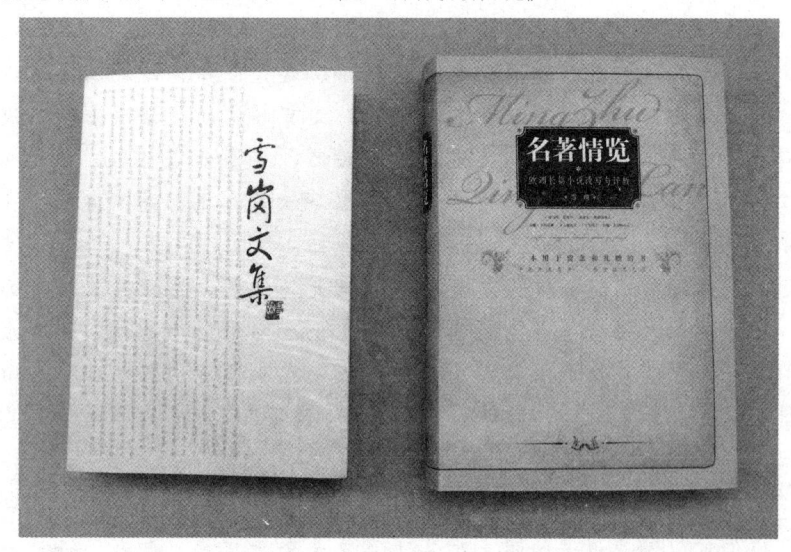

《雪岗文集》和《名著情览》

《雪岗文集》出版之后，我送给中少社的编辑包括退休的老编辑每人一本，也送给了中国编辑学会少儿专委会的各社同行。因为书中大部分内容与编辑有关，很多朋友给我打电话，写信，发邮件，谈感想，表示祝贺。我当然感到欣慰，因为我的经历和经验代表了很多同时代人的心声。

然后，我又开始另一本大部头的编排。这本一百多万字的书，收入了我改写的外国文学名著。前面"探底文学名著"一节，讲到我参与外国文学名著的改写，先后有七种：《欧也妮·葛朗台》、《奥勃洛摩夫》、《安娜·卡列尼娜》、《十字军骑士》、《约翰·克利斯朵夫》、《苦儿流浪记》、《高老头》。那是我在精力最盛的中年时期写的，无论是内容把握还是语言表述，都达到较高水平。我一向认为那是我的代表作，向我索要的朋友也很多。但是因为单本不同期出版，开本不一，受印制条件限制，放在一起很是杂乱。我早有心把它们合在一起，出一本精装的大书。一来集中展示当年的成果，二来作为馈赠朋友的礼品。

我用买来的扫描仪把原书整个扫成电子文本，然后一字一字校正，也做了个别修改。每本书原来都带有一篇介绍文章，但有长有短，有详有略。长的达到了一万多字，短的只有一两千字。为了轻重相当，我这次都做了补充修改，对作者和作品的时代背景，对其思想性和艺术性，做了较为全面的评析。如《高老头》的《"镜子"内外的社会与人物》，如《苦儿流浪记》的《文学创作的真实性和理想化》，都对某一文学现象做了评述。应该说，我对外国经典文学的认识和评价，在这本书里得到了展现。在书的结尾处，我还列出了七部小说的"主要人物表"。这本书的书名就叫《名著情览——欧洲长篇小说改写与评析》。

在考虑本书的装帧时，我配了一些我在欧洲拍摄的风景图片，并选择其中与七部小说内容相近的七幅作为七个首页的题图。正文用宋体字，评析文章用仿宋体。对于目录，我构想了一种新的样式：七部小说，每部为一组，有书名和评析文章名，字体字号不同。在书名下以小字排出作者和初版之年，在评析文章前放我的小头像。我特约刘静为本书的装帧设计。他很理解我的想法，设计出来的目录正合我意。本书的封面和扉页、插页，他也设计得"洋味儿"十足。我非常满意。我和刘静共事多年，他善于理解人意，与他人合作。他为我编辑和写作的几套(本)书设计的封面和版式，都十分出色。

说到外国文学，我最喜欢的是欧洲文学，特别是小说和诗歌。我先后七次到欧洲访问和旅游(今后也许还会去)，对欧洲的文化和景色很是欣赏。我在《名著情览》的自序(和"探底文学名著"一节基本相同)里，特意提到这一点，不妨重复一下：

> 自从"文艺复兴"以后，欧洲在哲学、思想、科学、技术、文学、艺术各个方面，都有了划时代意义的转变和创新。这个转变和创新不是空泛的虚夸的，而是用丰富的具体的成果来体现的。几百年中，思想家、科学家、发明家、文学家、艺术家，真如星河灿烂，各类创造和创作可比珠玑花海。这些杰出人物和优良成果，推动了全人类的文明进步，也推动了世界历史的进程，从根本上改变了人们的

旧观念和原来的生活习惯。

拿文学创作来说，仅小说一项，文艺复兴以后，就出现了众多杰出作家和传世之作，从各个层面，以不同的创作方法，反映社会和人生，给人以深刻思想启示和文化滋润。在那几百年里，欧洲文学堪称人类精神财富最经典的标志之一。20世纪以后，虽然后起的文学理念、文学流派不断出现并自我标榜，但要替代那几百年文学在人们心里的位置，谈何容易？我向来认为，欧洲近代文化，与中国先秦文化、古希腊古罗马文化，是人类文化发展的巅峰，真正体现了百花竞放、不拘一格的繁荣，人的聪明才智也得到了真正的释放。这正是我喜欢选择欧洲文学名著进行改写的主要原因。

《名著情览》这本书，我是当"礼品书"自费做的软精装大书，属于非正式出版物，没有书号也没有定价。可它的编辑投入、装帧设计和材料使用远比正式出版物多而精。

《雪岗文集》和《名著情览》这两个大部头，是我对编辑活动的回顾和部分集成，具有很强的研究价值和观赏性，应该把这两部书视为我的代表作。

兑现三十年前的诺言

在编排两部大书的时候，我心里还记挂着一件更大的事，是一定要完成的。这指的就是我答应过的、续编续写《中国历史故事集》的约定。

前面"与《中国历史故事集》结缘"一节，我讲了我与这套书的难以拆开的关系。我到中少社后最早接的工作，就是修订再版《春秋故事》、《战国故事》和《西汉故事》，加工出版《东汉故事》。随后又根据林汉达50万字的《三国故事新编》改写出8万字的《三国故事》。这五本书和后来的合卷本《中国历史故事集》成为中少社的"保留项目"，一直畅销几十年。

从打我写出《三国故事》之后，全社上下都把续编这套书的希望放在我的身上。我也做出过计划，想了一些办法，找了些人写，但不成功。最稳妥的办法，就是我自己来写。可是我的工作繁忙，又先后当了室社"领导"，实在抽不出时间。有人会说："你不是写了那么多书吗？怎么没写这个呢？"懂得历史的人都会明白，写历史读物远比写别的难。要把从西晋到清朝近两千年的历史，用故事形式写出来，那就要占有大量材料，还要按这套书的独特写法，用"丝线串珠"法，勾画细节，敷衍成篇，以口语化的语言叙述出来，这谈何容易？需要搜集、挑选、消化、吸收的过程，在脑子里形成完整构思，再一气呵成化成文字。另外就是对众多历史人物和事件的把握和评价，更需要深功夫。这就需要塌下心，集中一段整时间和精力，精密思考，旁若无物地写作才行，与写别的东西大不一样。我在职期间，不可能有这个条件，因此一直不敢动笔，怕的是断断续续，影响质量。

不知不觉过了二十多年。这些年里，不断有人向我提起这事："您什么时候写那套书呢？""续完那套书，功德无量啊！"我回答说："只要有了闲暇，我一定写出来。好在历史是长存的，历史读物是长青的，不会过时。"实际上，我一直在注意搜集资料，关注史学界的新动向，抽空就考虑着怎么写，写什么，还列出各朝代的大事年表，拟出提纲。

我计划再写五本，即《晋朝南北朝故事》、《隋唐故事》、《宋元故事》、《明朝故事》、《清朝故事》。前五本《春秋故事》、《战国故事》、《西汉故事》、《东汉故事》、《三国故事》中，最多的26节，最少的21节，字数相差很大，书籍薄厚不等。考虑后五种所写朝代时间都在三四百年，比前五种长很多，我决定每种写28节，字数稍有增加，五种篇幅一致。

2008年年初，我就准备动笔（实为动电脑）写《晋朝南北朝故事》。编辑室也把这套书列入选题计划。对我来说，口语化的语言问题不大，我的语言功底够用。除了沿用前五种的常用词句形式以外，我还大量地使用了新的口语词句。费脑筋的是选材和衔接。晋朝南北朝是分裂时期，光政权就有二十几个，人物事件繁多，怎么把故事讲出来，又要"一线贯穿"不断开，就要反复琢磨。仗着对历史脉络的清晰掌握和足实的写作经验，我很快理出故事走向，把历史发展的主线和具体故事情节结合，写得很顺当。不到四个月，我写完了这一本。故事里面，除了那些非讲不可的有名人物和事件之外，我特地选了一些以往极少提到、但情节丰富的人和事。如晋太子司马遹被害、二十四友、苻坚夺位、刘裕复晋亡晋、崔浩辅助北魏、高欢结交豪杰、斛律金一家遭遇等等。

写完了《晋朝南北朝故事》，我就开始写《隋唐故事》。刚写了几节，编辑室出了问题。正在进行的《中国通史故事》的修订再版和新编的《世界通史故事》的编辑工作，都被发现了大毛病（见前面"返归编辑岗位"一节）。我发现后，不得不放下写书的事，再去帮他们做两套"通史故事"。及至四卷本《中国通史故事》和《世界通史故事》相继出版以后，我才塌下心来写这套书，时间可就延迟了两年还多。

2011年以后，我重新进入这套书的写作氛围，感到体力已不如前了。这年我66岁，做事容易疲乏，经常需要休息调整。幸好脑力无损，思维如前，只是写作速度放慢。我又有不喜在夏天写作的习惯。简短说，到2013年年底，我陆续写完了《隋唐故事》、《宋元故事》、《明朝故事》和

《清朝故事》。这几种写的都是统一的朝代(宋朝不是大统一),但各有各的难点。如隋唐,如何把唐前期的强盛转变为后期的衰弱写得令人信服;如宋元,如何把北宋、南宋、辽、金、西夏、蒙古、元七个政权的历程都写明白;如明朝,如何把社会的进步与当权者的专横腐化的反差写清楚,等等,都很费了我一番心思。特别是清朝。从前都是把鸦片战争以后的七十年算作"近代",与民国时期合写。这次要写一个完整的清朝,就需要把前二百年和后七十年的特点写出来,还要有合理的篇幅比例。我安排了18节写前二百年,10节写后七十年,仍感到后七十年很紧张。如果把那些大事件一一细写,字数会大大超额,还与其他书重复。我采取了新办法,对人们熟悉的两次鸦片战争、太平天国、火烧圆明园、中法中日战争、戊戌政变、义和团、八国联军等等,都简写或侧写,腾出篇幅写一些清朝内部的矛盾和决策细节。这样写,一是有新鲜感,二是与其他书有了区别,三是扣紧了"清朝"主体,与前二百年衔接,而与以往的"革命史"、"反帝斗争史"划清了界限。

那些日子,为写出故事细节和串接自然,我也是苦苦思索,有时为一件事要考虑几天,甚至在梦中重现。一旦想通,一气儿就写出几千字。因为底数清楚,我写得很自信。但是对于编辑那边,我又很不放心。在开始写的时候,我就提出一个条件,这套书特点突出,难度高,要确定一个专职编辑。这个编辑要对历史比较熟悉,又能与我配合沟通,独立处理编辑事宜。如果还是一本一个编辑,各看各的,方法不统一,我也很难应付。我所以这样说,是因为当时编辑室里,没有合适的人来当。我这个意见得到支持,图书中心决定为此书召进新编辑,或从全社范围筛选,可都没有成功。眼看书稿已经进入编辑程序,我只好自己把前期编辑工作承担起来,主持运作版式设计、插图(边写边插图)等环节。看到专职编辑难产,我建议两个年轻编辑都参与进来,并且做好准备,自己来主持这套书的编辑工作。直到2013年6月,社里决定把文学室主任何强伟调来当本室主任,才有了转机。

何强伟过来之后,很快接手本书的编辑工作。2014年春天,五本书一起发稿,编辑进入了关键环节。我通过观察,觉得何强伟有统筹能力,悟性很高,对历史有较深理解,文字功底也不错,是这套书的合适编辑人选。我建议由何强伟担任此书的主要责编。此后,编辑程序就顺利地运行了。按照计划，前五种和后五种统一排版，算是《中国历史故事集》的修订版。先出十种单行本，再出两部精装合卷本。

应该提到的还有插图。春秋、战国两本，是名画家刘继卣画的，堪称传世精品。这次续编，我提出一定要按刘继卣的路子画，重在刻画人物形态和表情，服装符合时代特点，不能再搞电脑复制那一套，人物都是一副面孔，一个姿势（站着），服装错乱。否则我宁愿不要插图。经商定，约请著名画家张健画插图，他画得很出色，人物形象生动，我非常满意。我和张健紧密配合，我写完书稿，他的插图也基本完成了。

没想到就在这时候，出了一桩令人气恼的事。林汉达家属为了遗产发生纠纷，打起官司，并且牵连到这套书，也牵连到了我。我在1978年拜访林汉达夫人，从此与林家有了三十多年交往。林夫人是个深明事理的老人。我写了《三国故事》以后，她眼睛有疾，仍然仔细看了，对我说："你写的正是汉达的东西（指语言风格）。"我放弃报酬，她很受感动，双手抱着拳向我表示说："这本书是你写的，可稿费都给了我。谢谢，谢谢！"林夫人去世后，这套书由其小儿子林文虎（他和其母住在一处）接管。当时已有了著作权法，签出版合同也是林文虎代表林家亲属签。我在中少社与我签的合同中仍表示，在林汉达著作权保护期内，我放弃《三国故事》的报酬。

2010年10月，林文虎突然去世。由此，林汉达亲属开始了遗产的官司纠纷。问题是，有一家出版社钻了纠纷的空子，印了由我编辑加工的《中国历史故事集》合卷本出售，侵犯了中少社的独家出版权，并无视我作为《三国故事》作者的权利。我答应中少版此书我放弃报酬权，合卷本我不在封面署名，但要在书里用适当方式说明我的作者身份。不想三十多年后，有人却罔顾我的存在。对此，中少社不得不出面打官司，我也出具了证言。法院最后判定中少社胜诉。官司虽打赢了，但此事给了我很大的教训。我意识到，当初的谦让做法实际是不合规范的，以情感代替法律不可取。为此，我向出版社表示：今后不管是《三国故事》单行本，还是前五种的合卷本，我都要署名。外社被准许出版的，我的署名权和报酬权，一样不能少。这不但是维护我的权益，也是维护出版社的权益。

我和编辑们很快摆脱了不愉快，全力把书做好。2015年5月，全套

十种的修订版《中国历史故事集》出版,我特意把历次版本的出版说明,摘登在书前,我自己也写了长篇的序言,介绍这套书的来龙去脉。从此,这部名著不再是"半截子"工程,而是完整的一套。经过五十多年的时光,由两代作者完成一部书,其本身就是一个大故事,算是出版史上的趣闻。在书的封底,有四句话格外醒目:

　　名家联手接力完成　　口语讲史珠联璧合
　　半个世纪畅销全国　　基础读物传世之作

不久,两部精装合卷本也出版了。围绕此书展开的宣传活动很多,采访我的记者不少,我也到各种会上讲话。作为这部书前半部的责任编

续写完成的《中国历史故事集》平装本和精装本

辑和后半部的作者,我最了解此书的经历、特点和价值,多讲讲是应该的。我在为《博览群书》杂志写的专题文章中,讲了林汉达作为开启者的奠基之功,也讲了我的继承与发展。我的发展和出新,主要体现在选材、写法和语言上(见后面"《中国历史故事集》的写作特色"一节)。在谈到这套书写作时间很长的时候,我说:"这也有好处,就是经过这么多年的变革,史学上有了新成果,社会环境宽松了,我的思维更开阔了;语言上,口语词汇也更丰富了。这对写作无疑是好事。所以我写后五本的时候,就觉得把握自如,心态很放松,不像林汉达那时候,思想有很多顾虑。"

《中国历史故事集》的整套出版,让我释放了压力,像是完成了一项历史使命。尽管我为此付出了代价,白头发增加不少,心头却轻松了许多。我和林汉达无缘相识,但气质相投,心灵相通。回想起当年叶至善、遇衍滨、史林子等老一辈编辑对我的希望,回想起林默涵先生的嘱咐,我终于可以用实际成果来向他们报告结果了。

专委会运行记

到 2015 年下半年，我与中少社的编辑约定，基本完成。我此刻还要做的一件大事，就是中国编辑学会少年儿童专业委员会的换届。少儿专委会成立二十年，如果从它的前身知识读物研究会算起，已经是二十五年了。我从 1999 年当专委会主任，当了十五年。

少专委成立以后，每两年举办一次全国性的研讨会，一共开过十几次研讨会（包括中国编辑学会直接召开的两次）。还有和其他学术团体合办的交流研讨会，以及小型专题会、交流会、工作会等多次。先后出版了六种论文集，分别是《编辑启示录》、《创新与开拓》、《迈向新世纪的少儿编辑》、《编辑的交响》、《纷呈的光谱》、《编事编议》。一部学术专著《少年儿童读物编辑学初探》，一本纪念文集《回顾·思考·前行》。至于一些个人参与的讲学、报告、撰稿、会议等学术活动，难以统计。可以说，少儿读物专委会是中国编辑学会所属部门中活动最经常化、制度化，也最有成效的专委会之一，多次受到中国编辑学会领导的表扬和称赞。我们的浓厚学术研讨气氛和严谨认真态度，在少儿出版界产生了广泛影响。我在多种场合讲过我们研讨活动的意义和经验。

意义，也可以说是内容和目的，有三方面。第一，学术研讨和业务交流。内容包括：编辑人员撰写并提交论文，在研讨会上宣讲论文，评选和评议论文，将优秀论文结集出版；选择优秀论文或有争议的热点问题进行专题讨论；邀请专业人士举办业务讲座和报告；专委会负责人报告工作；观摩各社的图书；到有科研价值的场所和馆室调研考察；等等。

通过这些活动，提倡理论研讨的风气，加强编辑的理论提升能力和写作水平，从而提高全国少儿编辑工作的水平，提高出版物的质量。

第二，加强全国少儿读物编辑的往来和交流。来自各地各单位的编辑聚集一堂，进行广泛交流，沟通信息，切磋经验，开阔眼界，广交朋友，相互学习，达到相互促进、共同提高的目的。

第三，认识东道主，学习东道主。每次研讨会，承办会议的出版社都做了大量工作，展示了相关人员的组织能力和研讨水平，给与会人员留下深刻印象。当地有关领导到会讲话，承办单位的领导介绍经验，都使大家受益极多。通过东道主的精彩亮相，与会人员获取了经验，开阔了眼界，增长了知识。承办单位也展示了风格，扩大了影响。

经验，也可以说是做法和体会，有四方面。第一，坚持以学术研讨为中心，以推动编辑业务交流为己任。编辑学会，自然是以研究编辑活动为宗旨。两会从打成立以来，就把编辑业务研讨当作最重要的工作，仔细规划，从筹备到开会，从撰写论文到评选论文，逐渐形成了一整套运作机制，长年坚持。1999年以来，我们在业务研讨的方式上，又做了很多新的尝试，如请专家讲座、进行专题讨论、举办小型座谈、合作撰写专著等，成效十分显著。开幕式的庄重大气，讲座的专业水平，宣讲论文的认真，讨论发言的热烈，评选评析论文的严谨公正，闭幕式的深刻和团结气氛等，已成为我们研讨会的重要特征。

如果思想不端正，很容易发生偏向。如有的认为开研讨会就是凑在一起放松放松，对研讨本身兴趣不大。又如有的把关注点放在各社的改革上，评头品足，互相攀比，影响研讨气氛和情绪。对这些倾向，我们一再表明反对的态度。我多次表示，对各社的改革措施，我会无权也无力进行评判，我们将始终把握住编辑业务研讨的方向，不把这些作为议题讨论。

第二，坚持面向全体编辑人员。参加我们研讨会的，有社长总编辑，有编辑室主任，有普通编辑；有经验丰富的老编辑，有成为骨干的中年编辑，也有刚参加工作不久的青年编辑；还有已经退休的老专家。在业务研讨上，人人平等，没有身份和资历之分。无论是谁，在研讨会上都畅所欲言，展开讨论，甚至争论。因为我们清醒地认识到，真正的编辑经验和体会，包括教训和问题，只能来自一线人员的实践。每次开会的

通知,我们都强调,欢迎青年编辑参加,欢迎不能参会的人员提交论文。这样,我们的研讨活动才能生动而有朝气,不断反映新情况,总结新经验,避免僵化。

第三,坚持节约办会,做力所能及的事。作为一个二级学术团体,我们的工作人员都是兼职的,没有专职的。无论是主持工作的主任、秘书长,还是副主任、副秘书长、委员,都是在本社的支持下,凭着热情、兴趣和积极性在干这项工作。同时,我们从不收取会费,也没有"小金库"。中国编辑学会多次指示清查账目和"小金库",我们都没有任何问题。每次开会,除了收取必要的会议费(由承办方掌握)之外,没有任何额外开销。在食宿交通等方面,也强调简朴、实用和安全,不求豪华。考虑到实际情况和主客观条件,我们从不搞力不能及的活动。因为那要动用大量人力物力,花费极大精力,效果则很难说有多大。

第四,坚持"开门办会",不搞小圈子。编辑业务研究是思想上的交流,属于文化层面。容纳百川,各抒己见,各展风采,这是一切文化活动的基本规律和特征。研讨活动不能关起门来自我欣赏,神秘化,应该是开放的、包容的。这样才能广泛地吸收来自各方面的经验体会,提高研讨水平。我们反对画地为牢、"我不出去你也别进来"的狭隘思想和做法。少专委成立之后,特别是近十几年来,除了专业少儿出版社以外,我们也欢迎和接纳非专业出版单位的少儿读物编辑,包括民营公司的少儿读物编辑参加我们的活动,提交论文。

我们的研讨活动从无到有,从小到大,从弱到强,这是必然的,更是人为努力的结果。一个证明就是,最近几次研讨会,即 2006 年的河北会议、2009 年的福建会议、2011 年的安徽会议、2013 年的四川会议、2015 年的河南会议,我们收到的论文都达到了百篇上下,超过以往历届,质量也有很大提高。《中国编辑》、《中国少儿出版》等杂志,多次选登我们的文章。

在 2011 年安徽会议上,由安少张社长、辽少许社长等提议,我们决定编一本关于专委会成立二十周年、知研会成立二十五周年的纪念文集,安少社出版,我来当主编。会后,我和王洪涛、孙全民二位一起研究了方案,并向各社老的、新的朋友约稿。我的想法是来一次大团圆、"全家福",要汇集全国各主要少儿社和其他参与单位的代表人物的回忆文章。

经过普遍约稿、定点征稿、指名索稿三个阶段，这个目的达到了。书中汇集了各社人员的回忆文章43篇。除了内蒙古、青海、西藏以外，各省、自治区、直辖市的代表社都有。作者都是我们研讨活动的骨干和积极分子。这些文章中，正说的，侧记的，庄重的，笑谈的，各具风采，各显其用，加上活动照片和资料，从中可以看到我们的以往和成绩，是一定程度上的二十五年总结之作。我在"后记"中说："愿这本纪念集的出版，对已经过来者是个慰藉，对正在行进者是个鼓舞，对初始入伍者是个启示。"

还在2009年，我就提出专委会主任换人的事，编辑学会领导没有同意，认为我完全可以继续当，并让我注意物色下一届主任人选，等中国编辑学会换届后再说。我考量了一段时间，认为安徽少儿社社长张克文最合适。张克文从参加工作开始就当编辑，有丰富的编辑经验，当社长后成绩斐然，人气很旺，对理论研讨有根基也有热情，又年富力强。2014年下半年，中国编辑学会换届完成。我便在2015年春与郝振省会长面谈，又给学会写了书面报告，推荐张克文为下一届少儿专委会主任，推荐中少社的何强伟为秘书长。郝会长很理解我的想法，在征求相关人士意见以后，同意我的推荐。我接着就与各社领导和相关人员用电话或电子邮件沟通，征求意见，请各社推荐专委会新一届委员人选并协商副主任人选。完备之后，又给学会正式提交换届报告。学会很快批准了这个报告。

2015年10月，专委会在河南郑州召开学术研讨会。郝振省会长、乔还田副会长兼秘书长亲自到会祝贺。郝会长还做了专题学术报告。这是我最后一次主持专委会研讨会。回想十五年来，我和各社的同行们一道，为少儿读物的理论研讨所付出的心血，自有百般感慨。正如我在纪念文集《回顾·思考·前行》的"后记"中所说：

> 有的朋友对今后专委会的前程很关心，在文中有所流露。如果从社会高度来看，我们这个团体，不过是全部中一个局部再局部里的一个角落而已。从出生岁月和组成人员来看，它是我们这一代人的产物。尽管规模不大，范围有限，但有了这样的活动空间，也足够了；所取得的二十多年的持续发展，也足以使我们感到欣慰。在20世纪末到21世纪初这个时间段，有那么一群少儿读物编辑留下

2015年10月研讨会在郑州召开

了活动的足迹和成果,刻下了印痕,这也是值得自扬自乐的美事。每代人有每代人的活法和想法,都会创造,今后会朝着什么方向发展,将由后代人决定。我愿借此机会代表"我们"向"他们"表示祝福。

行路尚未有尽头

2015年,是我十分紧张忙碌的一年。我主编的《神圣抗战》,在纪念抗日战争70周年的时候,第四次增补修订出版,名副其实地成为抗战题材图书的"常青树"。邓小平、胡耀邦两位领导人为本书题字的故事,也引起了广泛关注。我续写完成的《中国历史故事集》全套出版,平装本和精装本同年问世。从年初开始,我和编辑们就为这两部书的出版发行和宣传营销忙起来,各种活动一个接一个,我撰写文章,发表谈话,给读者讲书,接受电视电话和报刊采访,一时间成了大忙人。10月,在郑州的研讨会上,中国编辑学会少儿专委会成功换届,我卸下了"主任"的担子。11月,我应邀参加在长沙举行的"青少年人文素质教育研讨会"并发言。12月,我第五年到北京大学讲编辑课,并完成了《我当编辑》这本书的写作。还有为"打官司"几次向律师提供情况,写证言等等。到了年底,我"盘点"这些年的所有约定:该编的编了,该写的写了,该换的换了,该讲的讲了,"完事大吉"。我决定要完全退下来,和朋友们开玩笑说:"七十以前我主要为公众服务,七十以后我要为自己服务了。"

自打退休以后,一晃又过了十年。朋友们相聚的时候谈起来,都惊奇地对我说:"别人退休都找清静快活,你反倒比在职的时候还忙。干了那么多,写了那么多,充实是充实了,就是太累了。"我说:"心里有事,又有约定,总得'解决'了才好清静,不然背着包袱,精神上更累。"传统曲艺里,有段"岔曲"《风雨归舟》唱道:

卸职入深山,隐云峰受享清闲。闷来时抚琴饮酒,山崖以前。

上编　编学研写相伴行

……抬头，看望东南，云走山头碧亮亮的天。长虹倒挂在天边外，碧绿绿的荷叶衬红莲。打上来那滴溜溜的金丝鲤，唰啦啦放下了钓鱼竿。摇桨船拢岸，迈步至山前。唤童儿放花篮，收拾蓑笠和鱼竿。一半鱼儿就在炉水煮，一半到那长街换酒钱。

在作品研讨会上发言

　　这是旧时代退休人员想往的生活，我也经常哼哼这段曲子，不外是调节情绪而已。真要天天那样，也是一种累。人总有点事做才愉快，何况是有内存的文化人呢！习惯已成自然，要想把以往彻底丢开，是不可能的；也很难想象会像有些闲人那样，每天"仨饱俩倒"，逗猫遛狗，提笼架鸟，消磨时光。编学研写，已经成为我的终身伙伴，不可分开。今后我肯定还会编一些，学一些，研一些，写一些。在我的心中，其实早就有了计划，要把一直想做的几个题目，甚至很大的题目，变成实物，或是书或是文。当然还有朋友们发出的撰稿约请，我也会选择一些，帮办几件。

　　但是这一切，都应是量力而行，量能而行，不会再像二三十年前或十几年前那样执着，那样火爆。我给自己今后定的尺度是"四做四不做"：做最想做的，做能做到的，做能体现自己思想的，做能展示自己文化底蕴的；不做精力体力承受不了的，不做能力达不到的，不做面子交情上的，不做没文化含量的。

  我当编辑，当了近四十年。如果连这之前的"自我实习"也算上，那就更为长远。多年实践让我体会到，编辑是个也深也浅、也大也小的工作，编辑人是也伟大也渺小、也壮阔也平凡的人群。我当初自愿加入了这一伙，也为此而庆幸。如我一再表白的：既然选择了这一行，既然走出了自己的路，我就愿意走到底。

下 编

编辑与文化散论

这里收入著者写的一部分编辑论文和有关专题文章，计十九篇，有两种类型。一种类型是前九篇：《我的读书观与我的编辑观》、《编辑之路四阶段说》、《思维科学与编辑实践》、《编辑工作中的道德建设》、《国际化出版中的编辑工作》、《一个驳议——关于编辑的"策划"与"案头"》、《叶圣陶与书刊的编辑出版》、《在编辑培训班上的讲话》、《谈编辑的写作》，主要是从整体和大局上对编辑的一些基本问题进行研究。

另一种类型是后十篇：《少儿类图书的编辑工作》、《少儿知识读物的特殊性及编辑对策》、《编出图书的特色来》、《审读加工四体会》、《社会知识类图书的编辑工作》、《名著开发类图书的编辑工作》、《关于科学和科普读物的再思考》、《关于历史和历史读物的再认识》、《新版〈中国通史故事〉编辑随想》、《〈中国历史故事集〉的写作特色》，主要是对某些领域、方面、类别和图书的编辑特色和问题进行分析探讨。

我的读书观与我的编辑观

从初省人世的孩提时代到现在离开正式工作岗位，已有近六十年的时间；从正式参加编辑出版工作以来，也已三十年有余。无论是六十年还是三十年，我在生活中接触最多的"物"，就是书。古人主张"格物致知"，我在这几十年中也有意识无意识地在"格书"。看书，读书，租书，借书，找书，买书，藏书，编书，写书，这一切都是为了研究书而求"致知"，即从书中获取知识，以开窍亮目，指示实践，愉悦人生。其中，读书和编书，对我的影响最大，自然我的体会也最深。

在还识字不多的时候，我就看起书来。与一般孩子的情况相同，是从看画书开始的。那时候印刷条件差，现在的这种彩色低幼画册基本没有。给小孩儿看的小人书也很成人化，内容多是讲大人们的事，字也很多。这倒使我养成了爱看字书的习惯，一直没有所谓"少儿读物"的概念。小学四年级以后，我就抱着家里很厚的字书看起来。老话说"老不看《三国》，少不看《水浒》"，而我最先看的古典小说正是《水浒传》。不但翻来覆去看，还把书里的一百单八将的来历，画成"关系图"，他们的名姓和绰号自然就记住了。接着看《三国演义》、《说岳全传》、《封神演义》、《西游记》、《杨家将》、《七侠五义》等等，也都边看边列人物"关系图"，竟是连人带情节都记得很清楚。看《红楼梦》稍晚些，在五年级也已读过。因为年纪小，对古书中的内容不可能全懂，就采取"跳读"的办法，先囫囵吞枣，再慢看细读。我曾经给一家杂志写过一篇题为《编织"关系网"的乐趣》的回忆文章，讲的就是那时候读书的情况。在小学期间，我就把有名的古典小说读了一遍。

上中学以后，开始读现代小说，高中是主要看外国小说。与此同时，因为爱好历史和戏剧，便从学校图书馆借了历史知识的小册子、历史人物传记、戏曲剧本来看，杂七杂八看了不少。我看书的速度很快，一般是当天借来，在晚上基本看完一遍，过三四天就还了再借别的。加上爱看京剧昆曲话剧曲艺，我的课外文化生活就比别的同学丰富许多。我后来回想，真有点庆幸小学和中学的时候看了许多书，看了许多戏，打下了基础，对一辈子都有好处。1963年上大学之后，接连参加政治运动，又赶上"文革"，失去了很多踏实读书的时间。但是当"逍遥派"的时候，我抓住机遇自学中外通史，也是难得的收获。参加工作以后，除了读与业务相关的书以外，又有计划地读了中外历史、哲学、文学和科技史方面的专著，终于夯实了学识地基，筑起了自己的知识之楼，也掌握了理论研讨的能力。

几十年的读书经历，使我对读书的方法有了很多体会，逐渐形成了一些基本观点。特别是做编辑工作以后，体会更深一些。在这里，主要谈三点看法。

第一，读书应认真读原著。原著是指作者的原本著述，也指最早最原始，当然也是最权威的著述或资料。读原著，会使自己的知识建立在根基之上，掌握真实的情况，通晓知识的来龙去脉，运用起来自信心强。这样，知识才真正属于你自己。有些人为了走捷径，总是喜欢读第二手、第三手的书籍，并以此为根据。我认为这是很容易把知识搞偏，甚至搞假的。因为知识经过某些学者专家的演绎和梳理，往往很有条理，叙述得也很生动，读起来容易懂。但是他们写的这些书，都是在自己的观点统率下，有选择地运用材料，带有很强的倾向性。比如中央电视台《百家讲坛》节目，对普及传统文化、提高大众文化品位起了积极作用。但是主讲人是用自己的观点分析和解释古书和史料，是一家之言。而他们的观点是否正确，引用材料是否恰当，还要通过细读原著去体会，去判断。经过当年"文革"的人都知道，那时候报上的大块"批判文章"，都是先以观点给批判对象和材料定性，断章取义，歪曲原著，再无限上纲上线；还把马克思主义经典作家的话，简单地抽取出来，不顾时间背景，作为"武器"和依据。没有读过原著的人很容易上当受骗。

我在多年读书实践中，形成了一条原则，要了解一门知识，弄懂一件事情的过程，判断一个观点是否正确，就要去细读有关原著：要学习马克思主义，就先去读马恩著作；要了解历史，就先读二十四史、《资治通鉴》；要钻研传统思想，就先读懂先秦诸子百家；要欣赏中外文学名著，就读原版四大名著和原译本；要了解引起争议的作品和作家学者的情况，就找来原著看看。我自己的藏书，也多是这种"原始资料"。这样讲，不是说对后人的研究性书籍文章和简易本就不读不看。第二手、第三手的东西，直观、便捷、生动，可以作为参考和扩展知识的工具，但不能当作基础。我们做编辑的，编辑出版通俗读物，实际上就是在搞第二手、第三手的东西。我自己也编过写过不少通俗讲解各类知识的读物和简易本文学名著。这些书对青少年和一般读者来说是很需要的，但我们自己要编出高质量通俗读物，就需要读懂原著，弄清源头，才能心中有数。我在编辑通俗知识读物的时候，总是要求作者提供材料来源，尽可能找来细看，有时看的东西比作者还多。有位作者把我编辑的通俗读物也当作材料来源，作为写作依据。我认为不妥，对他说，我编的写的读物为了通俗生动，肯定要加进些"水分"，并对原著有所取舍，这就不能再作为你的原始依据了。编辑要多读些原著，是工作的需要，也是提高自己学识水平的需要。

第二，读书要吸纳与挑拣相结合。这里讲的"吸纳"，是指读书的时候，要尽可能地弄懂和掌握书中讲的全部内容，包括框架结构、材料依据、知识要领、学术观点等等，装进自己的知识库。为此，读书就要专心致志，踏实心静，如古人所云，壹而不贰。我自己在读书时，经常前后对照，反复翻阅，在脑中连成一线，并多是与记笔记同行，这样就便于掌握和记忆，其效果与一目十行或上网浏览的读法大不一样。像我在小学时读的一些古典小说，后来再没有时间重读，可因为当时读的时候做了"关系网"，形成了完整印象，所以至今对书中情节和人物仍很清楚。读书的过程就是脑筋开窍的过程，就是向聪明靠近的过程。读得认真细致，有层次有顺序，大脑的活动能力就强，读书的兴趣和吸纳能力也随之增强。

"挑拣"，是指读书过程中，要用脑子去判断，分析书中讲的哪些是对的，哪些是错的。虽然我们都希望书里讲的都正确，没有错误。但实际上,"无错不成书"才千真万确。因为写书者是人,人都要受时代的、环境的、个人能力和认识的局限,就可能出错。孟子早在几千年前就说过,"尽信书,则不如无书"。他说的是《尚书》,也是在泛指书。我们既不能以为书中讲的都是对的都是真理,也不能因为书中会有错就不读书,书是传播知识、阐述观点的工具,不是判决对错的法官。墨子曾经提出判断事物对错的"三表法",就是三个标准:一是历史上的经验,二是当前百姓的反映,三是实际的社会效果。这与我们今天说的"实践是检验真理的唯一标准",是相通的。书也是一样,要受时间和实践的检验。值得注意的还有名家专家写的书,这些尤其需要"警惕"。现在各种旗号的名家专家很多,同样出错,而且有欺骗性,不易识别。我读书,在吸纳的同时,也养成审视的习惯,边看边思考,挑出不能说服自己的或不合逻辑的观点和知识点,然后另做查询和考证,以便弄清对错。这可能与当编辑的习惯有关,但这一条似乎正应是为编辑者的共性。

吸纳和挑拣不是对立的,而是一件事的两个方面,基本在同时展开。所以在读书的时候,大脑不停地转换思考方向,对思维能力的提高也有很大好处。

第三,读书要根据自己的爱好和特长进行。世界上的知识无边无沿,人类的思想宽广浩荡,但个人的时间、精力和能力有限,不可能掌握所有的知识、什么书都读。我的做法是,对自己喜欢的和有学问基础的门类,要集中时间多读,精读,系统地读,使之成为强项、长项,最好做到能"烂熟于心","信手拈来"。对与业务范围有关的门类,要读大略,懂脉络,知规律,做到胸有全局,一旦需要便能知道应读什么书,在知识结构的哪个部位。对于自己不懂也不熟悉的门类,如果不在业务范围,则不要硬碰硬钻,以免浪费精力和时间。这样说,是对着"杂家"而言的。我一直不赞成"编辑是杂家"的说法,更不想当杂家。在《编辑之路四阶段说》这篇论文中,我就提到,"杂"是编辑工作中的一个短暂过程,或说是一种现象。在当编辑的初期,由于接触到各类稿件,要看各类书籍以应付加工修改,就会有"杂"的感觉。但是不能以此为常态,满足于什么都知道一点,又什么都知道不多不深;读书时一得自矜,不求甚解,稿件提到什么就查看什么。这样的人没有自己的长项,很难处理大书稿,主持丛书套书的编辑工作,也就成不了高水平的编辑,长期处于平庸状态。

下编　编辑与文化散论

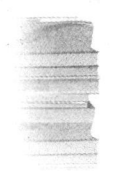

我认为编辑应该是专家，不但专在编辑业务上，也要专在学科和学问上。这就需要在读书上下功夫，根据自己的爱好和基础，选择几个突破口，读深读透，成为有学识的专门家。

读书既然和做编辑密不可分，二者在运作上也就相通相近。我成为专业编辑是在 1978 年，但接触编辑工作还要早十一年。1967 年，在"文革"期间当"逍遥派"的时候，我和几个同学组成了学习小组，除自学专业课程以外，还自写自编自印自发油印刊物。我又编选和编写了几本书稿，到印刷厂排版校对印刷装订，实践了编辑的流程，也对图书的编辑出版有了初步的了解。正因为有此基础，我到出版社以后，就很快地掌握了各个环节的要领，进入流畅状态。在近三十年的实践中，我积存了经验，形成了风格，对如何做好编辑工作，也有了自己的基本认识。我写的多篇论文，都对这个问题做过各方面的论述。这里主要就当今编辑在图书出版的过程中起的作用谈几点看法。"编辑"，既是指编辑工作也是指编辑人员。

第一，编辑是图书出版流程的中心和推手。说编辑工作是出版过程的中心环节，这话不自今日始，早有共识。既然是中心，编辑就应是选题的主要策划者和决定者，是图书生产进程的推动者，也是图书效益的重要体现者。但说归说，实际上，许多编辑在当今出版过程中的地位很低，往往成了被动的服从者，服从于财务，服从于发行，服从于印制，还服从于作者。造成这种状况的原因来自各方面，一是出版业整体环境的影响；二是读者对图书的需求和购买力的影响；三是出版者的把握和运作能力的影响；四是编辑人员自身素质和自信力的影响。我认为，只有真正确立起编辑环节的中心地位和推手作用，并形成编辑、印制、发行三方面合力的"铁三角"，整体运转推进，才能促使图书业健康发展，实现真正的繁荣。图书繁荣的首要标志不在于数量，而在于质量，在于传播文化的功能是否得到体现。而能做到用图书传承文化的，只有高素质的编辑人员。

第二，编辑是图书出版的主导者。我进入编辑行业以后，就经常听到"编辑是为他人作嫁衣裳"的说法。话外之意，编辑应心甘情愿地为作者服务，不求索取，不图名利，这是编辑道德的所在。如果这句话是反映编辑与作者关系中的某些特征，也不无道理。但如果以此说明编辑和作者关系的全部，即作者是主角，编辑是配角是助手，编辑只是做些辅助修补的事，就不对了。在当今出版业的情势下，"为他人作嫁衣裳"的说法更是过时之言。随着社会的发展，出版业在经济、文化等各方面的作用和份额加大，出版者和编辑也越显重要。过去靠作者写作投稿为主的出版主流方式已经退居次要地位。由编辑根据需求提出选题和出版计划，再约请作者按照要求写作的方式逐渐成为主流。"作者是衣食父母"已经被"编辑是主导和决定者"所代替。特别是当图书的出版关系到文化的传承和出版社的发展的时候，编辑的创意作用更为突出，作者在这一过程中只是编辑意图的执行者。

第三，编辑是图书工程建设的组织者和建设者。当今图书的出版规模越来越大，编辑的业务范围也突破了以往的界线，从过去的以修改加工发稿为主到现在的全程策划并参与，编辑的角色分量已大大加重。尤其是出版者为了扩大影响力，往往要加大投入，推出大型丛书套书，制作内涵丰富的重大选题，建造系统的图书工程。我是不赞成动辄搞大工程的，把图书出版像生产日用工业品那样模具化地、机械化地、成批次地推出，又像礼品盒似的包装起来，最后多为样子货。但是把书做精做细，开拓新领域新形式，做出规模来，是必需的。这个时候，主持编纂工作、设计编写方案、组织人员进行具体操作的，无不是那些有丰富经验、有渊博学识、有深厚功底的编辑专家，他们是图书工程的实际组织者主持者。而工程得以顺利完成，也要依赖编辑们的齐心合力，细致操作，精心把关。我自己在组织中大型图书工程的过程中，对此就有切实感受。如同盖一座高楼需要高级工程师来设计、高级技工来操作一样，建筑图书系统工程同样需要高级编辑人员主持和运作，编辑就是这个工程的工程师和技工。没有他们的全力认真投入，高质量的图书工程就无从谈起。

总之，当今的出版业正在向前发展，无论前景如何，都需要对编辑工作的意义做新的估量，正视编辑的作用，加强对编辑人员的培养和队伍建设。同时，编辑人员自己也应认清形势，努力提高业务能力和创意水平，担当起应负的责任。说千道万，有一条是颠扑不破的真理：不管在任何时候，没有高水平的编辑就没有高质量的图书，也就没有出版业的繁荣，也就没有文化的传承发展。

本文 2006 年 5 月初写，2009 年 5 月修订。收入《编事编议》，中国和平出版社 2012 年出版，并刊载于《中国编辑》2013 年第 1 期

编辑之路四阶段说

编辑学，作为新兴的学科，已经逐渐被人们重视。编辑学概念的提出和被确认，对于编辑工作和整个出版事业，无疑有着极大的推动作用。我们这些从事编辑工作的人应首先对这项工作的规律进行步步深入的研究。编辑学涉及的内容很广泛，但总的说，主要是两个方面：一是研究编辑业务的规律，一是探讨编辑人员应有的素质。对编辑业务的各个环节，我们已经做过认真研究，取得了很多成果，今后还要深入开展。对编辑人员素质的研究，则较为肤浅，需要大力加强。

编辑工作和其他任何事业一样，最宝贵的是人。探索编辑成才成家之路，对加强编辑修养，提高工作水平，促进出版事业的发展，有着深远的意义。

每个从事编辑工作的人，因为文化和业务基础不同，工作环境不同，个人努力程度不同，成长的道路也不会相同，所能取得的成就和达到的境界，更是千差万别。但这并不是说，编辑成才就无规律可言。从对比较成功的范例进行的分析中，我们可以悟出，编辑人员的成长，是要经历从生疏到熟练，从被动到主动，从狭窄到广阔，从必然到自由的过程。我认为，这个过程大致可以划分为四个阶段。本文就来初探四个阶段的特征和内涵。

一、应对阶段

当一个人就职编辑岗位，成为一名专业编辑后，他便进入了这项工作的最初阶段。这个时候，他刚从学校毕业或是从别的部门转岗，打下了最基本的文化底子，初步掌握了一些专业知识，有一定的处理文稿的能力，也就是说，具备了从事编辑工作的基本条件。但从业务需要上看，这些条件还十分有限。编辑所遇到的稿件内容是多样的，涉及的知识更是多方面的。而新编辑人员掌握的知识还只限于在学校学习的一个层面，知之不多而且单一，工作上还限于初学和探索，缺少经验，接触的稿件多是上级交给的，所以，这时候的他基本是被动工作，要尽力去熟悉和适应工作要求，通过一段时间来丰富知识，获取经验和能力。有不少青年编辑都对我讲过自己的心情：他们在审读加工稿件时，非常小心谨慎，生怕出错；在提出自己的审读报告和上交加工的稿件时，甚至有些忐忑不安。当得到肯定的评价时，如释重负；当被挑出毛病时，很是惶恐。实际上，这大概是绝大多数新编辑的共同感受。

应对阶段，对一个青年编辑是必然的也是必需的。千里之行始于足下。编辑工作具有循序渐进的特点，没有一段时间的模仿、学习、借鉴、探索，要成熟起来是不可能的，所以，处在这个阶段的编辑应具有良好的心态，谦虚好学，肯向有经验的老编辑请教，向作者学习，注意积累和吸收他人的经验，并化为己有。有了这种好的心态，他就会适应快，进步快，及早摆脱被动，进入新的阶段。没有这种好的心态，不认真或不善于学习，便会忙于应付，长时间处于低水平，甚至因不适应工作要求而被淘汰。这种现象在编辑工作中并不鲜见。

二、初创阶段

在人的成长过程中，经验无疑是有决定意义的因素。有了经验，或说经历的事情多了，无论是成功的还是失败的，都会使人增长才干，遇事就有了胆量和对策。编辑工作也是如此。在经过应对阶段的多次实践后，有了处理各类稿件和难题的经验，独立提出选题的欲望便随之产生，独立处理事物的能力也与日俱增。于是在他的编辑之路上，就产生了第一次飞跃，进入初创阶段。这个阶段上的编辑人员的特点很明显。在知识上，由于处理不同内容的稿件，有了更多的涉猎，知识面渐渐扩大，由"单一"转为"多杂"。常说"编辑是杂家"，主要就是指这一阶段而言的。在工作中，因为经验增多，思路放宽，就能提出选题的设想，能独立完成各个环节的操作，并能有所创新。近水楼台的优势，使他有机会小试笔墨，写出自己的处女之作或编辑作品。这一阶段的编辑人员大都会成为出版集体的骨干和中坚。有不少人还能担负一定的负责工作。在编辑之路上，这一阶段是聚集人群最多的一段。我认识的一位同行，在原单位表现一般，甚至缺乏编辑的基本素质，可他自己却浑然不觉，直到被要求调离才恍然大悟。到了新的单位，他改弦易辙，虚心学习，钻研业务并努力发挥自己的长处，终于在业务上和工作上大有长进，取得了上级和同行的信任。几年以后，已经编辑出许多部有影响的图书，并成为受到重用的骨干，担任了重要职务。我再见到他，不得不刮目相看。这就说明，只要肯下功夫，扎实工作，成为一名有一定创造能力的合格的编辑，并不难。

　　同时也要看到，这一时期的编辑人员由于尝到了独立行使编辑职权的乐趣，也最容易发生偏差。比如误以为自己在知识上的"杂"就是"博"，误以为自己的"独立"就是"主宰"，误以为小试笔锋，便是编创全才了。所以，他就很容易以此为满足，常常面露得意之色，视别人为低下，实际上则失去了自知之明。正因为如此，这个阶段对编辑人员的成长是个重要关口。有的能正确认识自己，不满足已有成绩，向着更高水准迈进。有的一得自矜，裹步不前，结果是长期甚至是始终逗留在这个合格但又一般的阶段上。

三、驾驭阶段

　　那些在编辑之路上能虚己纳新、不断进取、善于思考总结的人，有希望进入更高的档次。走进驾驭阶段的人在工作中最大的一个特征是，能够进行高质量高品位图书和大型丛书、套书的编辑全过程操作，主持从选题策划、方案设计、约稿组稿、审读加工、发排审校、整体装帧，直到印制出版的全过程。在这个过程中，他不但能参与稿件的具体处理和各个环节的精细运作，而且能从全局上有效地驾驭把握。要做到这一步，他必然在学识上和业务上达到一个高水平。在学识上，或由于工作需要或由于自身的钻研，他已经从"杂家"转变为"专家"，即在某一项或某几项学科上掌握较全面而系统的知识，并能做深入的研究，成为这一项或这几项学科的编辑带头人。这里的"专"与应对阶段的"单"显然不是一回事。与此相联系，在业务上，他已经形成了自己的编辑风格和特征，或是严谨大方，或是厚重扎实，或是新颖花巧，或是博采众长。由于养成了勤于笔耕的习惯，这一阶段的有些人已能创作出体现自己的思想和语言特色的作品，写出高质量的学术著作，在编辑学的研究上有所建树。到这个时候，他已经有资格被人们称为"编辑家"了。

编辑家的称谓，没有政治家、军事家那样的威风八面；没有哲学家、科学家那样的深邃凝重；也没有文学家、艺术家那样的耀眼夺目。在一般人心目中，编辑家不过就是个有经验的老编辑、大编辑而已。其实这个感觉并不错。编辑家做的是踏踏实实细致入微的事，水平再高，经验再多，他也始终离不开那平凡又琐碎的事务。但是，人类所有的文明成果都要从他的手中得以留存，他工作的意义是显而易见的。当编辑当到了"家"，既是他工作能力的体现，也是一种社会承认。

四、超越阶段

如果以为达到了编辑家的水平，就是走到了编辑之路的终点，登上了顶峰，那就又一次进入了误区。学无止境，艺无止境，任何事业都不会有终极的时候，任何个人也不可能穷尽真理。只有能超越自己的人，才能进入自由境界，去领略客观世界的无穷奥妙。对于编辑来说，超越自己，关键在于掌握科学的方法，靠方法去工作，去处理具体事务，而不是单靠学识和经验。世间的知识是无尽的，任何人在知识面前都称不得英雄好汉。知识再渊博的人，他所知道的也只能是九牛一毛。同样，一个人的经验也是有限的，而新事物却层出不穷。掌握了好的方法，才会跳出自己的知识范围和经验所限，认识和把握事物内在的规律。这个时候，他的学识从"专"又进入了"博"，这个"博"与初创阶段的"杂"有着质的区别，因为他掌握的不再限于具体的答案，也不是去充当"活字典"，而是包藏在万物中的共通体。如同掌握了辩证唯物主义，就能正确判断和分析变幻万千的事物，掌握了牛顿创立的万有引力定律，就能推断出尚未发现的天体一样，掌握了普遍规律和好的编辑方法，就能打破自己原有的知识所限，去涉猎和认识自己本不熟悉或知之较少的学问，为编辑作品做总体把握和设计。如同荀子所说："登高而招，臂非加长也，而见者远；顺风而呼，声非加疾也，而闻者彰。……君子生非异也，善假于物也。"

超越自己的人，在思想境界上也得到升华。庄子主张"无我"，实际上真正"无我"的人是没有的，庄子自己也没有做到。人在一生中特别是青壮年时期，追求功利，无可指责。追求功利是促使个人成长和社会进步的动力之一，但是如果沉溺于功利，成为功利主义者，以现实和夸耀自己为目的，他就陷入了自己设置的陷阱。而超越自己的人，便能视自己的能力和成绩为平常，既不会因为在某一点上比别人强些而得意，也不会为纠正自己的失误而感到无光，更不会为获得一名一利或得到什么奖赏而激动万分。"绚烂已极，归于平淡"，"平淡"是人生也是编辑工作的最高境界。梅兰芳晚年演出时，很少用高腔长腔去换取掌声与喝彩，而他在舞台上一个动作一个眼神，一段很平常的唱腔，却完全体现了人物的性格和心态，人们完全被他的表演所吸引，剧场里安静异常。叶圣陶的学识水平为人公认，可他写文章讲话总是明白如话，让人人听得懂，从不炫耀摆架子。他们都是超越自己的典范。

前面，我们对编辑之路四个阶段的特征做了描述和分析。从中可以体会到，这四个阶段是密不可分的，是互为因果的。任何从事编辑工作的人不可能跨过某一阶段而直接进入高一阶段。从应对，到初创，到驾驭，到超越，在学识上讲，有一个从"单"到"杂"，到"专"，到"博"的过程；在工作状况上讲，有一个从积累经验，到获得经验，到运用经验，到超越经验运用方法的过程；在思想境界上讲，也有一个从渴望成功到追求功利，到获取功利，到淡泊名利的过程。

有人可能认为，这四个阶段与编辑技术职务的助理编辑、编辑、副编审、编审四种称号是等同的。这是个错误的理解。职称，不过是人们对一个编辑人员的工作时间、成果数量、基本能力和所得报酬的认可，并不能真正反映其水平的实质。而这里所说的四个阶段，则是编辑工作实际水平的体现。很明显，尽管四个阶段密不可分，却不是人人都能走完全部过程的。对很多人来说，能进入驾驭阶段，成为一名编辑家，就已经是令人羡慕的成就了。而因为条件和思想上的障碍，停止在初创阶段，也大有人在。只有那些思想洒脱、敢于否定自己、追求新的自我、不为名缰利索所束缚的人，才有可能进入超越自己的境地。

本文写于2001年4月。刊载于《中国少儿出版》2003年第3期，并收入《迈向新世纪的少儿编辑》，重庆出版社2003年出版

思维科学与编辑实践

在人类从事的科学活动中，自然科学、社会科学、思维科学被认为是三大科学领域。哲学，则是一切科学规律的总结和概括。而思维科学作为与自然科学、社会科学并列的科学领域而独立出来，是20世纪近几十年的事。关于科学领域的分类，至今仍存在意见分歧，中外的分法也不一致。实际上，人的思维活动既有自然的物质的条件，也有社会的精神的因素，是有其明显的自身特征的。把它作为独立的科学大类看待，有利于对思维活动规律的深入研究和把握，有利于发掘人的思维潜能，从而促进各学科研究工作的开展，使各项事业真正建立在正确思想基础上。

编辑学是个年轻的学科。从事编辑学研究的，主要是编辑人员和与此有关的专业教学理论工作者。不言而喻，它的研究范畴主体在编辑工作本身，也就是带有共性的那些程序，如选题策划、组稿约稿、审读稿件、评判取舍、加工修改、装帧设计、宣传营销等。这些，无不是人的思维活动的反映和结果。因此，对思维科学的基本内容进行研究，并将其成果运用到编辑程序中，对提高编辑水平，有着十分积极的意义。

一、认清思维的基本特征，使编辑产品更适合读者阅读心理和习惯

思维是人的大脑反映和认识客观世界，进而适应掌握客观世界的精

神活动。思维的复杂多样和创新，是人类超凡灵性的源头，也是区别于其他动物的根本所在。人的思维是有规律的。归根结底，它是外部世界在人脑中的反映，而不是封闭孤立的活动。思维的价值就在于它同外部世界的一致性。拿编辑工作来说，我们编创的精神产品，其内涵应该同读者思维程序相吻合，才能取得好的效果。比如对外界事物，人总是要经过观察、分析、推理、判断的循序渐进的过程，才能认识事物。在编写各类大众知识读物的时候，就应当尽量从具体的物体、现象和事件出发，先讲述一些实际例子，然后再提出概念，进行必要的分解、归类、概括，给出相应的知识和结论。编写的过程就是思维从接触具体到形成认识的过程，编者和读者在无形中达成默契，就有利于阅读效用的发挥。

形象和抽象，是思维的两种基本类型。人在认识事物的程序中，往往交替使用，从形象思维到抽象思维，又从抽象思维到形象思维。而在人生的各个阶段，侧重点又有不同。编辑图书也要与之适应。一般地讲，婴儿时期，大脑尚在不断健全过程中，对色彩和简单形象感知很快，爱看以鲜艳而夸张的图画为主的书。文字则必须为图画服务，给出明确概念即可。到了幼儿时期，形象思维最发达，同时有了对语言的初步接受理解能力，书中的画就可以接近实物，再配合图画讲一些有趣的故事和简单的知识了。儿童时期（大约相当于小学阶段）的思维开始发生转折，从具体的形象思维向抽象思维过渡，对语言文字表达的意思有了理解能力和好奇心，分类、比较、概括能力逐步加强。在数学、作文课程中能通过自己的计算和表述，达到初步抽象的要求。看课外书，则对以文字为主的书有很大兴趣。但是儿童时期对具体形象还有很大的依赖性，特别是接触陌生事物时，仍要以形象启发为入门先导，不过他们已经比较喜欢写实的图画和作品了。青少年时期（大约相当于中学阶段）的思维能力发展迅速，而且呈现出多样性和个体性。抽象思维逐步占据主导地位，能够接受和理解理论性的分析，能运用概念、推理和逻辑方法，对思维的最高形式辩证思维也有了初步理解。读课外读物时，偏重并能读懂以文字为主的各类书籍。对于形象，则转为喜欢含义较深的漫画、写意画等。人进入成年以后，思维呈现很大的差异。总的说，大多数人能做到形象、抽象思维并用，但各有轻重。图书也应形式多样，以适应不同人群的不同需求。

把握思维的特点和异同，对于编辑工作有着明显的指导意义。根据不同读者的思维特点编创书刊，能够使编辑行为更具科学性。但是一些认识和实践上的偏差，也会使这个意义失去光彩，其效果也将适得其反。

一种偏差是把形象思维与抽象思维割裂开，认为形象思维低于抽象思维，只是思维的低级阶段。在图书制作中，则以为形象展示只适用于婴幼儿和儿童读物。这显然是错误的。在思维活动中，形象和抽象只有方法、区域和形成先后的不同，没有高低等级之分。婴幼儿和儿童时期首先形成和运用形象思维，不等于在掌握了抽象思维以后，就可以不用形象思维了。实际上，形象的作用在人的一生中是一以贯之的，在图书中也是如此。随着人不断成长，形象思维也有一个从简单到复杂的过程。文学家艺术家的形象思维非常发达，而且能与抽象思维巧妙结合，绝非儿童时代的形象感知能力可比。思想家科学家的抽象思维发达，但他们的创造发明很多是在形象思维的启发下产生的。只有形象思维而不懂得抽象思维，显然是人的智力的极大缺陷；只有抽象思维而不会形象思维，则会使人思维单调死板，不善于表达和表述，同样是很大缺陷。我们做编辑工作，应该学会在读物中运用这两种不同思维形式，既要重视形象展示和实例引导，又要进行抽象的深入分析和理论提升，帮助读者在感性和理性两方面都得到启发。

还有一种偏差，发生在幼儿读物中。有些编辑出于进行"超前教育"的目的，在幼儿书刊中设计了开发智力和思辨能力的内容，把本应是在上小学后才学的知识和问题提前给幼儿讲，或让幼儿回答。实际上，有不少问题已带有抽象的方式，超出了幼儿的生活范围，是幼儿大脑的物质构成所难以负担的。这种"提前开发"的做法不符合一般人的思维发展规律，因而效果也不会好。我就曾经收到幼儿园老师和家长的来信，信中对幼儿书刊的这类内容提出意见，反映孩子听不懂，没兴趣。"拔苗助长"的结果是失去了读者。幼儿时期是对形象感知最强的年龄段，应该让他们充分发展和展示，再逐步向抽象过渡。

与此偏差成对应的另一种偏差，更令人担忧，就是一些青年人的思维"幼稚化"。现在不少年过20岁的大学毕业的青年还在自称"大男孩儿"、"大女孩儿"，凡事要父母拿主意，父母也对他们不放心，老在后面管着。他们看的书多是卡通读物、口袋小说和图画书，对文字书则读不进去，不喜欢读，理解能力很差。一些编书者也以当今是"读图时代"为名，在各类书籍中，加进大量有关或无关的图片、插画；对语言文字却不肯下功夫，满篇是似通非通的句子，或寥寥几句图注，不成文章。我们知道，人的思维活动属于意识范畴，无形无状，其表达的途径就是语言，语言的符号则是文字。语言文字是思维的载体，书中讲的知识和思想内涵是通过语言文字传递的。读书就是要认真阅读语言文字，才能真正理解其表达的内容，获取知识和信息。不肯读或不会读文字书，说明抽象思维的不健全、不成熟。而书中语言文字的低劣，一方面说明编写者思维的混乱，另一方面也是在迎合部分读者的幼稚和从简心态。这种现象于读者于编者于社会发展都不是好事，我认为对青年学生应提倡认真读书、深入思考的学风，健全思维的抽象性。编书者也应改变重图轻文的做法，真正让语言文字成为成人书籍的基础和主体，以高质量的文章传播知识，阐述思想观点，增强读者思辨能力。

二、运用各种思维方法策划编辑图书，使产品多样化，避免低水平重复

人的思维活动，一个重要特点，就是有明确的目的。蜜蜂通过辛勤劳动造的蜂窝，其细密的程度让建筑师惊叹，但是建筑师的优势在于未造好房屋时，心目中已有了房屋的样子。思维的目的包括发现、提出问题，分析、解答问题，以及检验效果等。为了达到预期目标，人会运用各种思维方法寻找问题，进行思考，生产出精神产品。编辑人员写的策划编辑方案及其编辑的书刊成品，就属于这种精神产品。

比如，聚合与发散，是两种对应的思维方法。运用聚合思维，就可以把各方面的智慧和成果集中起来，选择新的"突破口"。曾获国家图书奖提名奖和中国图书奖的《中华人物故事全书》就是这种思维方法的结果。我们在确定要出版一套介绍人物事迹的大型丛书以后，让编辑们提出自己的想法，并找来已有的各种同类出版物，还召开学生老师座谈会，把各方面的设计、意见和编法聚集在一起，加以比照，便设计出自己的编辑方案。它集纳了各方的优点，又与已有品种不同。既有人选的整体安排，又有多个层次分类；既讲人物一生全貌，又展开具体生动的情节，

就成了这套书独有的编辑特色。发散思维带有明显的多向性和转移性,当一个思路不通的时候,则另辟蹊径,改走他道。运用发散思维,有助于克服单一僵化的定式,避免"一根筋"的毛病。我策划的《儿童文学大师全集书系》,就是在出版作家全集不必要,出版作家作品选集、自选集也会重复的情况下,设计出来的一条新路。编辑大作家的"儿童文学全集",在以往还没有过。第一种《冰心儿童文学全集》出版之后,已重版十余次,印数达几十万。《张天翼儿童文学全集》、《叶圣陶儿童文学全集》效果也很好。

顺向与反向,也是两种有关联的思维方法。顺向思维是沿着他人的思路往前走,而且走得更远更广一些。在编辑实践中,这是常见的现象。如见人家编出了《十万个为什么》效益很好,自己也参照其法,编出类似的产品来。如果是照猫画虎,或是如出一辙,当然不好。但是借他人经验加以发挥发展,编出质量更高的换代升级产品,就不失为有为之举。相比之下,反向思维或称逆向思维,其价值更高些。反向思维和求异思维有共通之处,是从普遍的思维习惯跳出,做相反的思维活动。我自己也有过这种经历。前些年,图书界"大"字成风,以"大全"、"大观"、"大百科"、"大世界"等等为名的图书,多得不得了,似乎不用"大"字,就不能说明书的档次和价值。我倒是想用"小"做些文章,于是策划了《百科小史》的选题方案。这套书共十种,含150个题目,都从发展史角度讲各类事物的知识,每题只写一万字。用很小的篇幅讲很大的题目,成了这套书的最大看点。在当时的普及类图书中,这种书是个创新,曾引起很大反响,出版后不久即重版。反向思维还有一个另外的含义,就是通过否定达到肯定。这在科学史上是带规律性的现象,但在编辑实践中,我们更多的是讲超越,而且主要是超越自己。从哲学上讲,超越即否定。敢于正视自己的短处和弱点,不满足已有的成绩,不断超越以往,才能编出更高水平的作品来。十几年前,我们把自己编的17册《中国历史故事》进行修订删改,更新为《中国通史故事》,是一次自我超越。现在我们又对《中国通史故事》进行再修重造,又是一次自我超越。其结果是质量的提高。

灵感和顿悟,是思维活动的奇特现象。二者虽有区别,但都是在一瞬间突然产生的意识。同时,这种"突然"又都是以平时的积累和能力为

"必然"的。阿基米德发现浮力定律,就是看到水从浴盆溢出而得到启发,获得了灵感,悟彻了其中的道理。编辑实践中,灵感和顿悟也会发生,应抓住那一瞬间的思维点,及时进行梳理,落实到工作中。我策划的《动物日记》一套书,就受到了一次灵感启发。在此之前,讲动物知识的书已有很多,但都是由作者直述出来,缺乏动感。而如果用童话故事写,又不真实。我想有点突破,但一时找不到新方法。一次看电视节目,见一只大熊猫在林中走动,画外音用第一人称讲,便马上想到,何不用写日记的办法呢。于是,一个编写方案就出来了:让各种动物自己讲一天内的生活经历和遭遇,其中就介绍了它们的特征、习性、环境和天敌等知识。这样,书中既有文学故事,又有科普知识,加上精心绘制的场景图和新颖的封面装帧,这套书成为名牌书,并获得了国家图书奖。

三、探求系统思维理念,打造特色鲜明的图书工程

系统思维的雏形很早就出现了,但成为被人们重视的思维方法,是在系统论创立之后。系统思维视外界事物为一个整体,由各个子系统及各部分组合而成。每个系统都处在变化之中,各个部分层次和功能分明又相互关联,共同体现其价值。这个特点与新兴科学的某些特点是一致的。产生于 20 世纪的新兴科学,一个突出的标志是把各相关的学科结合起来,形成交叉状态,如边缘科学、横向科学、综合科学等。这种交叉,不但在自然科学和社会科学各自领域中进行,而且打破了两大领域的界线。在此基础上出现的"大科学",实际上是一种全方位的科研机制。其实际应用,便是一个个系统工程。系统工程把科学研究、技术攻关、生产制造、组织管理、人员配备、思想工作、后勤保障等等环节联通起来,既有统一安排,又有分工负责,密切配合,共同完成一项工程任务。像美国的曼哈顿计划,中国的三峡水利工程、嫦娥卫星探月计划等,就是这种系统工程。

我们在编辑工作中,是否也能运用系统思维,实施系统工程?我以为是可行的。诚然,系统思维的运用比单一思维方法的运用难度要大得多。但是它无疑是方向性的事物。如前所述,编辑学作为年轻学科,也属于新兴科学。编辑工作具有的综合性复合性,表明它有实施系统工程

下编　编辑与文化散论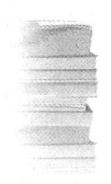

的可能。不但国家要有出版的系统工程，一个出版社也要有。对此，我在主持图书编辑工作期间，就通过广泛的调查，集思广益，提出了意向性图书系统计划。其中包括多个部分、多个体系、多条长线、多个单项。尽管在市场因素左右下，计划不可能不随机应变，但其中的一些基本大项得以实现，并取得了预计效果。事实证明，经过细密的谋划打造的图书系统工程，既具有长远意义，又有现实的效益。

　　把思维科学的成果运用于编辑实践，还是个有待深入探讨的问题。本文也只是讲了些粗浅的体会。但可以肯定的是，用科学的观点和方法研究和规划编辑工作，是正确的方向，应该坚持。如同马克·吐温所说："人的思维是了不起的，只要专注于某一项事业，就一定会做出使自己都感到吃惊的成绩来。"

　　本文写于2007年12月。刊载于《中国编辑》2008年第4期，并先后收入《图书编辑规程论》，中国标准出版社2008年出版，《编事编议》，中国和平出版社2012年出版

编辑工作中的道德建设

"要做事先做人","老老实实做事,清清白白做人","未正人先正己","有德不可敌","德者本也,财者末也",等等,这些民间的或古人的俗语格言,谁都明白,讲的是人的品德最重要,它是做好各种事业的第一要素。那么,当编辑的人,自然也都明白,做好编辑工作,首先就要具备编辑道德。这似乎是不言而喻的,无需再做什么文章。然而,我们看到的听到的,却仍然有不少令人摇头咋舌的事。这就说明,树立道德的观念不会是一蹴而就的,编辑道德也不例外,应当常提而不懈。我认为,在当前,加强道德建设是规范编辑工作的重要内容。

道德建设与法制建设有着密切的关系,二者的作用是相辅相成的。自改革开放以来,我国出版编辑工作的法律制度建设已走上正轨,国家立法和行政部门制定颁布了一系列法规和规范、条例,为促进出版业的健康发展创造了条件。但是我们也要看到,法的手段和经济的手段、教育的手段等等管理手段一样,不是万能的,不可能解决人们行为上出现的所有问题。先秦时代思想家荀子说过:"有治人,无治法。……法不能独立,类不能自行,得其人则存,失其人则亡。"荀子讲的"治人"、"治法",和现在常说的"人治"、"法治"不是一回事。他的意思是说,有能治理国家社会的人,没有能自行治理国家社会的法,人的行动决定法的存亡。

事实正是如此。法是由人制定的,也只有人来执行它,它才能发挥作用。如果制定了很多的法,人却不知法不懂法,有法不依,执法不严,

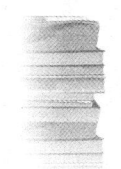

下编　编辑与文化散论

甚至执法犯法，贪赃卖法，那么法只是一纸空文而已，作用更无从谈起。所以，法的作用有和无、大和小，与人的素质有不可分的关系。这样说还只是一个方面，另一个方面，生活中工作中还有许多具体行为环节，不可能都通过立法来管理，要靠人的自我约束和自觉意识。而无论是人的素质还是人的自我约束自觉意识，都离不开"道德"这个最古老又最现实的问题。道德与法律法规的不同点在于，法律法规是由国家制定颁布的，带有强制性，公民都必须遵守；道德则是人们在日常生活中形成的约束自己和相互制约的行为准则，不具有强制性，靠每个人自觉遵守。而一个明显的事实是，道德虽然没有法律那样的"权威"，但是人们在交往中，更多的是用道德的眼光，以道德的规范看待一个人的品质，评判一个人的行为。

编辑工作的实际，就说明了这一点。现在，各种涉及编辑出版行为的法律以及规定已有不少，但还是不断有违法违规的事情出现。同时，编辑队伍中的种种不良行为，也时有发生，侵蚀着我们的肌体。究其原因，重要的一条就是有些编辑人员的道德水准产生了偏差。这种偏差在很大程度上降低了出版物的质量，也影响了编辑队伍的声誉。如果以公认的行为准则做尺度，仅就我自己感受到的，编辑道德的偏差表现在这样几个方面：

公私关系的倒置。公私分明，先公后私，历来是道德对人，当然也包括对编辑人员的最基本要求。"大道之行也，天下为公"，"不以私爱害公义"，无论传统道德还是现代社会，都是这样。没有哪个人公开否认这一点，但实际做法就不一样了。比如有些编辑人员，把公事作为人情，为关系密切的作者提高稿酬标准；或利用公务之便，明里暗里向服务对象索要各种名目的好处，以满足私欲；或在稿件运行过程中，与对方达成"默契"，由自己充当主编、策划、监制等等，从中获得好处；或在行使公务时，把公事丢在一边没办成，却为个人的利益和私事奔走忙碌；等等。这些行为，都是把"私"放在"公"之上，或是以"公"为名以"私"为实，背离了道德水准。至于因私心作祟而做违法犯法的事，也不乏其例。其实，人们一贯崇尚的"为公"，还包括"公而忘私"、"舍己为公"、"大公无私"等更为高尚的内容，可如果连起码的"公私分明"、"先公后私"都做不到，"为公"在这些人那里就成了动听的空话。

名利观念的扭曲。名与利，是人人都要遇到的问题，特别是在编辑行业。不能笼统地否定人们获取名利的思想，但是古今道德规范要求，要用自己的真才实绩，要用正当的手段获取。如"名"，就要"实至而名归"，否则就是虚名假名。如"利"，就要"取之有道"，在规定允许的范围内得到，否则就是不义之财。名利和公私有密切关系，前面谈到的公私问题的不良现象，也包含名利的因素。有些编辑人员，不在"实"上下功夫，热衷于追名逐利，做出种种有失体统的滑稽之举。如有的在选编稿件的时候把自己质量不高的作品加进去；有的明明没有参与也没有能力参与创作，却把自己的名字列入作者行列；有的借修订开发之机把原署名者撤掉换为自己。这些年，各类出版物和影视作品，都把"策划"、"监制"放在显著位置。而"策划"和"监制"的含义也十分含混，就给有些人带来"扬名"之机。他们在"总策划"、"策划"、"总监制"、"监制"、"总顾问"、"顾问"等众多名目之下，把本来与作品无关的人都署上名，而把真正的设计者创作者挤到次要位置。有的只因为具有某种身份，便成了当然的"总策划"、"总监制"。上好之，下奉之，就造成了无实而有名的怪现象。

提到名实二者的关系，编辑工作中也存在值得注意的问题。名与实，本来是属于哲学、逻辑学的概念，可其中有着道德品行的影响。比如这些年社会上屡有假货现世，假酒、假烟、假药、假文凭、假新闻、假老虎等等，令一般人真假难辨。这些东西的名实自然不合，可造假的起因还是道德观念被遗弃。书有没有"假书"呢？我看是有的。那些错字连篇、错误知识迭出、错误信息不断，因而误导读者的书，就属于假书无疑。要求书里讲的全对，不可能。孟子说过："尽信书，则不如无书。"但是书中的错误多到难以数计的地步，不是假书又是什么？再比如"百科全书"，有一段时间，外边这类书特别多。"百科全书"的基本特征有两个，一是所收入的知识点应是某一学科某一领域知识的全面系统的反映（绝对全也是不可能的），二是要把知识用条目形式体现出来，并具有检索功能。但是我看到的不少"百科全书"，知识既不全面系统，也不是条目形式，说它是"假百科全书"，不冤枉。追其造假原因，脱不开为了快得"效益"而不顾质量欺骗读者的心机。这些名实不合现象，仍然是道德品行低下在作怪。

务实敬业观念的淡薄。务实敬业是职业道德的核心问题。在社会上，每个人都在自己的位置上为全社会、为他人服务，这就要掌握好这个位置所需的业务技能。我们的祖先一向把"敬以处事"放在职业道德的重要位置。如同医生要掌握好的医术、科研人员要掌握好的技术一样，编辑人员也要掌握好的编辑技能，才能算是合格的编辑。这就需要有踏实的心态，热爱岗位，认真钻研，不断提高业务水平。现在有些编辑心地浮躁，不是努力学习钻研，不是踏实工作，而是心猿意马，浮皮潦草。如有的在审稿加工时，不在内容、取材、结构、语言上仔细把关，只改几个错别字标点符号了事；有的只看开头结尾，懒得通篇细看；有的上班后无急事可做，宁肯上网浏览新闻或聊大天，也不愿读些书或出外调查；有的对钻研业务没兴趣，却偏好出头露面，经常兴致勃勃地以"嘉宾"、"专家"等身份参加各种庆祝活动，坐在台上照个相，讲几句话，发个奖之类；有的见"利"思迁，随意放弃自己的专业和岗位；有的在策划选题时，不是依据读者需要和文化价值，而是简单地以书店什么好卖就编什么（这实际上是对"市场"的无知）来定；等等。这些无视行业责任的不敬业行为，直接造成了某些出版物粗制滥造、次档低质的状况。王安石说过的"人若志趣不远，心不在焉，虽学无成"的话，在这些人的行为中得到应验。

自身修养的缺失。古人把"修身"与齐家、治国、平天下并列，并且放在首位。现代社会看重个人形象的作用，当然也就同样重视个人修养。个人修养包含很多内容，这里侧重谈谈气质问题。就说编辑人，既属于文化人范围，那就应有文化人的内在外在气质。一个有修养的编辑人，在工作和交往中，应是善于思考而不僵化、观点明确而不执拗、展现个性而不排他、条理细致而不粗糙、富于理智而不冲动、礼貌待人而不自傲、谈吐文雅而不粗野、举止大方而不做作的。虽然不是人人都能做得完美，但这样说，不是要求过高，也不是理想化了，因为它是编辑行业基本特点的自然体现，绝非一时间装腔作势所能做到的。令人遗憾的是，一些编辑人员，或对外部事物缺乏热情和关注；或自我封闭不善与他人合作；或办事马马虎虎得过且过；或遇到不合己愿的事就骂骂咧咧甚至出言卑劣；或对待作者和来访者不懂礼貌指手画脚……这样的行为，既不符合文化人的身份，也会给工作带来损失。因为这样的人往往与社会与他人难以相处，也会被人瞧不起。一个编辑人员如果身处如此境地，是很难取得成绩的。

造成一部分编辑人员道德偏差的原因来自多方面，有社会的，也有个人的。中国的近现代编辑出版业从 19 世纪后期开始起步，在一百多年的发展历程中，从业人员不断增加，以编辑为终身职业的大有人在。这支队伍中，也曾经出现过以至勤至德而闻名于世的编辑大家，更多的则是甘于埋头实干、默默奉献的普通编辑人。正是这些普通编辑人的劳动，使得人类的文明成果得以用有形载体留存下来。事实说明，我们的编辑队伍的传统和当今主流是很好的。但也要看到，近二三十年来，随着书刊报以及音像电子读物等出版物的品种急剧增多，随着某些观念的改变和这一行业的效益被看好，涌入编辑行列的人流空前加大。不可否认，这些人是带着各种各样的追求选择编辑为职业的，各自的业务能力和道德观念也都存在差异。当然，要讲清道德偏差的深层次缘由，还需要做专门的探讨论证。

我以为最重要的是要正视这种现象的存在，警惕这种现象的蔓延，加强编辑队伍的道德建设。从前面提到的各类问题和所做的分析中，已经可以归纳出编辑道德应包括的最起码的基本内容：1. 公私分明，把公利放在首位。2. 主正义，明是非，自觉行使编辑职业对社会的义务。3. 求实求是，坚持稿件和产品质量第一的原则。4. 爱岗敬业，踏实实干，不追风头，不图虚名。5. 正直诚实，不自傲也不媚俗。6. 勤奋好学，不断提高思想水平、文化素养和业务能力。7. 善待他人，能与同行与作者团结共事。8. 懂礼节，会交往，礼貌待人。9. 热情大方，举止谈吐文雅，具有文化人的气质。

如前所述，道德不具有法律效力，它是人们在生活中形成的公认行为准则。但是以为所有人都会凭觉悟自觉遵守，也是幼稚的想法。事实早已说明不可能。因此，在编辑工作中，有一个明确的道德要求，是很必要的。它会造成一种无形的制约，约束那些道德观念薄弱的人的行为。此外，还要有具体的措施保证，一是通过各种途径和方法，宣传编辑道德准则，形成良好的道德氛围，让每个编辑人员都懂得环境的改变不意味着编辑道德的过时，养成以有道德为高尚的观念。二是运用正反两方面的典型，表彰优秀，特别是道德高尚的编辑人员；批评道德低下的人

员和行为,促使编辑人员强化是非观念。三是调动多种手段提高编辑队伍整体素质。前面说过,法的手段、经济的手段、教育的手段,都不是万能的,道德的手段也一样,同样不是万能的。人世间没有哪一种药能包治百病,也没有哪一种办法可以单独治理好社会,管理好所有的人。只有把各种手段结合起来,综合治理,才可能见效。因此可以相信,把道德建设与法制建设、加强文化修养、提高业务水平等方面的要求有机结合,统筹管理,使之各显其功,一定能培育出高素质的编辑队伍。

本文写于2008年11月。收入《编事编议》,中国和平出版社2012年出版,并刊载于《中国编辑》2013年第6期

国际化出版中的编辑工作

随着经济全球一体化的迅速发展，世界各国的出版业在国际化道路上的步伐也在加快，出版界人士的全球意识越来越强。体现在图书出版上，就是各国版权贸易的大量增加，引进版的图书在市场上占有了明显的位置。以中国为例，上个世纪 80 年代，在大大小小的书店里，外国的书籍还很少见，而且集中在 19 世纪以前的传统的经典文学名著和学术名著上。进入 21 世纪以后，这种局面大大改观：一是引进版图书数量增加，已成为书店中不可缺少的一大块；二是传统名著的版本多样化，不再是某一家出版社的专有；三是引进的范围扩大，内容涉及政治、经济、科学、技术、文学、艺术、社会生活等各个方面；四是在国外出版时间不长的一些畅销书，很快被引进出版，出现在市场上；五是引进版涉及的国家和地区扩大，不再只集中在一部分国家和地区。

与此同时，引进图书大量增加所引发的一系列深层次的问题，也引起了人们的思考，特别是编辑工作和编辑人员在图书出版国际化走向中应起到的作用和应注意的问题。有一种认识，认为引进国外的图书，编辑人员除了做好文字翻译的审读工作之外，已无其他作用，无需花费很多时间和精力研究这方面的事情。这种认识显然不符合事实。从引进图书的过程中出现的种种问题上看，编辑人员在许多方面需要深入思考，并在实际运用中发挥应有的作用。

一、编辑要担当引进图书的主导。有一些出版社，急于打开国外图书进出口的路子，争取大的效益，派出一些并不了解国际图书市场行情，

下编　编辑与文化散论

又缺乏文化修养甚至不懂编辑工作的人员，到国际图书交易场所，凭直观感觉或听信对方的介绍，就签订协议，大量引进。到了翻译完成后才发现问题：或是内容不适合本国读者阅读，或是内容陈旧，或是写作质量差，但已经造成了损失。我认为，引进图书，一定应是由有经验的编辑人员起主导作用，这是因为：1. 编辑人员有较高文化修养，对图书内容有判断能力和鉴赏能力；2. 编辑人员熟悉图书写作和编辑的方法技巧，对图书的艺术水平和价值有比较准确的估计；3. 编辑人员熟悉本国同类图书的出版情况和优劣，便于与外国同类图书进行比较。

因为具备这些优势条件，编辑人员对哪些图书质量高，哪些质量差；哪些图书可以引进，哪些不适于引进；引进数量多少为宜等问题，有比较大的把握和发言权。当然，这并不是说，所有编辑人员都适合充当这一角色，出版社应当选派那些工作经验丰富，文化修养高，通晓外语的编辑参加引进图书的工作，并担任主角。拿我们中国少年儿童出版社来说，每次参加国际图书交易会或专项图书谈判，都由具备条件的编辑人员参加并主持；在初步选定书目后，也由编辑人员组织通读并翻译样稿，进行认真的评审，再决定取舍。这样就使得引进的图书在内容上和形式上，质量得到了保证。引进国外图书成功与否，不应以引进品种多少而应以质量和效益为准。实践证明，只有编辑人员主持引导，引进图书的事情才能办好，避免因盲目引进造成失误。

二、引进图书要以"补己之短"为主。有些人到了国际市场上，看到那些题目新鲜，装帧美观的图书，就心中发痒，爱不释手，急着签订引进版权合同。到了出版之后，才发觉与国内市场的图书重复，甚至还不如国内同类图书质量高。究竟应该引进什么样的书，我认为引进国外图书，应以"补己之短"为主，就是说，要多引进本国缺少而国外创编水平又比较先进的图书，多引进本国出版比较薄弱的、读者又十分需要的品种。这一点，对于发展中国家尤为重要。以少儿读物为例。让孩子看什么样的外国图书，我们经过研究分析，认为知识新又制作精美的科学普及读物、绘画水平高的幼儿读物和反映儿童日常生活的文学作品，在中国最为缺乏，是薄弱环节。而国外特别是发达国家在这方面有明显的优势。因此我们确定了引进版图书，以科普类、图画类和反映儿童生活的文学作品为主。这些年，这几方面引进的图书，销售情况普遍良好。如

《丁丁历险记》、《彼得兔的故事》、《林格伦作品选》、《12岁女生系列》等。社会知识、历史读物和各类认知读物，因为国内出版得很多，质量也不差，又有国情不同的限制，所以不作为引进重点。

三、把住翻译质量关。引进版的图书，语言文字的翻译水平高低，关系到原作文化内涵的传播，也是效益大小的关键因素。过去，有些优秀翻译家的译作，堪称精品，给人留下深刻印象。而现在，许多译著语言粗糙，错误很多，读者很有意见。编辑应予以特别注意。

首先是译作要忠实于原著又要适合本国读者的阅读习惯。忠实于原著的内容和思想特点，当然是第一位的，不能因为个人兴趣和观点不同，就随意对原著进行删节或改动。如确有一些内容和观点不宜采用，应与原著作权人达成协议，再做处理。但是语言文字的翻译，应视为再创作，要在准确性、可读性上下功夫。有些缺少经验或责任心不强的译者，只知按原著的顺序直译，不会用本国语言做通顺生动的意译，结果造成语义不通顺或令人费解，影响阅读效果。各国语言文字使用方法和风格不同，如果生搬过来，势必造成阅读的困难。正确的方法应是在理解了原著内容和观点之后，运用本国语言进行翻译。中国过去有位学者林琴南，运用纯熟的古汉语把外国作品翻译过来，以适合当时的中国人读。这种方法现在虽已不适用，但他的用意是值得赞扬的。中国京剧艺术家梅兰芳在国外演出时，主动将外国观众难以理解的剧名如《打渔杀家》、《汾河湾》改为《渔夫的仇恨》、《一只鞋的故事》。这些都说明，在语言表达上尊重特定读者的阅读习惯，是一个正确的方法。当然，有些科学技术的专业图书，翻译问题另当别论。

其次是要严防抄袭行为。近年来，引进版图书急剧增加，尤其是一些超过版权保护期的文学和学术名著，许多出版社都翻译出版了本社的版本。这种状况是否合适，暂且不论。值得注意的，是抄袭行为屡有发生。有些译者明目张胆照抄名家译作，或只做微小的改动；有的只在开头结尾处自己重译，中间部分照抄；还有的把不同版本的译文各择一部分拼接起来。这些情况虽是少数，但严重败坏了引进版图书的声誉，更侵犯了原译作的权益。

编辑人员应选择文化修养高的译者，并在审读时严格把关。切不可因语言十分通顺流畅而忘记查对已译出的作品；切不可只看开头结尾，

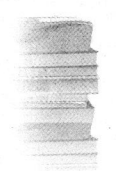

而放过中间的绝大部分；切不可只参照一种版本的译作。翻译是十分严肃的事情，编辑们只有在这方面多投入一些，工作细致一些，才能保证译作的高水平。

四、树立"引进"是为了"促进创作"的观念。引进外国优秀图书，为的是让本国读者能阅读和享受人类共同的精神财富，但当前存在的不足是新的优秀原创作品不多，能够广泛流传的作品更是稀少。过去有些优秀作品流传几百年甚至上千年，至今仍然具有吸引力，如少儿读物中的《安徒生童话》、《木偶奇遇记》、《西游记》等，已被译成几十种文字出版。但是出版业不能总是围绕这些名牌打转，只有不断创作出优秀作品，才能保证图书的发展。否则，用不了多久，出版业就会停滞，甚至萎缩。我们应当认识到，创作是出版业的基础，引进则是补充；创作是内在源泉，引进只是外部添加剂；创作是主流，引进则是支流。对任何一个国家和民族都是这样。所以编辑人员在重视引进图书质量的同时，更要把目光放远，通过对国外图书的考察和分析，找出它的优点和不足之处，及时向本国作者介绍情况，鼓励他们创作出新的优秀作品。可以这样说，在一个国家的图书市场上，如果受欢迎、销售好的书，大都是引进来的外国图书，那么只能说明本国出版的图书创作水平不高。其原因不只有作者的问题，也有出版社和编辑的工作存在的差距。

五、"双语书"的利与弊。在同一本书内，用两种或两种以上语言文字写作，这个方法已被广泛使用。应该说，这种书的出版对于图书市场的国际化是有良好作用的。它能使图书直接被外国书商和读者阅读。了解其中的内容，有利于进行交易。但是也应该看到其中出现的毛病。书中的第二、第三语言都是根据本国文字翻译成的。如果外语翻译水平不高，不大符合外国语言的习惯和语法，就会产生相反的效果，使读者失去兴趣，反而不利于销售。因此，编辑们在编这类图书时，一要选择适合外国读者阅读的内容；二要选择精通外语、语言修养高的译者；三要请有关专家特别是外国专家和读者试读，提出意见，再出版。如果做到这些，"双语书"的销售肯定会兴旺的。

六、努力提高个人业务素质。图书市场的国际化要求编辑人员适应新的形势，掌握新的知识和方法。编辑人员素质高低，在很大程度上决定着这项事业的前途。提高编辑人员自身素质，包括加强思想道德修养和理论修养、熟悉版权贸易规则、提高营销宣传能力和选题策划能力等多方面。这个问题，已有很多同行论述过，本文不准备详谈，只简要提出几个观点：一要坚信图书质量是一切活动的基础，首要的是做好编辑工作。对一些青年编辑提出加强营销推销能力的要求是应当的，但不能因此放松对提高编辑工作自身水平的要求。二要积极地扬长避短，不要消极地扬长避短。扬长避短用在领导者的用人之道上，有合理的一面，但用在提高个人素质上就很被动，越避越短，越避越窄，会造成一批只会做单一工作的"瘸腿"编辑。三要有利益驱动但不要当利欲的俘虏。哲学家黑格尔说过，利欲是社会发展的杠杆之一。中国古代思想家荀子也认为人有利欲是正当的，不可禁止。编辑人员也是一样，有利欲驱动，才能面对现实，去争取好的成绩。但如果一切以利欲为目的，就会不顾图书质量和有关法规，做出不利于出版事业发展的事，自己的利欲也难以实现。

本文是参加2004年在武汉召开的第十一届国际出版学研讨会的论文。收入《第十一届国际出版学研讨会论文集》，湖北人民出版社2005年出版，并刊载于《中国编辑》2005年第2期、《编辑学刊》2005年第1期

一个驳议
——关于编辑的"策划"与"案头"

一段时间以来，在出版界有一种说法，认为应该把图书编辑人员分为"策划编辑"和"案头编辑"两类。具体地讲，策划编辑进行市场调查，提出选题计划并进行组织营销，对图书的效益负责。案头编辑担任组稿、审稿和文字加工，对图书的质量负责。据说，这个办法还是从外国学来的。进行这样的划分，明显地是为了适应图书的"市场化"，旨在发挥个人的特长和积极性。其正确与否，自然要由实践和时间来证明。而以我的体验，这种说法或做法，在理论上讲不通，在工作中也行不通。

第一，关于编辑。既然两类人是称为"策划编辑"、"案头编辑"，均是以"编辑"为中心词，他们就都属于编辑范畴。这就要弄清楚什么是编辑。在这里，编辑既是指工作，也指从事这项工作的人。人们可以为"编辑"下各种词句不同的定义，但最基本的一个含义是必有的，即对作品或有关资料(可统称稿件)进行审读、整理和加工，进而使之成为合格的出版物。这就说明，编辑与稿件分不开。不接触不处理稿件的人，根本算不上是编辑。以此来看"策划编辑"，他既不看稿件，也不处理稿件，只是出主意，定题目，搞营销，即使把工作做得十分出色，也和编辑不沾边。又何以谈得上是策划"编辑"？评定业务职务的时候，他会因为没有处理过稿件而评不上编辑系列的职务。

第二，关于策划。策划，是出版全过程中的重要环节。其意义在这里无需多说。担任策划的人是些什么人呢？从实际工作中可以知道，他可以是编辑人员，也可以是发行人员，还可以是出版社的领导者，以及其他了解读者需求与市场状况又有选题策划能力的人员。不止如此，某些社外人士，如作者、读者和关心出版业的人，也可以参与策划、提出选题和实施方案。总之，策划是参与面很广的一项工作，而不是特定的专业。在出版社里，可以有一些人侧重做策划工作，但不一定是编辑人员。编辑人员不一定会策划，能策划的也不一定是编辑人员。把"策划"与"编辑"联系在一起，既无必要，也不符合实际。

顺便说一句，现在各种图书的"策划人"很多很杂。有些并没有参与谋划筹划设计的人，仗着某些关系或身份，也以"策划人"署名。这只能起到降低"策划"的意义和信誉度的负面作用。

第三，关于"分两类"的弊端。把编辑人员人为地划分成"策划"和"案头"两类，虽然目的可以理解，但是效果显而易见地不好。本来，编辑流程包括市场调查、策划选题、审读稿件、修改加工等各个环节，这些是一个编辑人员必备的基本功。分开以后，管策划的只顾向外的一头，不再接触稿件，脱离案头实践，对图书出版的内在规律失去了解，也就失去了对图书的内容和语言文字判断驾驭的实践机会（这是编辑的根本），识别能力就会降低。他就成为一个只知道书店什么书好卖、要赶快编什么书的报信员，谈不上是编辑了。我认识的一位编辑，刚上岗的时候，认为自己基础差经验少，决心努力钻研业务，尽快提高编辑水平。但是后来，领导看他社会关系多，有攻关能力，就让他专门负责提选题搞发行。结果因为文化素质不高等原因，效果很不理想。而他的编辑业务也因长时间荒废而没有长进。由于责编数量和质量达不到要求，几次申报副编审都未能通过。

再说"案头编辑"，因为埋头看稿改稿，加工能力可能很强，但又容易出现另一种偏向，即对读者需求、市场反应、销售情况不关心，成了一个文字匠、加工师。工作多年，除了改稿以外，竟提不出自己的独创意见，编不出自己策划的书。这同样不是真正的编辑，充其量不过是"独腿"编辑、"瘸腿"编辑。值得注意的是，这样的"编辑"在实际工作中，并不是没有。

总之，无论是"策划编辑"还是"案头编辑"，都会使编辑畸形发展，造成编辑队伍质量下降。编辑应是既能宏观驾驭又能具体操作的人。这

早已是一个共识。为了眼前的利益，人为地分割编辑队伍，必然后患无穷，严重影响编辑人员的全面健康发展，更影响整个出版业的发展。

还有，分两类的做法也是不尊重人的表现。一个选择以编辑为职业的人，既有服从单位安排的义务，也有根据自己意愿努力发展、不断成长的权利。如果只是看他一时情况而为他定位，便是剥夺了他发展成才的权利。任何一个想在编辑工作中成才并取得成就的人，都不会心甘情愿地让人圈定在固定范围内，即使是一个短时间。

第四，关于发挥特长与培养人才。一个出版社要注意培养人才，发挥每个工作人员的特长，造就各类专家，这是不言而喻的。多年来，中外出版界已经有不少这方面的好经验。但"分两类"是不在其中的。就拿发挥特长来说，如果发现某个编辑人员在编辑岗位上能力平平，而更适合做发行、印制、宣传、营销、行政等工作，完全可以在本人同意的情况下，调动他的工作，到最能发挥他长处的岗位上去。这与去当"策划编辑"不是一回事。再有，如果发现某位编辑人员在业务上有短处或不足，就应当鼓励他加强学习，勇于实践，向他人借鉴经验，以弥补自己的不足，成为独当一面的好编辑。这才是培养人才的正道。相反的做法，是让他避开短处，做什么差些(这在任何人身上都会存在)就索性不做什么，那只能越避越短，成为"瘸腿"编辑，不合格的编辑。

本文写于2007年7月。刊载于《出版视野》2007年第6期，并收入《纷呈的光谱》，中国大百科全书出版社2008年出版

叶圣陶与书刊的编辑出版

中国在进入20世纪后,随着新文化运动的开展和不断深入,出版事业有了很大的发展。"五四"以后的出版业一个突出的特征是,统治中国数千年的封建思想文化渐渐退出了出版阵地,而体现着进步的、革命的、大众的思想文化成为出版事业的主流,并取得了辉煌的成绩。这个具有划时代意义的伟大转变,是与中国革命和社会进步的总趋势分不开的,也是与一大批有开创精神、有卓越才华的编辑家出版家的辛勤劳动分不开的。叶圣陶先生就是这杰出一群中的代表人物。

大家都知道,叶圣陶是我国文化事业中一位成就卓著、全面发展的人物。他是文学家,是教育家,又是编辑家、出版家。尤其应该指出的是,他为我国少年儿童文化事业做出了开创性的贡献。他是五四新文学中最早从事儿童文学创作的作家,也是新兴少儿书刊编辑出版事业的奠基者之一。他不但亲手为少年儿童编辑了大量教科书、课外读物和刊物,还提出了一整套宝贵的编辑出版思想,并身体力行地为编辑出版界树立了典范。他的编辑出版思想和典范作用,已成为我国出版工作的宝贵财富。

就叶圣陶关于少儿书刊的编辑出版思想而言,我们从以下三个方面得到的启示最为珍贵。

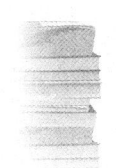

一、要重视少儿书刊的教育功能，但又不能以教育者自居，要做少年儿童的好朋友

叶圣陶先生曾不止一次地强调少儿书刊的教育作用，他说："出版事业是一种有力的宣传教育工具，不论政治建设、经济建设、文化建设，都应当充分运用这种有力的工具。"这里的教育，显然不是单指传播文化知识而是包含着更深刻的思想道德的教育。

应该说，我国自古以来，就有重视儿童思想品德教育的传统。几千年的封建社会中印行的不计其数的儿童启蒙读物，有关思想训导、道德规范、行为准则的内容占大多数。现存最早的儿童启蒙读物《弟子职》开头的一句就说："先生施教，弟子是则。"影响很大的《孝经》、《颜氏家训》、《三字经》、《二十四孝》、《小儿语》、《弟子规》等，都是在教化人引导人。由于是封建社会的产物，这些读物必然是精华糟粕并存，但就强调教育功能这一点来说，则无疑是有意义的。

叶圣陶先生一向把教育和出版视为一体，两者在培养少年儿童的事业中是相辅相成的不可分割的。他在1948年为《中学时代》杂志办刊一周年时写的文章中就对老师学生共办刊物的事极表赞成，认为"这事儿本身就是真教育，尤其使我赞叹不止"。后来他又明确指出："就广义来说，出版工作也是教育工作，出版少年儿童读物也是教育工作。"

在强调少儿书刊的教育作用的同时，他也非常重视这种教育的方式方法，认为它不应是灌输式的，不应是摆起教育者的架子，而应以平等的身份和态度，做少年儿童的朋友。他曾经指出有两种教育方式，一种是把施教育和受教育分开，一方拿出来，一方收进去。另一种是双方打成一片，"共同商量，共同学习，共同实践，共同检验"。办杂志，应采取后一种方式。《中学生》杂志是叶圣陶先生早年参与创办的，至今已有近七十年的历史。他曾长期担任该杂志主编，为这份杂志立下了我们应永远遵循的办刊方针。他在1948年6月的《中学生》杂志中发表《我们的宗旨与态度》一文，说：这个刊物应该是中学生们"忽略了什么的时候，给他们提醒一下；他们弄错了什么的时候，给他们纠正一下；他们遗漏了什么的时候，给他们补充一下；不过如此而已。而且在提醒与纠正与补充的当儿,又必然像亲切的朋友似的,用商量的口气说……决不会像严厉的长官似的,用命令的口气说,你那样不行,非这样不可"。1980年,他在为《中学生》复刊的祝辞中再一次指出:"不要教训,要劝说;不要灌输,要启发;不要以教育者自居,要像对待朋友一样对待读者,了解他们的生活情况和学习情况,知道他们需要什么,喜欢什么,跟他们一起商量一起探讨,解决一些他们面临的问题。"《中学生》杂志的编辑们一直把叶圣陶先生的话记在心上,他们每个人都有几所中学作为联系点,和中学生交朋友,把同学们请进编辑部,征求他们的意见和建议;还在读者中成立了评刊小组、记者站和文学社,经常发表同学自己写的文章。

我社《我们爱科学》杂志自创刊以来,也受到叶圣陶先生的关怀。1981年,他看到电视中放映《爱科学》杂志拍摄的《小发明》电视片,高兴地给编辑部写信说:"这个节目能启发孩子们的想象力,鼓励他们自己去创造。看到那些孩子在生活中遇到困难或是不方便能够自己想办法解决,我高兴极了,一切科学发明都是这样来的。"这就说明,少儿书刊要为少年儿童创造条件,启发引导他们自己去创造,而不是包办代替,这是叶圣陶先生一贯的教育思想也是他的编辑思想。

二、少儿书刊要在生动性可读性上下功夫,要成为孩子们爱读爱看的读物

叶圣陶先生在他的编辑生涯中,始终把读者放在第一位,把让读者读懂爱读作为一项原则来对待。新中国成立初期,作为出版界的领导,他就明确指出:"我们今天不做编辑则已,如果要做编辑工作,一方面必须熟悉生活,另一方面必须学习群众的语言,也就是学习说话。只有这样,我们才能够编辑出版有益于人民大众的通俗书报。"他还说:"唯有深入又能浅出,编辑工作才算有群众观点。"他主张给少年儿童写课外读物,要熟悉他们的思维和语言,要善于和他们做心心相印的谈话。

叶圣陶先生多年为少年儿童编辑教科书和书刊,主编过《中学生》,创办过《新少年》、《开明少年》等少儿期刊。无论是编书或编刊,他一向以工作严谨、一丝不苟著称,对文稿不仅反复斟酌字句,还经常找人读诵,一定要达到"念着上口,听着耳顺"才行。对待别人送审的文稿,他

也逐字逐句地审读，亲自修改并写出详细意见，指出哪些地方应改，为什么改，怎样改。这样做，显然是对读者负责任，当然也是对编辑负责任。

叶圣陶先生是学贯古今的大学者、大作家、大编辑，可他讲话或写文章从不摆架子，从不空谈理论，总是那么亲切诚恳，求真求实。听叶圣陶先生讲话，都会感受到他是那么平易近人，讲得既深入又具体。他的文章也文如其人，明白如话，切合实际，自然流畅。这就和有些人学问不多却喜欢卖弄，动不动用些常人听不懂的名词来唬人的行为形成了鲜明对比。比如我注意到，他的文章里经常用"咱们"这个词，这恐怕不是一种语言习惯，因为"咱们"一般是北方地区老百姓的口语，我想叶老使用这个词是为了与常用的"我们"区分开，因为"咱们"是包括你们和我们双方在内的，也就是包括听众和读者在内的。这件小事体现了叶圣陶先生把自己和读者融为一体的思想作风和他对语言的准确把握。叶圣陶先生曾说过，作品"好比甘美轻松的食物，叫人喜欢吃，吃下去又容易消化"。

中国少年儿童出版社与原开明书店有着历史渊源，在编辑思想和作风上也受到了叶圣陶编辑思想的深刻影响，特别是叶至善先生作为首任社长兼总编辑，给全社带出了良好的编辑作风。中少社的图书期刊历来重视少儿特点，注意把深刻的思想观点、丰富的知识和生动的表现形式结合起来，出版了一批深受少年儿童喜爱的书刊。这些都与叶圣陶编辑思想的启示有密切关系。

三、编辑出版工作要与社会紧密联系，跟上时代发展的步伐

叶圣陶先生一向重视书刊的社会性，主张编辑和出版工作者要到社会生活中去，了解大众的需求，随着社会大潮流前进。在半个世纪中，他先后编过多种刊物，像《妇女杂志》、《中学生》、《新少年》等等，这些刊物都是面向广大人民群众，倡导先进思想又切合社会实际的，满足了大众渴求科学、进步和文明的需要，因而受到广大群众的欢迎。他编写的中小学教科书，也紧跟社会的发展，向少年儿童传播新思想新文化，

同时也传承优秀的民族传统。如五四运动前后，他就编写了多种白话文课本，内容也力求新鲜广泛，打破了过去选文过死过窄的做法，选入了很多有实际应用价值的文章。新中国成立后，叶圣陶满怀热情地投入人民的出版事业。他说："现在社会变了，情况也就不同。"他认为在新社会，出版工作要为广大读者群众服务。文盲、工农兵、各级学生、研究学问的人、从事各种专业的人，他们对书刊的要求都不一样，要针对不同对象做好工作。

比如少儿书刊，他认为既要扫除那些宣传封建迷信色情和罪恶之类的读物，又要随着少年儿童日益增长的要求，"以更多的知识，更宽广的题材，通过适当的形式"满足他们的要求。1978年，他在"文革"后举行的全国少儿读物出版工作座谈会上的书面发言中说："从微观世界到宏观世界，从基础科学到现代技术，许许多多知识都足以引起他们的兴趣，他们都想知道。咱们不要把孩子看成十分幼稚，不要把出版孩子们的图书当作轻而易举的事，一定要慎重其事地讨论孩子们的要求，订出切实可行的计划，来满足孩子们多种多样的求知欲望。"已经年过八旬的老人仍然这样了解社会的变革，了解当时少年儿童的心理，充分体现出了叶圣陶先生永无止境的奋斗精神。

在叶圣陶先生跟上时代步伐思想的启发下，中国少年儿童出版社这些年在选题制订和编辑方法上适时进行调整，取得了一定成绩。比如我社在七八十年代编辑出版了新中国第一套《少年百科丛书》，内容比较丰富，满足了"文革"后少年儿童渴求知识的愿望。80年代中期，针对一些青少年受不正确思想影响，缺乏远大理想、远离英雄主义的倾向，我们又编辑出版了一大批社会知识和思想教育类的图书，在爱国主义教育活动中起了积极作用。总之，随着社会潮流走，满足少年儿童的需求，这是我们的职责，也是叶圣陶先生的遗训。

叶圣陶先生还一向重视书刊的出版发行工作。出版工作既是文化事业，也是经济实业，所以出版家就不可能不考虑发行和盈亏问题。当年开明书店一开业，就把自己定位在为中等教育程度青年服务的格子上，而这一阶层的人数众多，求知欲强，正是出版者大有作为的地方。叶圣陶等运用有限的资金，投入到青年最需要的通俗读物和大众期刊上，适时出版了质量高又针对性强的书刊，同时在排版印制销售服务上认真操作，所以盈利丰厚，为事业的发展创造了条件。开明书店虽然规模不大，可由于在青年中享有盛誉，被人们看作能与商务、中华等大出版社相比的国统区四大出版社之一。

1956年，他在一次讲话中说："我们不但在出版方面要提高出版物的质量，而且在发行方面要开辟一条新途径，发行工作不单管运输和销售，还要管宣传和推动……要尽种种方法让不读书的读书，少读书的多读书，读了书的善于读书。"叶圣陶先生的这个主张是很有远见的。以往由于计划经济的影响，书刊发行体制统得过死，给读者带来很大不便。这个矛盾在出版社少、出书量也不多的年代还不算太引人注目。到了20世纪80年代后，出版单位急剧增加，出版的图书几十倍增长的时候，就显得十分突出了。中少社这些年在发行上渐渐搞活，加大了营销和宣传力度，在社会效益和经济效益上也有了较大收获。实践证明，叶圣陶先生重视书刊的出版发行是一条非常重要的经验。

叶圣陶是20世纪我国有重大影响的出版家、编辑家。他的出版编辑实践和思想主张，在过去曾产生广泛的影响，在今后也必将继续发挥启示的作用。继承和发展叶圣陶等老一辈出版家编辑家的经验和方法，是我们一代代出版编辑工作者的历史责任。

本文写于2001年1月。刊载于《叶圣陶研究会通讯》2001年1月

在编辑培训班上的讲话

我讲有关编辑工作这堂课的时候,心里是有些矛盾的。我首先向自己提出了一个问题:当前的大环境,整个国家的出版格局在发生转型,政策在变化。各出版社,包括我们出版社的情况与以往都已有所不同。在这种形势下讲编辑工作会有怎样的实际效果?大家还有没有兴趣听?尽管这些年来我每年都给新编辑讲一次,但今天在座的不是新编辑,而是有经验的在岗人员,大家关心的,可能更多的是经济效益。想过之后,我对这个问题的回答是:在千变万化当中总会有一些东西是稳定不变的,事物正是靠它的稳定维持着基本性质,否则这个事物就要消亡了。我说的就是编辑工作的基本规律和编辑在出版行业中的地位没有改变,编辑工作仍是出版工作的中心和基础。当然不变化并非不发展。如果我们有这样的共识,我们就应该对编辑工作充满信心,它应该加强而不是削弱,应该不断提高而不是走下坡路。

在 20 世纪 80 年代,当提出给编辑评定业务职称的时候,就有人质疑说:"编辑怎么能跟教授研究员比呢?"不同意给编辑工作评定职称。后来由于有识之士的坚持,才有了编辑地位的确认。但这种质疑一直持续至今,只不过是从另一个方向以另一种形式发出的,即否认编辑工作的重要性。听说有的单位领导让编辑只需挑"重点"看看稿子就行了。这实际上是在取消编辑工作。对此我们自己应该心里有数,自己不能低估自己。想通了,我今天来讲编辑工作,就是理直气壮的,也希望大家都有这个心态。

下编 编辑与文化散论

谈起编辑工作,一个最常提到的问题是,怎样才能做好它?回答起来不难,每个人都能讲出几条,所以我不想展开讲。只想给大家讲一件事。去年春季的一天,我去潘家园旧货市场,那儿在每周六周日都有旧书出售。我走进其中一家店,看到迎面立着放了一本书,很显眼。我一眼就认出来,这是我在"文化大革命"期间编的一本书,没有定价,没有署名。店主竟然开价 600 元,还说这是历史资料,别处找不到。这件事情引起我很多的思考,我为此写了一篇文章,在一家杂志上发表。编辑部认为有启示作用,将原标题《动乱中的"收获"》改为《愿与青年编辑共勉》。其中回忆了我在"文革"期间编书编杂志的事情,正是那段经历成了我后来到出版社工作的最直接的引子。1967、1968 年间,是"文革"最乱的时候,我这样出身不红也不黑的人正好去当"逍遥派"。我们就自己搞了一个学习小组,办了一个杂志叫《新文艺》,自己写,自己编,自己刻蜡版,自己印,自己装,自己发,后来有朋友开玩笑说,那个时候你就搞"编印发一条龙"了。编完杂志又编书,像在潘家园那一本,就是我自己找材料自己编的,二十多万字,花了很大功夫。然后又亲自下厂,记得是到河北的一个小县城的印刷厂,待了好几个月,从排版到出书我全程参加了,书出来后,我很高兴。我认为那段生活对我很有意义,既避免了参加派斗,又学到了很多东西。一是我学会了怎么做出版印刷,也开始对编辑产生了兴趣,打下了基础。二是在学习小组的时候,自学了中外通史教材,写了大量笔记。这给我打下了历史知识的基础,后来在编辑《中国通史故事》、《世界通史故事》、《中华人物故事全书》、《神圣抗战》等等历史书时就非常顺手。三是到工厂参加劳动实践,养成了爱做实事并尊重一线工作人员的作风。跟我接触多的同志会了解,我在出版社从事管理工作时就很能倾听大家特别是普通人员的意见,"架子"在我身上找不到。这样的几点收获让我终身受益。

我讲这件事情的用意是想回答刚才这个问题:怎样做好编辑工作?或者说当好编辑需要的是什么?从我的切身体会来看,第一要有兴趣,要有热情。有了兴趣和热情,你会不计报酬、不辞辛苦地去干,哪怕失去些东西都情愿,因为你会得到更多,觉得生活充实快乐。现在有的青年,干什么先讲价钱,干多少就要求获得多少,这使我很不能理解,可能他本身就不喜欢编辑这项工作。第二就是要靠踏实肯干,心态稳定,不为外界所动。人要去改变环境很难，但在大环境中找到自己的突破口，求得发展，是能做到的。第三就是要肯钻研，动脑筋，不断追求创新。这三条对大家来说都耳熟能详，常讲的往往是最珍贵的，也最容易被忽略。实际上这些都是切切实实的东西，关键是在自己的实践中真正做到。

今天我想提出一个题目，着重讲讲，就是"做一个什么样的编辑"。希望能引起大家的思考。笼统地讲，编辑就是处理书稿的工作。由于每个人的基础、心境、追求不同，可能表现的形式多种多样，结果也大相径庭。就像我们上大学，可能开始每个人的水平是平行的，但到毕业时就会有很大的差距，有的人甚至能当另一人的老师，这和每个人的努力程度不一样有关。我曾经写过一篇论文叫《编辑之路四阶段说》，其中的观点被收入了《少年儿童读物编辑学初探》这本书。文章从纵向分析，认为一个编辑在其编辑生涯中，会有四个阶段。第一阶段是应对阶段，刚当编辑的时候能力较弱，以听从别人的安排和指令为主。第二阶段是初创阶段，有了自己的一些想法，开始发挥自己的能量和特长。第三阶段是驾驭阶段，有了丰富的经验，能够驾驭大部头的稿子，能够提出有分量的选题并能够独立完成。第四阶段是超越阶段，不是超越编辑工作，而是超越自己、名利、得失，进入"平淡"的阶段。人生的最高境界就是视成就和辉煌为平常、平淡。这是我的一个观点。显然，这四个阶段不是每个编辑都能完全达到的。

今天我试着从横向来，就从日常工作中我接触到的编辑现象谈起，概括出六种编辑状态。为说着方便，我直白地给它们命了名。

第一种是"改错字型"的编辑。对于一部稿子，这种编辑所能做的就是改一些错别字。这种状况并不仅限于一些新编辑，有的老编辑也有如此表现。这种人可能有一定的文字基础，工作也很认真，甚至是个"活字典"，对字词非常熟悉。但他们的知识面不广，思维不活，对于整部稿子做不到心中有数，所以看稿子是沿着作者的思路走的，看不出稿子存在什么问题，也就很难对稿子做出评估。我认为这种编辑只能算勉强合格。我参加高评委，看到一些申报高级职称的编辑写的业务自传，把自己改了哪些错字，从而大大提高效益等等，作为成绩。这很可笑。改错字无疑是编辑的基本功，但绝不是主要的，更不是唯一的。如果一个编审的工作就是改错字，那他确实不用评定职称了。校对人员的改错字水平

下编　编辑与文化散论

更高。

第二种是"感觉型"的编辑。他看过书稿后能得出一些印象，能有一些感觉、感想，比如这篇稿子写得好、吸引人，我很受感动；或是相反，不好、不吸引人。但进一步提出哪些地方写得好，为什么感动人，他提不出来，因此他也很难做出编辑应该做的修改意见，做出的评价往往只是"此文很好，可以采用"诸如此类。这种人的工作状态往往是很放松、很悠闲，他会把看稿子当成例行公事，并不注意提高自己，往深层次发展。有一个例子，有这样一个编辑，在和作者面谈时，只能不停地说："你的稿子我觉得不太生动，你应该再具体些、生动些，再好些。"可哪里出问题，怎么改，再具体的意见他提不出来。作者听得不耐烦，说道"怎样是具体生动，请你改一下我看看"，明显地看不起他。编辑在作者心目中失去威信，是很难工作的。

第三种是"动嘴型"的编辑。他看过书稿后会有很多看法、想法，这些看法、想法也是很准确到位的，他也能到图书馆、资料室去查证自己的观点，找到根据，和作者交谈也能说出道道。但到做文字修改加工的时候，他的能力就达不到，受知识水平、文字能力，甚至是工作作风的局限，很难踏踏实实地坐下来，细致琢磨，也很难达到一定的水准。拿出的加工稿往往不行，有时还不如原稿，有点眼高手低。

第四种是"动手型"的编辑。他对动手改稿有很强的兴趣和积极性，看到有问题就想马上提笔修改。有时候看到别人随便写的字条，也要改一改。他很有自己的一套，改出的稿子质量也是很不错的。我们做案头工作很需要这样的作风，这是很可贵的。但这种编辑往往也很容易发生一种偏差，就是他很喜欢以自己的习惯来更正别人。这种"瘾"有好处，但过了，也容易以个人的兴趣代替作者，对文稿的改动会非常多，甚至改得面目全非。

第五种是"学习型"的编辑，或者叫"学者型"的编辑。什么叫学者？不是讲他有多高深的学问，我认为就是"学习者也"，爱学习也善于学习。这种编辑头脑比较冷静，他把看稿当成自己学习的过程，用审视的眼光看稿，而不是陷进去。由于平时善于积累，知识面比较广，他很容易发现深层次的东西，而用自己所知去帮助作者提高书稿质量。他不一定亲自去改很多稿子，但他提出的问题往往恰到好处，给作者启发，由作者来改稿子,这样既省力又比较容易取得较好的效果。我谈谈自己的一点体会。林汉达写的那套历史书,是我进出版社后编的第一套书,我在编的过程中认真体会了林汉达的写作方法和语言特点。林汉达曾经写了《怎样运用口语》的文章,我看了,还做了记录。他谈到怎样用口语时,讲得非常细致,是非常有讲究的。因此现在再版,我不同意对林汉达的文字擅加修改。在编的过程中,我学到了他的方法和特点,加上我在知识和文字上的功底,后来写《三国故事》时,大家都说学得很像,称我是"小林汉达"。如果当时只是改错字型的,不想学习运用,工作也能交待过去,但是绝对达不到这种效果的。另外,我还编过秋瑾、文天祥的传记故事,为了编这两本书,我看了大量秋瑾、文天祥的资料,包括他们的原著。然后我向作者提出了具体的修改意见,并做示范修改。作者很是惊讶,说我看的材料比他自己还多。那两本书从语言到内容到现在我认为还是经得起推敲的,而且对这两个人物的生平,我也基本掌握了,有了做研究的条件。另外举一个比较近的例子,我们社的《百科小史》,是我策划的,有10种,每种15个题目,共150个题目。其中的艺术卷,我自己当的责编。里面有3个题目,中国音乐、中国话剧和电影小史,我找了中国艺术研究院的博士研究生来写。后来在看稿时我发现有的作者只写了抗日战争时期国统区和根据地的发展情况,却把上海跳过去了,这和我的认知并不相符。电影、话剧、现代音乐这些新兴的艺术形式,它们当时的中心在上海。我自己也较熟悉。为什么不写呢?于是,我找出一些电影、话剧、音乐史的书来看,又和作者交换意见,把情况搞清楚。上海在八年抗战期间有"孤岛时期"和"沦陷时期"两个阶段。"孤岛时期"的文艺很繁荣也有成绩,应该提到。"沦陷时期"比较复杂,当时还没有松动(现在的评价已有不同),可以不提。作者同意了我的看法并且做了修改。通过这部稿子,我弄懂了以前模糊的很多东西,知道了很多事情。后来我写了三篇关于上海文化的文章,对这一方面的知识我现在就很熟悉,这就是学习的效果。"学习型"的编辑往往把看稿当成学习,不当成负担,最后不但书稿质量提高了,自己也获得了丰厚的知识。

第六种是"研究型"的编辑。这种编辑往往有丰富的经验和理论提升的能力。在编辑过程中,他很重视理论的研究,常常会把感性的认识提升到理论高度,进行总结然后写出高水平的学术文章,反过来又提升自

下编　编辑与文化散论

己对书稿的认识。他对书稿的处理往往是从理论、理性的角度去做。这种人既能实干、又能进行理论的研究。这样一种类型也可以作为我们一个努力的方向。我作为中国编辑学会少儿读物专业委员会主任，建议大家在有所想、有所得的时候就不妨写一写论文，一来提高自己，二来启示他人，三来为编辑理论做些贡献。

以上提的六种类型的编辑，都是我在工作中有亲身感受的。但不一定归纳得多准确，各位不要对号入座。我只是希望大家根据自己的情况寻找自己的路和目标。人各有各的优势和用途，不可能都是一致的。每个人的情况不同，完全可以根据自己的条件和愿望选择自己的发展方向。

编辑学研究包括两个方面，一方面是编辑人员自身的建设，另一方面是编辑工作本身的规律。上面讲的主要是编辑自身的问题，下面就编辑工作的规律重点讲几个环节。

第一个是关于编辑工作的程序。20世纪90年代，国家新闻出版署曾经公布过《图书编辑工作基本规程》，当时是中国编辑学会组织撰写的。后来，新闻出版署又委托中国编辑学会制定了新的《图书编辑工作基本规程》，尚在征求意见过程中。新规程包括总则部分和全程策划、整体设计、组稿审稿、签订合同、校查导读六部分。虽然规则做了改动，从策划到导读，编辑的工作范围和职责都比过去扩大了，但编辑流程基本没变。这些工作大家天天在做，都很熟悉，我就不一一道来。

第二个是组稿问题。关于组稿，规程中提出组稿有七项内容。一是选择合适的作者撰写合适的书稿；第二向作者全面介绍选题策划涉及的内容；第三让作者掌握书稿的结构、体例；第四让作者明确自己所要撰写的内容和各部分的篇幅；第五如需配图，向作者提出有关图稿的要求；第六与作者约定交稿时间；第七与作者签订约稿合同。这些大家都清楚。

我主要讲讲自己在约稿过程中的体会。我觉得编辑在约稿中最需要学会的是和不同能力、不同水平、不同年龄段的作者打交道，建立起自己的作者队伍。因为作者是五花八门的，用一种方法和作者打交道，很难取得好的效果。在与青年作者或初次写稿的作者打交道时，首先要容许他们不成熟、出毛病，不应该一有问题就瞧不起，急于否定。其次是应热情帮助他们尽可能获得提高。如果没有青年作者的加入，我们的稿源很难得以延续。我在编辑《中国通史故事》的前身《中国历史故事》的时候，其中的清史我开始认定一位研究清史的专家来写，她开始答应了，可后来因身体不太好推荐了自己的研究生来写。我看到这位研究生本人后，觉得她样子显得太幼稚，恐怕写不好。专家建议我看看她的样稿，结果样稿写得很不错，虽然有毛病，但基础可以。后来这位作者也很努力，成了我们的骨干作者，写了很多东西。对中年作者，我们要善于发现他们的长处，发挥他们的优势，看准他能成为我们的基本作者，不妨让他们多写写作品，争取建立长期的约稿关系。因为我们每个编辑都要有自己兜底的作者队伍，这样别人写不好了就找他们。事实上我的作者队伍主要就是由中年作者来组成的。老年作者和知名作者，则要复杂些。当然一定要尊重，对他们的作品不要大下刀斧，但是也不要示弱，不能在作者面前失去威信。在面对老专家、知名作者时要有所准备。尤其是第一次和他们面谈，一定要让他们看得起你，觉出你的分量，重视你的意见。名人或有些地位的人，他们的心态就是这样，你太不行他会看不起你，但你太行，超过他，他又感到没面子，会觉得你轻浮，不尊重他。所以和这些人打交道要注意方式方法。鲁迅是把人看透了的，他讲过如何与这些人交往，很有意思。最近我看一个稿子是唐诗宋词选，据说作者是专家，写得很认真，但完全是成人化的选法编法，所以还是要和他说清楚问题所在，不要他写成什么就是什么，编辑成了服从者，没有己见。当然说的时候要有根据，要让作者看到你的实力，他才能接受。我记得在20世纪80年代末我组织一个《岳飞传》的稿子，请了一位很有名气的老作家舒湮，他早年曾经写过关于岳飞的剧本。开始以为写剧本的，对语言的口语化会掌握好。他热情也很高，为此还到江南做了实地考察，然后他写了一篇样稿。但我看后觉得不行，文笔太老了，一般人都很难读下去，更何况是少儿读者。如果全写出来，非砸锅不可。于是我亲自到他家去掰开揉碎了和他讲，如继续下去双方都被动。最后他欣然接受了不再写的决定。后来我们成了忘年交，他出版了散文集，还送给我。我以上说的意思，总起来讲，对作者一要真诚热情，二要有主见有实力。

第三是关于审稿。先谈谈关于三审制的问题。《新规程》中仍然强调了三审制，丝毫没有退让，规定编辑审稿要三个审级，两个程序。三个审级即一审、二审、三审。一审是责任编辑审稿，二审是编辑室主任、副主任审稿，三审是总编辑或委托有高级职称的人审稿。两个程序是审

读程序和审订程序。审读程序是拿到稿子后,责编先通读,做出初步判断,然后交给二审通读,二审如果不同意责编的意见,还可以推翻责编的看法,继而交给三审,决定是退稿、采用还是加工,这之后再进入修改加工阶段,即审订程序。这还不包括有的稿子需要外审、送专门机关审定等。三审各个阶段负责的范围不同:责编要全面负责,通读全稿并掌握全过程,复审(二审)也要通读,并对责编的审稿进行把关,三审主要对重大问题进行把关。发稿要由主管的总编辑、副总编辑签发。有的人说三审制太复杂,但作为一个政府文件,不可能在这方面让步。我的想法,在具体操作中,我们可以有所变通,根据具体情况,有的时候合并某些程序。如编辑室主任或有高级职称的做责编,而书稿基础又好,就可以简化一道程序。但这不能是通例,而且我认为只能缩到二审,决不能一审就发稿,即使是总编辑或编审当责编也不行。合并的对象有哪些?这些要因人而异、因稿而异,由主任掌握。

审稿当中需要注意的问题,每个人都会有体会。编辑工作要涉及的范围非常大,宏观到世界形势国内外大事、各领域的知识、中外历史问题,微观到字词句段、标点符号等等,都需要我们认真读稿,仔细推敲。首先编辑要从始至终从审视的角度来看稿,要时刻明确我们看稿是当评判者,要找问题挑毛病,不是一般的读者和观赏者。要能钻进去,还要能跳出来,这是编辑应有的心态。尤其是遇到自己不懂或含糊的地方,要勤快不怕麻烦,想法弄懂。这里需要"求甚解",而不是"求侥幸"。第二是要心中有读者,不要以个人的习惯来判断编辑稿件。我们的读者很明确,就是少年儿童。我在20世纪80年代初访问冰心,告别时她给我写了一句话:"学刚同志:提笔时请多想孩子"。对我触动很大。我们要以少儿的阅读能力和兴趣为准绳,去判断去加工。这话谁都不会反对,可实际上经常出问题。举个例子,我现在看一本稿子,其中的页码用了大写的数字"壹贰叁肆伍陆柒捌玖拾"来表示,可能这是为了形式上的新颖,好像很有文化品位似的。但我看起来很头疼,很费眼,不能一目了然,错误也很多。拿给少儿看结果可想而知。本来大写的数字是古时为了避免会计记账时篡改数字发生贪污而使用的,用在页码上没有任何意义。这就是没有为少儿读者考虑。第三要多层次、多角度地看稿子。在内容上,在写法上,在篇章结构上,都要多留心。我今天特别提醒大家,要注意语法关系。这个问题现在很混乱。关于语法曾有不同的争论,每一种语言都会有语法,否则就乱了套。当然语法不能太繁琐。比如"的地得",是结构助词,没有词义,我认为完全可以统一都用"的"。但现在规定要分开,只好多留心,不然就常出错。另外,书面语言和口语还是不一样的,不应混淆。口语化不等于口语。林汉达书里口语化很突出,但语法很严谨。而我们很多稿子有这样的情况,语意很明白,但不符合语法规范。举个例子,有稿子写:"他有一天到信访局去上访,对信访局说:'我有困难希望解决。'信访局回答他:'这个问题我们会研究。'"这句话在口语里可行,很明白。但在文章里就不符合语法关系。"他"是一个人,会说话。信访局是机构,不能作为对话的实体,应该是信访局里负责接待的同志回答他。又如:"当我走进会议室,看到里面有很多人。"意思好懂,但不合语法。因为这里的"我"已失去主语作用,应该是"当走进会议室的时候,我看到里面有很多人"。第四就如我们前面讲过的,就是要尊重作者风格,保持作者的语言特色,不能因自己的好恶擅加修改。我不大赞同看到一句,觉得不好,就动笔改,往后看又觉得不对再改回来。要通读后有了整体印象,掌握了特点,再去加工,就会事半功倍。

谈一下写审读报告的问题。审读报告可谓是书稿的终身档案,它的意义非同一般。审读书稿一定要写审读报告,不论一二三审,都要有意见记录。从责编开始看稿到出书归档止,审读报告就要随着书稿走,这是工作职责和工作程序所要求的。审读报告就是编辑人员的作品,它体现了编辑人员的工作价值和工作成绩,又是他审稿和写作能力的体现,对评职称晋级也有直接的作用。我看过有些老编辑写的某些长篇巨著的审读报告,非常详尽,甚至可以出一本书。现在时间紧稿量大,写很长不必,但是审读报告在职责要求、体现能力和实用三方面的作用仍然存在。初审报告的基本内容应该包括:稿件基本内容、作者简介、约稿过程、内容提要、总的评价、编辑态度和修改加工情况,以及与稿件有关的事情。现在的审读报告存在很多问题。有的不写,交稿时只口头讲几句印象。有的写得过于简单,内容丢失,浮皮潦草,很显然在思想上轻视它。还有的不符合自己的身份,责编写审读报告的对象是自己的上级,可有的责编在审读报告上写:"此稿尚可,请复终审阅。"这是领导者批示文件的口吻。很多编辑在写审读报告时只写基本情况而没有写编辑加工

的情况，这是重大的缺失。内容的修改、变化、组合等应该是审读报告的重点，真正体现编辑的工作数量和质量。复审和终审编辑也要详细写自己的评审意见。发给大家的这份《〈中国通史故事〉审读报告》，是我1989年写的，对如何修改做了较多记录，可供参考。大家都要从思想上重视写审读报告，把它当作自己的作品对待，不要太随意。编辑工作很琐碎，但一定要严谨，需要我们沉下心来，认真去做好每一个细节的事。

最后，我以个人名义对大家提出几点希望，希望大家能做到三个"善待"。

一要善待自己。现在形势变化很大，工作很繁忙，不顺心的事情很多，会让我们很烦恼，对内心造成冲击。大家应学会控制自己，遇事要多想办法，找对策，不要陷在情绪里面，生闷气。我常说，人的一生只有身体和本事是属于自己的，别的都是身外之物，不一定真是你的。要把自己的心态调整好。

二要善待他人。有些人自己出了毛病，总在别人身上找原因，埋怨他人，埋怨上司，埋怨环境，这是很不好的作风和心态，很容易与人把关系搞僵，自己也处于被动。我前面讲过，改变环境不容易，但在环境中抓住机会，尽可能多做自己能做到的事情，以求发展，这是可以做到的。同时与他人处好，多看他人优点，自己也能得到好的工作环境。

三要善待遗产。即善待我们的过去。社会在不断变化，出版也是一样。但我认为已有成果不能丢。如同一个民族没有遗产就没有历史没有文化，一个城市没有可保留的建筑就没有历史没有文化一样，一个出版单位，一个当编辑的，没有自己的可回味的成果，也就没有你的工作过程。我们在为现实工作，也在为历史工作。我回想自己在岗时编辑、策划、主编的套书丛书，有三十多种，尽管当时的效益不同，但没有一种没有价值的。出版有周期性，精心编辑的作品不应丢弃。我们对自己的工作要有自信，从过去汲取经验，加强动力，走好今后的路。

本文根据多次在编辑培训班上的讲话整理而成

谈编辑的写作

关于编辑与写作的关系，历来是一个存在争议的话题。我在多篇文章中谈到这个问题，认为编辑一定要懂写作，会写作，能写出好文章。这个道理其实是很好理解的。

首先，会写文章，是一个文化人的最基本的特征。编辑属于文化人的范畴，理应会写文章。同时写作也是编辑的工作内容之一。有些人不赞成这个说法，他们认为编辑是编稿子的，不是作者，不能替代作者写稿子。言外之意，编辑只管"编"就可以了，不必去写。这种把编辑和写作对立起来的说法，是误解了或是偏解了编辑工作的含义。在我看来，一个不懂写作也不会写作的编辑，却要给作者的稿件提出意见，进行修改加工，是不可思议的事，这种编辑也是不够格的。我们在工作中，就遇到有些编辑因为不懂写作，造成修改过的稿子不如原稿、引起与作者的纠纷、难以胜任编辑岗位等等尴尬的现象。

还有一个界限要分清，就是编辑会写作和编辑搞创作不是一回事。编辑要懂写作，要会写作，但是不一定去从事写作，或当作家，当撰稿人。编辑队伍中，有的人一辈子埋头编稿，没有出版发表过自己的书和文章，而他们写的大量策划方案和审读报告，却很有水平，同样可视为他们的作品。还有一些人同时也搞创作，发表作品，有的还挺有成就，有名气，成了作家或学者。但这是编辑业务之外的业余活动，二者不要混为一谈。

其次，写作是编辑工作不可缺少的一项工作内容。实践充分证明，

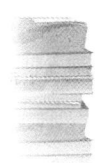

编辑人员不是只改改错别字和标点符号，疏通语句，批批格式，或提出些修改意见，就算完成工作任务了。编辑加工出版一本书，同样经常需要编辑人员进行编辑常用文体的写作。编辑懂写作，会写作，则能较好地胜任以上两方面的工作。本文着重就编辑常用文体的写作谈些体会。我把编辑常用文体分作书内文和书外文两大类。

一、关于书内文的写作

书内文，就是要印在书上，和著述本身同时出版的文字。它是图书不可缺少的组成部分。书内文包括内容提要、出版说明、目录、前言、后记、编辑按语、注释、封面封底语等等，编工具书或百科全书，还要写凡例、索引。以上这些书内文都是围绕着书的内容讲的，而且大都带有编者对本书的评介意义，表明编辑的态度，所以要仔细斟酌，力求为著作本身服务。写作书内文应注意四点：一是视不同读者的需要，注意文字内容的深浅、长短和语言特点。如对少年、儿童、幼儿、青年、学者、专家和一般读者，要求就不一样。二是视读物的体裁和题材，注意文字的内容和风格。文学(小说、诗歌、散文)、科普、历史、幼儿读物，写法就应不同。三是视编辑自身的文化修养和长短处，注意文字的真情实感。只有真实的才是最有价值的。不要装腔作势，不懂装懂。四是视编辑身份，注意文字语气和态度。对作者对读者要把握分寸。

内容提要。内容提要多放在扉页后面，也可放在前勒口上，一二百字即可，说明书的内容梗概和思想意义及阅读对象，目的在于使读者快速了解书的基本情况及重点内容，引发读者的阅读兴趣，促进图书的销售。一般文学作品和青少年读物使用较多。比如一本给青少年读的游记，内容提要就要点明这是一本散文游记，写的是作者在某地区的见闻，记录了很多有趣的故事和各种知识，文字生动，适合中小学生阅读。对中长篇小说，内容提要就要把情节梗概勾勒出来。一本学术著作，则要把著作的主要观点和意义告诉读者。

这些年，提要的写法有了新的形式，有的书把提要引入目录或正文中。如人物小传集，把每个人物的最突出特征，写在目录的人名下。有的学术专著，像哲学著作和科研著作，在每一节开头，写上内容要点和重要观点。

　　出版说明。出版说明是以编辑部或出版社名义写的，主要讲出版此书的目的和原因，书的价值和用处，书的编法，对作者和编者做简要介绍。再版书还要讲到为何再版，做了哪些修改，与前一版有何不同，等等。语言要简明准确，一般不带感情色彩，也不必求完整，不必"穿靴戴帽"。学术和文学名著的整理出版，书前面常印有"重印说明"、"再版说明"，简要介绍此书的历史沿革、不同版本情况，作者情况，此次出版的整理修订更正情况，提示应注意的问题。

　　凡例。凡例也叫例言，是说明图书内容和编辑体例、编排方式、结构层次的文字，放在正文前。它比出版说明更精练具体，是纯粹专业化技术化的表述，多由有经验的、主持编辑工作的人来写，大多用在字典词典、百科全书上。如《现代汉语词典》、《辞海》等。

　　目录与索引。目录与索引不是文章，但能衡量编辑的业务水平和认真程度。在工具书中经常需要编制多种索引，以便读者查找相应内容。索引与目录相互补充。排列方式可以是按知识结构的顺序，更多的是按笔画、偏旁部首或拼音字母的顺序。

　　前言。顾名思义，前言是放在书的正文之前的文字。前言有作者自己写的，带有序言的性质；也有由编辑写的，有编者的话、编辑寄语、告读者、致读者等等变通写法，也可以另拟标题，总之，都是编辑直接对读者说的话。它除了可以有"出版说明"的内容以外，还可以讲书的特色和编书的过程体会，对读者提出希望和要求，如读书时需要注意的地方。因为前言内容比较广泛，语言也应比"出版说明"亲切，有交谈和发感想的成分。与其他书内文相比，前言是一篇完整的文字，能展示编辑人员的思想水平和语言能力，所以编辑行文要认真构思，讲究文采，但篇幅不可太长，以免喧宾夺主。

　　编辑按语。编辑按语又叫编者按。它是编辑对内容直接发表议论和评价，并提请读者注意的短文。报刊上经常用，书也可以用，应放在全书或章节的开头。编者按可以是编辑写，也可以请专家写。我们要讨论的是编辑写的按语，内容多是审读过程中的研究成果，对书稿做出评价，或指出其意义所在，或指出其优缺点，或做某些补充。文字要开门见山，单刀直入，观点明确。

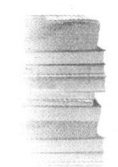

注释。注释包括注音和内容的注解，有的是由作者在写作时加的，也有由编辑在加工时，觉得需要加的。注释虽然不是成块文章，但是同样体现编辑驾驭文字的能力，也是书内文写作的重要内容。加写注释，要与作者沟通，征得作者同意。注释分书后注、文(章节)后注、页下注、文中注多种，除对字词和内容做解释以外，也可对相关知识做补充，以免造成错觉误解。

后记。后记也称跋，是正文后的附加内容。可以是作者自写，可以是请他人写，但也有编辑写的，如编后记、编者感言等。它是编辑部或编辑个人在完成编辑工作后，表达某些感情，或追述书的编辑过程、作者情况、做某些考证旁证等。后记文字可长可短，往往起到对正文内容做补充启示的作用。

封面封底语，勒口语。这种文字，在书的封面封底和前后勒口处。这是近些年比较流行的一种做法，多由编辑编写。常见的有两种方式：

一是为书做宣传而写的，是自我推介性质的文字，带有较明显的商业气味、广告色彩。如有的书，在封面封底和前后勒口上写满了各种赞语，"好、妙、高"，等等，很俗气。写得不好，反而使人反感，降低编辑出版信誉，适得其反。这种方式不是绝对不可用，但要做到实事求是，恰到好处，不虚夸，而且也不能太多。

二是配合书的内容写的带提示作用的文字。它用几句话概括书的内容和意义价值。如人物传记，可以把人物的特色提炼出来；如知识读物，可以把编写特点加以介绍，以引起读者的兴趣和关注。也有用名家名言或诗词侧面烘托配合的。这种文字要精练精彩，最好入韵，或使用排比句对偶句，便于记忆，让读者印象深刻。比起前一种做法，这种写法有品位，也有意义。有的书，书名起得好，大气而明确，本身就有了宣传的效果，不一定非写封面封底语或勒口语不可。从编辑个人角度讲，写一些这类文字，倒也可以锻炼写作能力，提高语言概括水平。

二、关于书外文的写作

书外文有调查报告、选题策划报告、审读报告、书信、会议纪要、征订单、广告词、书讯和出版消息、新闻专稿、图书评论、编辑论文等等。

　　书外文与书内文的区别在于，一是书内文都要随书公开发表；书外文很多不会发表或不能发表，有的还带有保密性质（阶段性）。二是书内文要紧密围绕作品内容写作，直接为作品服务；书外文不直接为作品内容服务，是编辑在更大范围内的运作推介评论行为。三是书内文的格式比较严格，写法和语言有一定限制；书外文则更注重实用性，写法更自由。这些就决定了书外文的写作，要特别注意以下几点：一是要关注社会动态和出版行情，进行分析研究；二是要对稿件和作者情况做深入了解和掌握；三是要善于进行理论提升，及时总结经验；四是要注意写作技巧和文风。

　　调查报告。调查报告包括对书、刊、报市场的出版销售情况的调查报告；对其他出版社报社进行调研学习取经情况的分析报告等。目的在于为领导层提供情况和建议，供其改进工作，做出决策。主要内容应有情况介绍、分析判断和措施对策几个方面。

　　选题策划报告。选题策划报告是编辑提出选题和工作任务的文本。这是编辑进入工作程序的第一步，是对编辑人员基本能力的考验。

　　选题策划报告的基本内容：提出选题的依据（包括社会需要、读者需求、文化价值、市场效益等等）；书的内容和大致结构（如果是丛书或套书，要提出规模数量和具体题目）；时间安排；作者情况；出版方式（包括开本、字数、字体字号、用纸、插图、装帧等）；其他需要解决和支持的问题。

　　审读报告。审读报告是编辑对稿件的看法和判断，决定着稿件如何修改和采用与否。它实际上是书稿的终身档案，意义非同一般。审读书稿一定要写审读报告，不论一二三审，都要有意见记录。从责编开始看稿，到出书归档止，审读报告就要随着书稿走，这是编辑工作职责和工作程序所要求的。审读报告就是编辑人员的作品，体现了编辑人员的工作价值和工作成绩，又是他审稿和写作能力的体现，对评职称晋级也有直接的作用。

　　初审报告的基本内容应该包括：稿件基本内容、作者简介、约稿过程、内容提要、总的评价、编辑态度和修改加工情况，以及与稿件有关的事情。如今编辑写的审读报告有的过于简单潦草，几行字就完工；有

下编　编辑与文化散论

的只写稿件的基本情况而没有写编辑加工的情况；有的只有加工记录而没有对书稿审读后的总体评价和出版意见等。对稿件内容的修改、调整、组合等应该是审读报告的重点，能真正体现编辑工作的数量和质量。复审和终审人员也要详细写自己的审读意见。

书信。较为常用的有和作者的通信、回复读者的来信等。与作者通信，多会对稿件的问题进行交流，所以要注意尊重对方，语句和用词不能过激，既要直抒己见，又要注意方法和分寸，还要讲究书信格式，注意抬头和落款的敬语。对老、中、青作者，要区别对待。要学会通过书信(包括电话、邮箱)和作者交朋友，建立起自己的作者队伍。

回复读者的来信，是编辑的重要工作。读者来信的内容多是对书中的内容提出疑问，指出错误，或者是提出更具体的要求。对此，编辑要认真予以对待，及时答复并表示谢意。

会议纪要。出版单位的各种会议(如选题论证会、研讨会、座谈会等)，都要写出会议纪要，以便备查入档，成为有用的历史资料，其中有些也能发表。会议纪要大多由青年编辑执笔。纪要的内容包括会议的时间、地点、与会人员、列席人员、主持人、记录人和会议的主要议题、讨论结果和决定等。同时要注意会议纪要和会议记录的区别。

征订单。向书店和销售单位发出的订购图书的文字介绍。一般在一二百字左右，与内容提要近似，但更强调实用性、时效性和卖点。

广告词。在图书销售场所或订货会上张贴的广告上的宣传词。往往强调书的独特性和价值。多用短句、对称句，力求醒目，引人关注。要配以书影。

书讯和出版消息。在新闻媒体上发表的这类出版信息，通常由编辑人员撰写。出版消息短小明确，写出某出版社何时(近日)出版了什么书，书的主要内容意义等，一般几十字、一二百字即可。书讯篇幅略长，可以对书的内容特点和用途价值做简单介绍和评说。

新闻专稿。在图书发布会或首发式上，向各媒体记者散发的相关图书的情况介绍，供记者写稿时参考。多由该书的责任编辑或编写工作主持人撰写。

图书评论。编辑人员对自己编辑的图书或对他人的书进行评论的文字，是编辑文体中的重要一种，多可公开发表。图书评论的内容广泛，

215

形式和写法多种多样，可以是整块文章，也可采用追记、谈话摘要、对话、采访等方式。编辑在评论中，既能发表自己对书的评价，也可借题发挥，对某些事物和现象提出见解。写作图书评论也是自我提高和总结经验的过程。

编辑论文。编辑论文是反映编辑学术研讨活动的主要载体。编辑论文有自己的特点，与大学或科研部门的论文有很大区别。编辑学是一门实用科学，所以编辑论文更注意对实际工作经验的分析总结。常见的内容有两大类：一是对普遍性的问题进行分析，提出观点。二是结合自己的工作实践和某一选题，介绍做法，谈体会和经验。编辑论文论述探讨的主要对象，一是编辑工作，包括编辑过程的各个环节，如策划选题、组稿、看样稿、修改加工、版式、插图、装帧、审校、宣传、营销等环节的规律等；二是编辑人，包括对编辑人员的自身修养、职业道德、业务能力、成才途径等自身素质的培养提高的见解等；三是对编辑学史的研究。

从以往看到的编辑论文中，我感到应注意以下几点：第一，要注重对个人的工作实践的提炼。论文是个性化的东西，要有个人独到的见解（可能还不很成熟）和观点；如果讲来讲去，总是谈众所周知的看法和做法，言人所言，那论文的质量就不高，价值也不大。第二，要在理论提升上动脑筋，不要满足讲具体做法和过程。所谓理论提升，实际上就是把个性提到共性的过程，是找出普遍规律的过程。第三，要注意论文的基本写法。编辑论文虽然不像科学论文和学术论文那样严密周详，结构严谨，材料要严格核查，但也要讲究论点明确，论据实在，也要讲究些论证方法，讲究些语言技巧。我们的很多论文，严格讲，只能算是些心得体会，或是工作小结。这需要不断提高思维能力和写作水平，使我们的编辑论文质量进一步提高。

本文根据在北京大学新闻传媒学院的讲义整理，具体事例未收。收入《编事编议》，中国和平出版社2012年出版，并刊载于《中国编辑》2013年第2期。

少儿类图书的编辑工作

一、少儿类图书定位和分类

少儿类图书，又称少儿读物，是指读者对象是少年儿童的图书，即专门给少年儿童阅读的出版物。

少年儿童阶段在人生道路上有着明显的特征，将对人的一生产生重要影响。少儿类图书也因此有着与成人读物明显的不同，成为图书中一个独立性很强的门类；少儿图书编辑学也是编辑学中的独立的分支学科。

少年儿童，既是按年龄划分的一类人群，又是图书的一个定向的读者群体。

少年儿童的年龄，按我国传统的划分方法，是在15周岁以下。而按目前国际上通用的划分方法，则是在18周岁以下，即0～18周岁。

少年儿童是个笼统的称呼。实际上，无论从人生成长阶段和各方面的特征上讲，还是从图书的阅读特点上讲，都应该再做细致的划分。一般地说，儿童指12周岁以下的人群；少年指12～18周岁的人群。在儿童中，又可分为婴儿(0～3周岁)、幼儿(3～6周岁)和儿童(6～12周岁)三个阶段。在少年中又可分为少年(12～15周岁)和准青年(15～18周岁)两个阶段。这些阶段的年龄所以有重叠点，是因为少年儿童的成长是循序渐进又参差不齐的，不可能截然分开。

正因为少年儿童时期的划分比较复杂，少儿类图书的分类方法也多种多样。使用比较多的方法有三种：从读者年龄上分，从图书内容上分，从图书形式和体裁上分。

从读者年龄上分，有低幼类（指小学低年级和婴幼儿图书）、儿童类和少年类。

从图书内容上分，有思想教育类、知识类、文学作品类、学习辅导类等。思想教育类又分为政治教育类、品德教育类、素质教育类等。知识类又分为科学普及类、社会常识类、历史知识类等。学习辅导类又可分为作文类、习题类、方法辅导类等。

从图书形式上分，有文字类、图文结合类、图画类、连环画（含卡通）类、手工制作类等。文学类图书从体裁上，又可分为小说、童话、寓言、儿歌、诗歌、散文、故事、纪实文学、科学文艺等。

当然还有别的分类方法，比如从教育阶段上分，有幼儿园读物、小学生读物、初中生读物、高中生读物等。

无论哪一种分类方法，应该说，都不是十分严格的。少年儿童成长的不稳定性和阅读的不确定性，使得很多少儿类图书往往是跨类别的、综合性的。

二、少儿类图书的特点

要掌握少儿类图书的特点，首先应了解少年儿童的思想行为和阅读心理的特征。这些特征主要表现在以下几个方面：1. 世界观、人生观没有形成或没有完全形成，对外界事物的分辨和分析能力弱；2. 对图书有广泛兴趣，求知欲强，同时又因为没有定向性目标，容易转移和分散注意力；3. 对形象化的、文艺性的东西容易理解和产生兴趣，接受快，对抽象化的、理论性的东西不易理解和产生兴趣，接受慢；4. 因为处在人生"过路站"的位置，容易满足和骄傲，而当长大一点后，又容易不满足以往知道的，希望知道更多的更深的更专的知识和道理，也就是说，他们的阅读心理是不断发展和变化的。

这些特征是总括性的、一般性的。不同年龄段的少年儿童，如婴幼儿、小学生、初中生、高中生，他们之间的差别相当大，不同环境中的少年儿童的差异也十分明显，不可能完全相同。针对少年儿童的这些特征，少儿类图书要让读者喜欢读又读得懂，就应具备适应这些特征的条件。对比成人图书来讲，这些条件实际上就是少儿类图书的特殊性。这些特殊性有：

1. 在浅显中蕴含深刻

这是指图书的内容而言。少年儿童对事物理解能力弱，决定了少儿类图书不可能是长篇巨著或学术专著，无论要表达什么思想或讲述什么知识，都应是最基础的、浅显易懂的。浅显，主要指用来说明思想和知识的论据和方法，是少儿熟悉并能接受的。同时，少年儿童又是不断成长并走向成熟的，不可能停留在浅显的位置上。这就需要少儿图书要以深刻为内涵。思想和知识是人类对自然和社会的认识和改造过程中经验的结晶，要讲清这些，就要讲到本质，讲到"点"上，讲不到"点"上就会产生谬误和偏差，讲出本质，讲到"点"上，就是深刻。

少儿图书要在浅显中蕴含深刻，就要二者相辅相成，做到深入浅出。深与浅不是简单地并列，而是有机地联系，只有能入深才能出浅，浅出是为深入服务的。优秀的少儿图书，在内容上都是立足于深而着手于浅的，将深层把握蕴含在浅层体现之中。《十万个为什么》这套书，先是从小读者的角度出发，选择他们最感兴趣最能理解的问题，然后给以准确的科学的回答。《少年百科丛书》的每本书内容都是严肃的科学命题，而在讲解这些知识时，采取层层深入的方法，从浅入深。这样的少儿图书都体现了深与浅的有机结合。

2. 在形象中蕴含抽象

这是指图书的表达方法而言。形象是看得见或能想见的具体事物，抽象则是看不见，需要通过分析思考总结出的本质性的规律。运用形象来解释抽象，表达要传播的思想和知识，是少儿类图书所必需的。如果以抽象解释抽象，以概念诠解概念，势必远离了小读者。

从形象到抽象，是一个提升的过程。形象是先导，抽象才是主体。没有形象的引导，少儿读者不会产生兴趣和阅读欲望，而没有抽象的内涵，也达不到增强能力丰富知识的目的。高士其在他的科普作品中，用两个"小水鬼"的形象代表伤寒、霍乱病菌，讲述医学知识，就是成功的例子。另外，用图画和图形讲解某种知识；用刻画人物外形和描述内心活动使读者对书中人物有具体了解；用有趣的故事引发读者的阅读兴趣等，都是少儿图书常用的表达方法。

3. 在文学艺术中蕴含思想与知识

这是指图书叙述手法而言。图书离不开语言，而文学则是语言的艺术。用艺术化的语言来表达思想，阐述知识，是少儿类图书的基本叙述手段。不仅是少儿文学作品需要用文学语言和文学形式，思想、知识、低幼类图书，也都需要用文学语言表述。讲求用词的形象生动，运用各种修辞方法，强化语言的个性化，使文章文采飞扬，朗朗上口，无疑会增强读者阅读兴趣，有利于内容的传播。除了运用文学语言外，各类少儿读物还可以利用各种文学体裁写作，科幻小说、历史小说、科学散文等，就是这样产生的。

总之，从语言表达和写作形式角度讲，可以说，少儿类图书都属于文学作品范围之内，如林汉达先生写的《春秋故事》等，就运用了纯熟的口语化的艺术语言，讲述历史故事，取得了自然、亲切、平易的效果，堪称历史普及读物与语言普及读物结合的典范。

4. 在情趣中蕴含教育

这是指图书功能而言。少儿类图书在帮助少年儿童树立正确人生观、养成优良品质方面负有义不容辞的责任，任何种类的少儿类图书，都有向少儿进行思想品德教育的功能，这是它的又一个明显特点。如一本讲述英雄模范事迹的少儿读物，重点不会放在介绍英模有超人的本领上，而是重在介绍他们的先进思想和高尚品德；一本讲述科学史的少儿读物，就负有宣传科学自然观、反对愚昧和专制的责任；一本讲自然知识的书，也会同时揭露迷信的危害，等等。从这个角度讲，少儿类图书又都属于思想教育类的范围。

在进行思想教育的时候，少儿类图书不可能也不需要直接阐述教育者的观点，写成思想教育专著，而是把教育寓于情趣之中，蕴含在讲知识和讲故事之中，使读者在读书的乐趣和收益中，同时明确了是非，分辨了美丑，在潜移默化中获得思想上的收获。

5. 在创作力中蕴含着编辑力

这是指成书过程而言。任何一种效益良好的图书，既是作者的劳动成果，也是编辑的劳动成果。而在少儿类图书中，编辑的劳动投入要更大些更多些。由于少儿类图书在内容、形式和功能上的特殊性，又由于

许多作者虽然具有某一方面的专业知识，或熟悉一部分少儿的生活，却不熟悉少儿类图书在写法上的特殊性，而达不到质量上的要求，这就使得编辑的力量必须加大。在多数情况下，少儿类图书的编辑要担负选题的策划和设计，还要对作者提出具体的写作要求，审定样稿，特别是在编辑加工时发挥主导作用。当作者的书稿在少儿特色上达不到要求时，编辑往往要花费很多精力加以修改，甚至写出样稿，帮助作者提高。编辑的含量比起那些"文责自负"的成人读物来要大得多。优秀的少儿类图书，不但内容经得起推敲，写法上新颖，语言表达生动，而且要装帧美观，文图并茂，这里面编辑的主导作用是很明显的。

因为少儿类图书的分类较为复杂，所以上述特点表现在不同年龄段、不同内容和形式的图书上，会有很大差异。婴幼儿读物、知识读物、文学读物、思想读物等，都有各自独特的要求。

三、少儿类图书的编辑加工

少儿类图书的特殊性，使得编辑加工的工作也有着许多特殊要求。总起来说，就是要根据少年儿童的阅读习惯和接受能力，编出适合他们阅读、有利于他们成长的图书。

1. 严格把好思想内容关

①要有利于少年儿童的健康成长。编辑加工中，要注意把不正确的、不科学的、不健康的内容与观点，坚决删除，加以改正。在少儿类图书的书稿中，公开宣扬错误政治主张和错误思想观点的比较少见。有些不正确、不科学、不健康的内容和观点，经常是掺杂在正确主张的叙述中流露出来，需要认真审视和判断。如在讲到少年儿童要好好学习、掌握本领、做有用人才时，却又夹带着"不好好学习就考不上大学，只好去当工人农民，平庸一生"的错误观点；在讲到改革开放向外国先进经验学习时，却又引进了西方封建贵族的"上流社会"、"下流社会"的腐朽思想；在描述封建帝王的作为时，无意中对唯我独尊、万人之上的封建特权和等级制度大肆渲染，等等。这些都会把少儿读者在无形中引入思想歧途，必须加以纠正。当然，这不等于说，要把错误思想封闭起来，不让少儿接触和知道，而是要明确是非，从正面告诉他们什么是正确的，什么是

错误的，不能含糊混淆。

②要能为少年儿童理解和接受。有些书稿中，某些思想观点虽然正确，或属于研究探讨的一家之言，但超出了少年儿童的认识能力和知识范围，不能为他们理解和接受，同样会影响图书的整体质量，编辑加工中应予以删除或修改。如一部给少儿讲哲学知识的书，没有着重介绍哲学的基本观点和对生活中的哲学现象进行分析，而是尽力展示作者的知识，用很大篇幅讲马克思、恩格斯在批判继承黑格尔、费尔巴哈哲学时的取舍，进而从古希腊哲学讲起哲学流派的观点和来龙去脉，这就超出了少儿的接受能力和兴趣所在。一部反映少年早恋的小说，却详尽地描述青年男女的爱慕之情，写他们生理和心理的变化和欲望，就不符合少年时期的特点，不利于少儿的健康成长。

③要符合中国国情。编辑加工时，应对那些不符合中国国情，会产生不良后果的内容和观点进行处理，防止灌输不切实际的思想观念。如有的书稿在写中国人生活习俗时，将之和西方某些民族避讳数字"13"的习惯讲在一起，就是毫无必要、十分荒唐的，说明作者的无知。有的书稿，在讲到西方国家两代分居情况时，对中国人养成的家庭和睦、几代合住的习俗大加贬低。这种把个人好恶当作正确观念的做法是很不恰当的，应予明确纠正。

④要传播准确的知识和信息。在成人读物和学术专著中，是允许不同观点和辩论、阐述一家之言的。这种方法在少儿类图书中，一般不宜采用。在少儿类图书中，应给读者以准确的、公认的知识，帮助他们打好知识的基础。当某些领域的观点尚无定论、各家观点各有所长时，可以把几种观点同时讲出来，告诉读者或稍做分析，以利于他们增长独立思考的能力。千万不要把作者或编辑个人的观点代替各方观点的争论，防止以偏当全的负面作用。

2. 严格把好语言文字关

少儿类图书在语言文字的使用上要十分严格，应起到范文的作用。为此，编辑加工时，在这方面要十分认真仔细，下大功夫。

①防止错别字，注音生僻字。改正错别字是编辑加工的基本内容之一。应注意两个方面的问题。一是视而不见。有的时候，编辑看稿很认真，反复看了几遍，可明摆着的错别字就是没看出来，这与人脑的反应

障碍有关，即使有经验的编辑也有这种情形，需要停一段时间再重新审读才会发现，或请别的编辑看一遍。二是习以为常。有些字明明是错的，可人们都那么写那么读，就当作对的了。另外，现在用电脑打字已很普遍。电脑打字速度快，可极容易发生同音的"别字"和怪字，不能因此而放松麻痹。

为生僻字注音是少儿类图书特有的。生僻字包括不常用的古字、偏字，容易产生歧义的多音字等等。注音以用汉语拼音字母为好，如用同音字来注音容易产生错觉。还有些极易读错的字，如"酝酿"（yùnniàng）二字，往往被有些人读成"yùnrǎng"或"wēnrǎng"。这样的字，为防止少儿读错也需注音。

②慎用形容词和成语。有许多作者在为少年儿童写作时，喜欢多用形容词，多用成语，以为这样可以使文章生动。但是如果用得过多，对一个事物连续使用意思相近的几个形容词，或是不区分事物的细微差别而随手使用那些固定的成语，反而会使文章失去个性，造成千篇一律、事与愿违的结果。编辑加工时，应注意这样的问题，多与作者沟通，慎重使用形容词和成语，使用时要恰到好处。最好的办法还是对事物做具体的描述，写出个人的真实感受。那样即使不用形容词和成语，文章同样生动，甚至更具特色。

反复使用同一词，也是一些书稿常有的现象，说明作者词汇贫乏。编辑加工时需要做些处理，或更换同义词或删除，否则将会使作品质量下降。

③多用短句子，少用或不用长句和复杂句。这也是少儿类图书的语言特点。层次过多的长句和复杂句，虽然能把多种含义在一个句子中表达出来，读着却十分拗口，不容易读懂，还会产生歧义。处理这种情况的办法，是把长句、复杂句化整为零写成几个短句，使层次分明，小读者好读易懂。多用短句、简单句，对幼儿读物和小学生读物尤为重要。在中学生读物中，适当用些复杂句是可以的。

④分段要短。在成人读物中，每一段的字数往往很多，几百字、上千字为一段的常见。这在少儿读物中是个大忌。每段字数太多，容易使小读者感到没完没了，产生厌烦情绪。编辑加工时，务必把过长的段子化短。一般来说，每一自然段以不超过一二百字为宜。

⑤要把知识化解开。少儿读物在讲解知识或思想观点的时候，要把概念和中心词用小读者懂得的语言加以解释，而不能用一个概念解释另一个概念，用一个术语解释另一个术语。那会使小读者在阅读时遇到许多"拦路虎"，越读越深。编辑加工时，对这种情况要加以修改。只有把基本概念解释清楚了，才能使用这些概念去讲解新知识。

要加"水分"，冲淡"浓度"。在学术专著中，知识浓度很高，一般不用说与所讲知识无关的话。在少儿读物中，加"水分"的写法则是常用的。为使小读者便于理解，先讲个故事或趣闻，或打个比喻，或提出个疑问，这些看来好像是多余的"水分"，在少儿读物中则是不可缺少的。有的作者不明白其中的道理，不会加"水分"来冲淡"浓度"，只顾一味讲专业知识，结果把文章写得枯燥无味，少儿们不爱看。编辑加工时，要特别注意这个问题，提醒作者进行改动，必要时要自己动笔做示范。

⑥尊重作者的语言风格和写作特色。一些有经验的作者在书稿中显示出自己独特的语言习惯和写作特点，使作品个性化很强，这对于少儿类图书是件好事，应该提倡。这种情况除了在文学作品中比较常见外，在其他类的稿件中也经常发生。编辑加工时，要注意发现这种特色，只要它有利于提高作品质量，没有伤及知识和思想观点的准确表达，就应加以尊重。不应随意更动、非按自己的习惯修改不可。

3. 讲究形式美

少儿类图书一个鲜明的特征是外形美观，插图多，色彩鲜亮，形象可爱，版式活泼，开本多样。这些与编辑加工时的工作是分不开的。少儿类图书的编辑加工，不单是语言文字的加工，还包括插图和装帧设计的方案制定。

①读文时要想图。编辑在审读书稿时，就应随时想到插图的问题。哪个情节、哪个形象需要用图来表现，哪项知识、哪个抽象的思想观点，可以用图或照片来加以形象化，都要加以思考，提出自己的建议。在初读一遍书稿后，插图的构想已经设置完成了。在与美术编辑沟通之后，应确定插图方案，开始组稿。这样，在书稿审读完成时，插图工作也会同时完成，文图同步进入下一个程序。

在编辑低幼读物时，插图工作更应提早进行。有时甚至要先根据书稿设计要求绘图，然后再配上文字。总之，少儿类图书的编辑加工，是

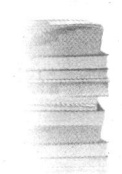

把文图合为一体进行。文字编辑不但负责内容和语言文字的审读，而且要负责图画的安排和质量审定。美术编辑也是一样，为使插图更好地表达内容，也要读与图有关的书稿内容，对图画质量负责。

②要全盘考虑，敢于标新立异。少年儿童的追求新奇、富于想象的特性，为少儿图书形式上的创新提供了广阔天地。编辑加工时，要拓宽思路，依照内容需要和少儿心理，设计新颖别致的配图装帧方案，实现形式美的目标。总体设计主要包括以下几个方面：

开本：要适应不同年龄段的少儿特点采用不同开本，设计新式开本，包括异型开本和玩具式图书。装订：平装、精装、软皮、硬皮、圆脊、平脊、直角、圆角……各种不同类型的装订方法，也要根据不同年龄段少儿的特点设计，以便于使用和保存。图画形式：包括写实图、漫画图、卡通图，中国画法、西方画法、线描画法、明暗画法、整面图、随文图等等，选择的形式要与内容紧密配合。色彩：是黑白图、双色图还是彩色图，要根据读者对象的年龄和书的内容并核算成本费用后确定。

③注重版式的设计。少儿类图书的版式设计具有十分重要的意义，直接关系到图书的可观性和形式美。编辑加工时，应同时考虑版式设计，做到内容与形式的统一。版式设计除了标题、行距、字号、字体、书眉、页码、尾花等基本内容外，如何使文与图巧妙搭配尤为重要，需要设计多种方案，通过比较，从中选择最好的加以实现。电脑的广泛使用，为编辑直接介入版式设计进而直接操作提供了方便。目前，有很多文美编辑能够自己边设计边操作，使图书的版式多姿多彩，美观悦目。这是值得推广和提倡的。

4．编辑加工中几个应注意的问题

少儿类图书的编辑加工，既繁杂又多变，较之编辑一般成人读物难度要大，这就对编辑在自身素质建设上有独特的要求。在编辑工作上也有如下事半功倍的办法：

①心目中要有"孩子"。为少年儿童编辑图书，是关系到下一代素质高低的意义深远的工作，编辑人员要有光荣感和使命感。具体讲，在审稿加工的过程中，心目中应始终站着一位自己的服务对象：婴幼儿或小学生或中学生，要时刻想到，我编的这本书，讲的这一篇、这一段、这一句、这一个词，他懂得了吗？喜欢读吗？怎样写怎样改，效果才更好？

心目中有了这个"孩子",就会用心为他们服务;心目中没有"孩子"的编辑,也就失去了最重要的标准,是编不好少儿类图书的。

②具有合理的知识结构。常说编辑是"杂家",有一定道理,但并不全面更不准确。编辑的知识面要广泛些,艺多不压身,知识丰富,才能视野开阔,准确发现书稿的各种问题,也便于和作者交流。但是只有"广"而没有深和专,还是不行,那就无法对书稿做出准确判断。一个人要做到对所有知识和门类都"深而专"是不可能的。合理的知识结构是:对自己直接负责的学科门类,要力求达到专、深、全,然后由深渐浅,向四周扩展,做到点深面广,多方涉猎。

③提高思想理论水平。有一种观点认为,少儿类图书很少涉及意识形态,编辑人员政治思想理论水平的高低,无关紧要。这肯定是错误的。从工作上讲,不具备较高政治思想理论水平,很难驾驭那些政策性、理论性很强的书稿,甚至会发生偏差,把本来错误的东西当成正确的东西编进书中,造成不好影响。少儿类图书编辑提高政治思想理论水平包括:掌握必需的基础理论和观点,熟悉各项方针政策和对重大问题的态度,了解德育教育的基本要点,等等。

④加强文学修养。少儿类图书与文学的密切关系,要求编辑有一定文学修养,掌握文学创作(或文艺创作)的方法。具有文学修养的编创者,往往长于形象思维,笔下表述生动感人,善于与读者交流。这正是少儿类图书写作和编辑需要的。提高文学修养,就要学一点文学发展史,多读一些中外文学名著,掌握文学创作的基本要领。

⑤掌握写作能力。编辑不能代替作家写作,因而不能要求编辑必须有自己的创作成果,但这不等于说,编辑可以不会写作。写作能力是一个人思想水平、思维能力和语言文字功底的综合体现。如果编辑不会写作,不懂得写作的基本要领,审稿时就很难判断作者书稿水平的高低,很难找到什么地方存在毛病,也就难以对症下药地提出修改意见。写作能力是编辑能力的组成部分,编辑人员要下功夫掌握写作能力,熟悉不同体裁文章的写作方法,掌握尽可能多的词汇和修辞方法,掌握必要的语法知识。另外,需由编辑完成的"编辑文体",则更需要写作的能力和经验。

⑥先通读,再加工。在编辑加工时,应先通读一遍书稿,对书稿中

存在的问题进行梳理，形成一个完整的认识。然后制订出修改加工的计划，对修改加工做总体的安排，包括哪些地方应由作者修改，哪些地方可以通过编辑加工解决；哪些地方应增加内容，哪些地方的内容应删除；哪些地方的内容应调换位置，等等。做到心中有数以后再进行加工，便可顺利完成。如果不是这样，而是边看边改，看到一处有毛病就改起来，再往后看又觉得改得不妥又改回来，就乱了套。一本书稿几万字、几十万字，前后内容对应勾连，只看一处便动笔更动极容易造成被动反复，欲速而不达，还使稿件杂乱不堪。

⑦要"进得去出得来"。审稿的目的在于对稿件质量做出评价，以决定取舍和如何修改，所以编辑要始终明确"审视者"的身份，而不是一名专业读者。一方面要认真反复地读稿，眼到神思，对书稿各方面的状况尽快理通，进行分析判断：这就是"进得去"。另一方面，审稿又不能陷进去，而要"出得来"，思路不能让书稿牵着走，头脑要清醒，不要忘记审稿的责任。好的编辑，既能"吃透"书稿，又能"消化"书稿，尽到编辑的职责。

⑧要抓"特点"。现在图书市场上，出版社多、出书量大、选题重复难以避免，少儿类图书尤为如此。这就要求编辑在审稿加工中注意发现、发掘作品的优点和作者的长处，发扬它强化它，使之形成自己的特色。特色是图书的生命，要突出特色，一要了解过去已出版过的同类题材的图书的情况；二要了解其他出版社同类题材和内容的图书情况；三要明白自己的优势何在。这样能进行比较，选择自己的编辑之路，突出特色，避免低水平重复和雷同。

本文是为中国标准出版社2004年出版的《作者编辑实用手册》撰写的一节

少儿知识读物的特殊性及编辑对策

事物都有自己的特殊性，也因这种特殊性而独立存在。我们所以要对少年儿童知识读物的编辑工作进行专门的研究，第一在于它是"少儿"的，第二在于它是"知识"的。是"少儿"的，就不同于学术著作，也不同于成人的通俗读物；是"知识"的，就不同于其他种类的少儿读物，如文学作品、婴幼儿画册等。

认清少儿知识读物的特殊性，加强自身建设以适应这种特殊性，对于做好编辑工作至关重要。这样可以使我们头脑清醒，把握正确的方向，运用切合实际的方法，减少失误，提高工作质量，同时在实践中尽快走向成熟。

一

和其他门类的读物比较，少儿知识读物的特殊性主要表现在四个方面。

1. 深刻与浅显的结合

这是指内容而言。有一种看法，以少儿读物不是学术专著，少年儿童理解能力不强为理由，认为给他们讲述知识只能是粗浅大概的，谈不上深刻。这是"想当然"的误解。少儿知识读物的内容同样需要深刻。

知识是人们对自然与社会的认识和对其进行改造过程中获得的经验的结晶。讲知识就必然要讲出事物的本质，即俗话说的讲到"点子"上。

讲不到"点子"上的知识是不准确的，甚至会产生谬误。揭示事物本质和规律，就是深刻。只不过在少儿读物里，深刻要与浅显相辅相成。浅显，是指用来说明事物本质和规律的那些论据，应是少年儿童们能理解能接受的。不这样，就会使他们因为读不懂或读得艰难而丧失兴趣。但是这种"浅显"绝不是肤浅和浅见，而是建立在"深刻"基础之上的。我们常用"深入浅出"来说明这一特点，要知道这里的深与浅不是简单的并列，而是一种必然的、有机的联系，即只有能"入深"才能"出浅"，"浅出"又是为"深入"服务的。

比如我们为小学生编辑的《中华人物故事全书》，讲述了古今五百多位名人的事迹。每个人物的历史地位、社会作用和主要特点，在书中都有清楚的交代，使读者从小就对这些人物有准确和多面的了解；而选讲的故事、引用的言论又都是好懂而知名的。所以读过这套书的小学生，都说从中获得了许多有用的知识和思想上的启发。再比如《八十年寻路记》，中心内容是告诉读者，中国人民在近代历史上奋斗几十年，结论是只有马克思主义才能救中国。这个深刻的道理在书中贯穿始终，十分鲜明。用来说明这个道理的历史事实和人物言行，又都是人们常听到的，读来亲切好懂，起到了以浅论深的效果。

因此，优秀的少儿知识读物都是要立足于深、着手于浅的，要把对知识的深层把握与浅层体现很好地结合起来。

2. 严谨与生动的结合

这是指表述而言。严谨，是指把所讲的知识用准确的、经得起推敲的语句叙述出来。自然知识读物讲的是科学技术，差之毫厘，谬之千里，严谨性是显而易见的。社会知识读物也是如此。拿历史读物来讲，介绍某一事件的来龙去脉和某一人物的言行，都要反复核对史料，如实记述，而不允许掺杂缺乏根据的传说和个人臆断。从这点上说，少儿知识读物的要求与其他知识书的要求是一致的。

不同的是，少儿知识读物的表述又应该是生动、简练、活泼的。它不像成人读物那样多层次多角度，每个问题都完整系统；也不像学术专著那样用专用名词解释专用名词，用一组概念说明另一组概念，引经据典加以论证。介绍自然知识的书，往往要举一反三，由浅入深，由已知入未知，才能使小读者产生兴趣并接受。社会知识读物因为理论性和政策性较强，更要仔细推敲，在生动性上下功夫。

《中国通史故事》是这一结合的范例。本书讲述几千年的中华发展史，严格选取材料，客观评论人与事，在严谨求实上是有口皆碑的。同时，它的形式新颖，把丰富的内容用"多幕"的结构体现出来，又采用生动流畅的语言加以叙述。一百五十万字的长篇，读来并无枯燥冗长的感觉。

3. 传播知识与思想教育的结合

这是指功能而言。少儿知识读物不需要也不可能像成人读物和科学专著那样，深入探讨学问或阐明一家之言，而是向读者介绍基本知识和重要观点。因为少年儿童在世界观及道德品行上正处在形成过程中，对事物分辨力不强，所以在讲授知识的同时，就要特别注意观点的正确、内容的健康；要明确褒扬美好，批评错误与荒谬。这就决定了它的传播知识必然和对读者进行思想启蒙与教育联系在一起。一本讲天体运行知识的书，要介绍哥白尼、伽利略、布鲁诺等科学家的事迹，宣传科学的自然观，批判思想愚昧与专制。讲解日常自然现象的书，往往是同对迷信行为的揭露合为一体的。讲哲学家的故事，不能像成人读物那样大量引用原著让读者自己去分析判断，而是要明确指出各自观点的正与误。为中小学生编写的《鸦片战争的故事》，讲述了这场战争的全过程，但是它并不是详细引用、分析史料和人物言论，而是在选材和叙述上突出了侵略与反侵略斗争的主题，具有强烈的爱国情感，能使读者加深对祖国的热爱、对英雄的崇敬和对敌人的痛恨。这就与《鸦片战争史》、《鸦片战争研究》一类书有明显的区别。

4. 创作力与编辑力的结合

这是指成书过程而言。应该说，一本好书，是作者的劳动成果，也是编辑的劳动成果。但是不同种类的书，作者与编辑的作用又有所不同。学术著作，作者从观点到文字表述，都自负其责，编辑则在技术处理上有很大的工作量。成人普及读物，编辑在制定选题、确定写法上能起主导作用，而作品本身还是由作者完成。少儿文学作品，它的作者一般都擅长写作，熟悉少儿语言，编辑的精力主要放在发现和挑选好作品上。少儿知识读物的情况却要复杂得多。由于它在内容、表述和功能方面的鲜明特色，又由于许多作者虽然掌握某一方面的专门知识，却不熟悉少儿读物的写法，在内容选择和语言表达上往往达不到深入浅出、准确生动的要求，这就使编辑的难度加大了。

在多数情况下，少儿知识读物的编辑人员不但要担负全书的整体设计，还要反复对作者提出要求，商定提纲，审定样稿。书稿完成后，要经过多次加工；在作者无力完成修改而时间紧、选题又不能撤销的情况下，还要代为修改，甚至充当第二作者。这种情况大概是每位少儿知识读物编辑都经历过的。比如《中国通史故事》和《世界通史故事》，这两套书的整体设计和编排方法都是编辑人员提出来的。在写作和修改过程中，编辑对内容的确定以及增、删、改，都有十分具体的意见，在文字加工上也下了很大功夫。所以它们是作者和编辑合作的成果。

对少儿知识读物来说，作者的创作力是成书的内在基础，编辑的编辑力则是成书不可缺少的外部条件。

二

作为少年儿童知识读物的编辑，只有把握它的特殊性，并且针对这些特殊性调整好自己各方面的能量，创造条件去适应它，才能在编辑工作中处于主动地位，编出好书来。如果无视甚至违背这些特殊性，只能陷于被动，浪费经历与时间，给工作带来损失。因此，每个编辑都应该加强自身建设，以适应工作需要。我认为，这种自身建设，应该包括八个方面：

1. 熟悉少年儿童，一心为他们服务。
2. 扩展知识面，建立合理的知识结构。
3. 提高政治思想理论水平。
4. 加强文学修养。
5. 掌握写作能力。
6. 组织、团结作者。
7. 树立"为人梯"的观念。
8. 勤于学习，不断完善自己。

——为少年儿童编辑知识读物，是关系到下一代素质的一项意义深远的工作。我们应当树立职业的光荣感、责任感，满腔热情地为少年儿童服务，想方设法为他们编出好书。要为他们服务，就要熟悉他们。多接触少年儿童，了解他们的要求和阅读特点，才能有针对性地提出为他们需要和欢迎的选题，才能编出体现特殊性的书稿。著名儿童文学作家冰心曾为笔者写下这样一句话："提笔时请多想孩子"。这是希望，更是经验之谈。我们在编书的时候，心目中应该"站"着一位小学生或中学生，要时刻想到：我编的这本书，讲的这种知识，以及这一篇、这一段、这一句，他读得懂吗？怎么写怎么表达，才能使他懂，使他喜欢读？可以说，心目中没有孩子的编辑，是编不好少儿知识读物的。

——具有多方面的知识，是编辑的基本条件之一。少儿知识读物在讲述知识时，要举一反三，多方联系，触类旁通，所以编辑的知识面更要广泛，无论是自然的社会的，都应尽可能多地掌握。艺多不压身，知识丰富，就会视野开阔，应付自如，也便于和作者交流配合。当然，只有"广"而没有"深"也还是不行。一个人要做到对所有知识都"深而专"，不可能。合理的知识结构是，对自己直接负责的学科，要力求专、深、全，然后由深渐浅，向外扩展，做到点深面广，多方涉猎。

——既然少儿知识读物要有思想教育的内涵，那么编辑人员应具有较高政治思想理论水平也就是必然的，否则很难驾驭那些政策性、理论性很强的书稿，甚至可能发生偏差。一本介绍中国哲学史知识的书，如果不加分析地给历代哲学家冠以"唯物派"、"唯心派"、"地主阶级代言人"、"剥削阶级意识"之类的帽子，这种粗简的文风，对于少年儿童的思维是十分有害的。倘若编辑掌握了辩证观点，就能把好关，避免失误。《神圣抗战》这本书，涉及中日两国关系的历史和现状、如何评价国共两党和军队在抗战中的作用等重大问题。因为编辑对这些问题做了准确的把握，书中的讲述就恰如其分，收到好的效果。所以，编辑要努力提高政治思想水平，包括掌握系统的基础理论和观点，熟悉有关的方针政策，了解少年儿童德育教育的基本要点，等等。

——知识读物的编辑要不要懂得点文学，意见可能不一致。实际上，有一定的文学修养，掌握文学创作（或文艺创作）的方法，将会使编辑如虎添翼，为编辑生风壮胆。有文学修养的人往往长于形象思维，笔下表述生动，而这正是少儿知识读物写作所需要的。我们在编辑《世界大人物丛书》时，要求并帮助作者在不违背史实的前提下，运用环境衬托、内心描写、外形勾勒等文学笔法，来刻画展示人物性格，使得这套书的可读

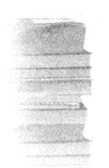

性和深刻性加强了，很受读者欢迎。因此，应该提倡少儿知识读物的编辑学一学文学发展史，阅读一些中外文学名著，掌握文学创作的基本要领。

——有些人认为，编辑不是作者，不能代替作者写作，因而有没有写作能力无关紧要。这句话前提是对的，结论却是错的。写作能力，是一个人思想水平、思维能力和语言文字驾驭力的综合体现。编辑如果不会写作，不懂得写作的基本要领，他在审稿时就很难判断作者书稿写作水平的高低，很难找出什么地方存在毛病，也很难恰当地提出对症下药的修改意见。如前所述，少儿知识读物对书稿生动性的要求和作者的不适应状况，更需要编辑在写作上的帮助。而我们见到有的编辑辛辛苦苦加工稿件，却不能使之有所提高，甚至改得不如原稿；或是只改了些错别字和标点而放过了结构安排上的大毛病；或是反复使用同一词句和句式去改稿。这都说明缺乏写作能力给工作带来多大的麻烦和损失。我们应该把写作能力当作编辑能力的一个组成部分，下功夫加以提高，要掌握不同体裁文章的写作特点，掌握尽可能多的词汇和修辞方法，掌握必要的语法知识。

——少儿知识读物的特殊性，也决定了对作者的特殊要求。作者的优劣对于书稿的成败起着决定性的作用。发现和培养好的作者，建立相对稳定的作者队伍，也是编辑做好工作的基本条件。鉴于知识读物的作者队伍受专业条件的限制较难形成，编辑就更需要在这方面投入精力。要经常和作者交往，和他们交朋友，帮助他们培养和建立为少年儿童写作的热情和信心。对待他们的书稿，既要坚持质量第一，又要注意肯定成绩，保护积极性。我所在的社知领域，经过多年培养，形成了以中年学者为骨干，有老年青年学者参加的作者群。他们有热情也有比较广的知识面，写作上能做到通俗生动，为我们写了许多大稿、难稿、急稿，使编辑工作得以顺利进行。

——"为人梯"，实际上就是为他人服务的意思。少儿知识读物的编辑要比其他读物的编辑花费更大的气力，名与利却与己无缘，顺着这个思路想下去，就会觉得吃亏，不合算。怎样认识才正确？在人类社会中，受他人之惠，又惠及他人，是每个人都会经历的事。一个编辑在工作之初要从老编辑那里学到基本要领和经验，当自己成熟之后，又要去传帮带新编辑。编辑和作者的关系也是一样：你帮助了作者，付出了心血，也会从作者那里，从他的书稿中获得许多新的知识，丰富和提高了自己。有不少编辑人员工作若干年后，自己也成为一个不错的作者。这就说明编辑工作并不是单纯"输出"，而是"输出输入"并存的。只有这样认清事物的本质，才会真正做到心中释然，"为人梯"也就是愉快的事了。认清这一点，是做好工作的心理条件。

——人的能力不是天生的；客观事物在不断发展；今天的少年儿童见识和渴求早已超过我们儿时的水平……这种种原因，都是编辑们要勤于学习、不断完善自己的理由。"吾生也有涯，学也无涯"，学习是人生的基本需要和乐趣。一个编辑，不可能像在学校时那样集中时间专门学习，只能抓紧一切机会，在工作中学习：从作者、从读者、从书稿、从参考书、从同事、从上下级那里发现自己欠缺的知识和本领，随时送进自己的"储存库"。对于少儿知识读物的编辑，还要在学习中注意几点：1. 不要满足于闭门读书，要把个人与社会联系起来，和外界多接触，获取活生生的知识，以适应少儿读物的要求。2. 要逻辑思维与形象思维并重，掌握用两种方法观察和表述问题的能力。3. 要积极地扬长补短，而不要消极地扬长避短。"扬长避短"作为领导者用人之道，是可行的；但在个人能力的培养上不是好办法。"避"的结果只能是越避越短，造成"畸形"。我们的目的，则是要把自己造就成全面发展、适应力强的合格编辑。

本文写于1993年1月。收入《编辑启示录》，河北少年儿童出版社1994年出版

编出图书的特色来

我在 1978 年到中国少年儿童出版社做编辑工作，最初接触的一套书是《中国历史故事集》。修订再版林汉达写的《春秋故事》、《战国故事》、《西汉故事》，续编了他写的《东汉故事》，我又改写出《三国故事》。这套书在 60 年代初就有过很大影响，经过"文革"后再版续编，立刻受到欢迎，连续重印多次，印数达百万册以上。我接到的读者来信有上百封，无不对这套书加以赞扬。直到 90 年代的今天，仍不断有读者来社购买此书，并说这几本书是自己小时候看的，印象极深，现在想让子女也看看它。

这件事引起了我的思考：为什么这几本书会长销不衰，如此受读者器重？在编辑此套书的过程中，特别是在亲手把林汉达先生的《三国故事新编》遗稿改编缩写成《三国故事》的实践中，我找到了内在的原因：这套书在编法写法上特色十分鲜明，而这种特色又极对读者的"口味"，因此它成功了。简单地说，这套书的特点在于：把一段时期大大小小的历史故事，用发展主线串起来，承转自然，浑然一体；在语言上，纯熟地运用带北京味的普通话口语，读来如叙家常，亲切平易。当我按这种风格写出《三国故事》的时候，我感到的不只是掌握了一种独特的写法，对今后的编辑工作十分有利，更重要的是得到这样的启示：编书一定要编出特色。

如同每种事物都有自己的特殊性，并以这种特殊性而独立存在一样，图书也要以特点见长。一般地说，书的特点越鲜明，它给人的印象越深，也越能被人们接受和喜爱。从编辑角度讲，同样题材的书，如果编辑的指导思想长远深刻一些，在内容与形式的结合上多下功夫，力争在内容安排、编排结构、语言表述、格式设计及插图封面等方面都有独到之处，那么他编辑的书，特点就会比较突出，质量也会高一些。反之，思想平平，设计乏术，只能编出一些"大路货"，其生命力必然是短暂的。

所以，图书的特色是编辑过程中始终应该想到的。我的理解，要想编出图书的特色来，除了编辑的功底和经验这些基本条件外，以下三个方面的问题，也值得注意。

一、编书要看"对象"

这里的"对象"，显然是指读者。每种书都有基本的读者群，读者的特点是决定图书特点的最重要的依据。比如学术专著和普及读物的读者不一样，写法编法也就不同。拿少年儿童读物来说，这类书服务的对象主要是中小学生。编好它，就要摸清中小学生的读书特点，如阅读能力、兴趣和习惯等等，还有一个不可忽视的对他们进行正确引导和教育的要求。

经过多年的摸索，我觉得少儿知识读物要能做到：在内容上，深刻与浅显相结合；在表述上，严谨与生动相结合；在功能上，传播知识与思想教育相结合；在成书过程中，创作力与编辑力相结合。

以《中国通史故事》为例。在制订选题计划、确定写法的时候，首先遇到的问题是：中国历史上的"故事"异常丰富，不要说讲几百个，就是几千个几万个，也不难，但这套书显然不需要这样。考虑到我们读者的情况，讲哪些，不讲哪些，就成了编出特色的关键。这套书是要通过讲故事，形象又系统地讲述中国社会的进程，使少年读者获得较为完整的历史知识。因此我们确定了选择故事的几条标准：1. 对历史发展起过重要作用的；2. 能体现某个时代特征、有代表性的事件人物；3. 有比较具体生动的情节；4. 兼顾各方面，不只是反映政治军事的，还要有反映经济、文化、科学、思想及社会生活的。由于注意了故事的选择，坚持了自己的选材标准，这套书的五百多节故事，很好地体现了中国历史发展的概貌。

下编　编辑与文化散论

《中国通史故事》是从远古时代讲起的，可那个时代的情况没有文字记载，怎么讲法？如果从考古发现的角度，讲讲古人类的几个发展阶段，当然也可以。但是这样写，一是缺乏生动的故事，容易成为考证式的文字；二是缺少"中国"特点，因为地球上各个地方人类发展的最初阶段，大体是一致的。一部 150 万字的大书，开头就是比较枯燥的一般情况叙述，很可能引不起少年读者的兴趣，而使他们望而生畏。经过研究，编辑部和作者商定，从远古神话讲起。中国的远古神话是在中国这块土地上产生的，反映了我们祖先的生活，色彩斑斓，讲来引人入胜，同时又能从中提炼出它所反映的古人类知识。这样就达到了讲故事与讲知识结合的目的，也为全书开了一个好头。

《中国通史故事》在编法上有一个很突出的特点，就是把 525 节故事按历史时期和朝代分为 18 个部分，每个部分的开始，写有一段概述，简明又准确地介绍该时期的基本状况和政治、经济、文化各方面的主要特点和成就，然后再讲若干个有代表性的故事。这样的编法是我提出来的，其好处，一是使读者在了解时代背景和概况的前提下，加深对故事的印象和理解；二是在了解具体事件和人物的同时，对某一时期有了整体的把握，而不是零散的互不关联的；三是在这部长篇作品中，"概述"起到了"稍息暂停"的作用，使读者在读过一段后，有机会休息和回顾思考一下，避免产生"无边无沿"的感觉。中国历史学会会长戴逸先生对这种做法极为赞赏，说这套书像是多幕剧，既连贯又有间歇，是为少年读者着想的，是一个创造。

在语言表述上，《中国通史故事》也体现了为读者着想的特色。知识读物如果语言单调死板，必然使读者感到沉闷乏味，兴趣索然。而如果语言过于花哨激烈，也会使读者感到紧张透不过气。对于这部一百五十多万字的长卷，语言表述太重要了，过温与过火都不行。几经摸索后，我们要求作者在语言表述上要贴近读者，贴近口语，尽量把深奥的知识用浅显易懂的语言表述出来，不要以专家的口气，而要用与读者平等交谈的口气写作，不松也不紧，从容道来。历史学的特点就在于完整系统，有头有尾，耐心又动听地讲述，才符合读者心理，尤其是青少年的心理。

另外，这套书的装帧设计也特色鲜明。封面红黑对照，象征中华民族崇尚"火"文化，鱼龙的纹饰也正是中国文化的特产。经过多方努力，

《中国通史故事》终于以独特的面貌出现在读者面前：内容丰富系统，叙述严谨求实；编排新颖；语言讲究；封面大气美观。

二、编书要看"邻舍"

我们如果把其他出版社看作"邻舍"，这句话的意思就是说，自己编的书，要有别于图书市场上已经有的同样体裁和题材的作品。否则就会重复雷同，谈不上特色了。应该说，某些图书特别是知识类的书，有周期性的或时代性的重复和更新，这是正常的，也是必要的。在当前，出版社多、出书量大的情况下，图书的"撞车"现象就需要具体分析了。如何应付这种局面，对于我们来说，最重要的一条是，坚持自己的方向，以高质量取胜。其中，特色鲜明，就是有效的方法。

《中华人物故事全书》是中少社的重点工程之一。顾名思义，这是一套介绍中国杰出人物的书。而同类的选题，在许多出版社的选题计划中都会找到。各社编辑出版的人物传记、人物故事，或一人一传，或一集多人；或介绍生平，或讲述成就和贡献；或按时代顺序排列，或按不同身份分列，等等。五花八门，各有所长。这套书要脱颖而出，就需要有与众不同的设计。为此，我们做了这样的规划：

①既然称为《中华人物故事全书》，首先收入的人物就要"全"。"全"是相对的，再全也不可能把所有的人物都收进来。这套书的全，仍是指对少年儿童而言，即要把这一年龄段应该知道和能够理解的历代英杰，尽量收入，而且比同类书更丰富多样一些。人们经常提到的要有，不常提到但会听到接触到的也要有。另外还注意人物类型的多样化，既有那些"大人物"，如政治家、军事家、思想家、科学家、文学家、艺术家和近代以来的革命家、社会活动家、实业家等，也有普通的农民、工人、教师、战士、妇女、科研人员、医生、学生、运动员等，还专门选收了一些少年杰出人物。于是，这套书就讲了很多别的书上没讲到的或没有集中讲到的人物，使读者开阔了眼界，增长了知识。全书古代部分和近代部分，共收入近六百位人物。如此多的中华英杰汇集在书中，各显风采，使得全书阵容强大，热闹非凡。

②人物规模确定了，接下来的问题就是如何写出特色。也有几种选

下编 编辑与文化散论

择：一个人物写一篇生平简介，穿插展开一些细节。这种书已经出过不少，也缺乏少儿读物特点。一个人物写一本，会造成规模太大，周期过长，经济上也脱离实际。我们决定把人物按类型分开，通过若干节故事，反映出人物一生概貌、主要成就、贡献和品质。作者写作时，必须从人物一生中选取那些最有意义、最能体现该人物特点的情节，用人物生平串起来，写出人物完整的一生。考虑到少年儿童喜欢了解大人物小时候的情况，一般都从少儿时代写起，一直到晚年。这样，这套书的另一特色就出来了：从七八个、十几个故事中就反映了人物的一生，加上前面的一段人物概况和评介，就使读者通过几千字了解了每个杰出人物的基本面貌和最有名的事迹与故事。它不同于只记述人物生平而缺乏细节的小传，又不是一般人物片断故事。

③内容上有了特点，形式也要跟得上。我们的想法是，既然下决心编这样一套大型图书，就要肯下功夫，舍得投入，包括编辑力量和资金使用，造出精美的图书来。我们的做法，首先是在语言文字上精益求精。为了使这套书能长久地发挥作用并适合各年龄段的读者看，编辑自己动手，写出了三种不同语言风格的样稿，找小学中年级以上学生看，找中小学老师看，还找有经验的专家和编辑看。确定之后，发给作者作为参考。我们对本书语言表达上的要求是：允许作品各具风格，不要都是一种味道，但是在生动、简练、形象化、口语化上要一致。作者基本上做到了这一点，使本书的可读性很强。冰心老人看后高兴地说："这些书小孩子能看，我这个老年人看了也很有收获，因为它文字浅显而内容又很丰富。"后来她为本书题词，说这是一套"老少咸宜"的作品。

还有就是彩色插图。这个想法是与选题本身同时诞生的。我们设想，书中要配有大量彩图，既能帮助读者理解故事内容，又能独立欣赏。为了插好图，美术编辑做了大量工作，根据故事内容设计好版式，注意大小搭配，画面多样，要求画者尊重史实，画出时代感，形象可爱，色彩鲜明。彩图本中，图占到了近十分之四的篇幅，在以文字为主的图书中是很少见的。这些插图不但充分发挥了赏心悦目的作用，还因为图中的人物服饰、用具、武器及环境都是根据不同时代的特点和考古发现创作的，从而具有传播知识的价值。加上四号楷体的文字，图文相互配合，直观效果很好。很多学生看了，都说爱不释手，反复阅读了好几次。

与《中华人物故事全书》相似的，还可以举《神圣抗战》为例。《神圣抗战》是记述抗日战争的书，我们在策划时，想到写抗日战争的书已经不少，程度较深的有抗日战争史、抗日战争史话等等，给少儿看的也有抗日英雄故事、抗日小英雄等等。重复出版效果不会明显，因此就设计出不是按部就班写"史"又不是只讲一个个故事的新方案：从敌我友三个方面和抗战的几个主要战场选出最有意义的典型事例和动人故事，分别记述日寇的暴行，东北抗日联军、八路军、新四军、华南游击队、民兵和国民党爱国官兵的抗敌事迹，以及国际友人支援中国人民抗日的事迹，同时在每个部分的开头，概述了抗战的基本情况和有关指示。这种纵横结合的编法使本书既写了"史"又写了"事"，形象的感染教育和深刻分析的启发相结合，取得了单一的史书和故事书达不到的效果。

三、编书要看"自己"

每个编辑都会有长处，也会有短处，要求一个编辑面面俱到，既不现实也不必要。应该提倡编辑发挥自己的长处和优势，编出带有"个性"的书。可以说，编辑的长处被发挥出来了，图书的特色也就有了。下面举出几方面的实例，说明怎样把个人长处运用到工作中，体现出图书的特色。

①书的价值和作用是多层次多角度的。有的紧跟形式，配合某些社会活动，起到帮助人们学习领会的作用。有的抓住人们关心的"热点"或新兴事物，以内容新鲜、观点打动人心而畅销一时。我自己也曾编辑过这类书稿。但从总体上说，我更注重和擅长编辑那些内容稳定、能长期起作用并流传下去的选题。这大概与基本功比较扎实、知识面比较广，又喜欢探讨事物规律的习惯有关。

前面提到的《中国历史故事集》、《中国通史故事》、《世界通史故事》、《中华人物故事全书》、《神圣抗战》，还有现在正在编辑和出版过程中的《世界大人物丛书》、《百科小史博览丛书》、《外国人物故事全书》、《中国情》等，都属于这一类型。很明显，这类选题一般都具有介绍基础知识多、规模又比较大的特点。

但是，这并不是绝对的。一些单本的、规模很小的图书，只要注意

下编　编辑与文化散论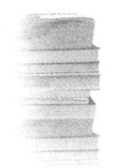

内容的扎实准确和形式的新颖、吸引人，也同样能达到"稳定长效"的目的。比如有一段时间，各地出版社编印"练习册"、"假期作业"成风，虽是短期效应，却赚了大笔钱。中少社遵守有关规定，没有出这类书。其实用课外书帮助学生提高学习成绩，并不错，问题是如何配合。难道非得重复出那些练习题，搞题海战术才行吗？为此，我提出了《小学生百日问》的选题。这本书走了一条险路：在别的书都围着算术、语文俩主科打转出题的时候，《小学生百日问》却是以各种"副科"为主的。我们请专家和有经验的老师出了五百多道有意义有意思的问题，除了少量语文趣味题外，全都是历史、地理、自然、政治、时事、音乐、美术、体育、书法和生活小常识，有一些是概括课本内容的，还有大量增加补充的知识。把这些题分在100天混合"编队"，一天四五道，内容和形式变化极多，让学生组成小组互问互答，开阔了眼界。因为游戏性趣味性较强，也不会给学生增加负担。同样是以题目形式编辑的书，《小学生百日问》因为注重内容的稳定和价值，与"一水货"的习题集结果大不一样，七八年来多次再版，也成为长销书。

②编辑的思维方式和文化修养对图书的质量起着重要作用。在通常情况下，长于逻辑思维的人在处理书稿时条理性强，有理论概括能力，但容易严肃有余，活泼不足。而形象思维强的人感情丰富，注意形式活泼，但又往往内涵不足，流于肤浅。我一向主张做一个少儿读物的编辑要把二者结合起来，学会用两种思维方法观察和表述问题，使图书达到既生动感人又有深层启发的效果。我是学习语言文学出身的，又系统自学过哲学、思想学和中外历史等知识。哲学和思想学分析问题的透辟深刻，历史学讲述问题的系统完整，文学戏剧作品的形象化和以情动人，语言学提供的多种表达方法，能够在大脑里共处，使我受益匪浅。在设计选题和处理书稿时，经常能相互配合。比如编辑人物传记和故事图书的时候，我就要求作者在尊重史实、准确把握人物本来面貌的同时，适当运用文学笔法包括环境描写、内心刻画、外形勾勒以及多种修辞方法等进行写作，使书稿更生动形象一些，适合小读者及一般读者看。当作者达不到这个要求时，我就为其写出样篇或做修改。还有一些作者写作时偏于叙述，记事为主，缺乏概括深化的功力，我又帮助他们从分析入手，挖掘内涵，增加作品力度。这种例子也是不少的。有些人看过我编

241

辑的图书，都感到语言讲究，表述准确生动又能启发思考。这可能就是运用两种思维方法处理书稿的结果，也算是一种特色吧！

③不重复别人也不重复自己，算是一种习惯，也可以算个特点。把这个特点用到工作上，就使我编的图书有了形式新、变化多的特色。图书编辑形式要不拘一格，以能体现内容并利于阅读为目的。春秋战国时的"百家争鸣"，各派学者观点不一，文章风格也不一样，但都成了伟大的思想家。京剧四大名旦的唱腔、表演、服饰等各不相同，都成了有影响的艺术家。图书也一样，编无定式，不必总是"循规蹈矩"，要敢于创新，在内容与形式结合上多动脑筋。这些年来，我在这方面也有些尝试。《中国通史故事》的史、事、论结合，《中华人物故事全书》概括与具体结合的写法，《神圣抗战》的纵横并融，《世界大人物》的文史相成，《小学生百日问》的交叉编排，等等，都是在追求一种新和"不重复"。前年，我担任了大型系列录音带《中华五千年》的文字主编和主要撰稿人，根据录音的特点，用广播剧的形式讲述历史事件和人物故事，由北京人艺和中国青艺的演员们录制，取得成功，这也是一种"新"。在我社出版的《小书箱》中，有一本《爱国故事新编》，是由我编著的。当时考虑到近年来写爱国题材的书已经很多，如何体现出"新编"的特色呢？我联想到外国名著《十日谈》的写作形式，决定把爱国行为也从十个角度去讲，每个方面都有一段思想概述，讲10个故事，一共100个故事，短小简明，情节和人物类型多种多样，正适合少年儿童阅读。

以上说的发挥个人长处来编出图书特色，当然是因人而异的。在工作中，编辑的个人风格和爱好，要与服务对象相结合，要与图书的效益相结合，才真正有意义。否则，只强调个人爱好，一味表现自己，不顾读者条件和出版效益，只能给工作带来损失。

本文写于1995年。先后收入《编辑手记》，天津教育出版社1996年出版；《成功选题策划启示录》，河北教育出版社2001年出版

审读加工四体会

做过编辑工作的人都会体会到审稿在整个编辑程序中地位的重要，它既是承前启后的关键环节，又是对编辑思想学识水平和业务能力的检验。同时，审稿是一个由下至上再由上至下反复审议的过程，初审、复审、终审都在其中负有责任。因此可以说，审稿水平也体现着一个出版社编辑力量的强弱和图书质量的高低。

关于审稿的内容与职责，在国家出版署的有关文件中已有明确的规定，这里不再详述。具体地讲，每类稿件，每部书稿，每件作品，内容和形式不一样，审稿的过程也就有长有短，有繁有简，有详有略，不会是完全一样的。我们应该认真研究自己从事的业务性质，找出审读稿件的规律，为提高图书的质量打下良好的基础。我从事编辑工作20年，在审读各类稿件的实践中，有几点突出的体会。

一、审稿要"进得去出得来"。审稿的目的在于对稿件质量做出评价，以决定取舍或如何修改，所以审稿者始终要有明确的"审视"的意识，而不是一名专业读者。一方面，要认真仔细反复地读稿，眼到神思，对作品的思想内容、篇章结构、写作方法、语言表达等，都要尽快理通，运用自己的思想观点和业务能力加以分析判断。这就是"进得去"。能进入稿件之中，需要编辑有高度的责任心和踏实耐心的作风，会控制可能发生的急躁情绪。如果读稿时囫囵吞枣，一目十行，有趣的地方连看几遍，不好懂或没趣的地方便一带而过，就会出现读后做不出判断的问题。

另一方面，审稿又不能"陷进去"，而要能"出得来"，思路不能被稿件的内容牵着走，头脑要清醒，不忘自己审稿的责任。比如看文学作品的稿件，因其情节动人、人物形象有光彩，便只顾欣赏起小说来；看知识读物的稿件，因对其某一新鲜知识或某一观点赞同或反对，便左右起了情绪。这样，势必造成只凭某一点印象便下结论，而不能全面整体地判断书稿质量。应该说，这种现象在一些缺乏经验的青年编辑中，是经常发生的。如同演戏一样，演员在舞台上扮演某一角色，应深入角色，体会其特定感情与性格，用艺术手段加以表现，才能打动观众。但如果陷进人物矛盾和情感中不能自拔，不顾剧情地表现起来，"哈姆莱特"因为愤怒真的杀死了"国王"，"虞姬"因为悲痛真就大哭并拔剑自刎，岂不荒唐？好的演员总能把握适当的分寸，既能投入又会控制。好的编辑也是一样，既要"吃透"书稿，又要"消化"书稿，尽到编辑的职责。

　　二、要抓"特点"。图书的特点是图书的生命，书的特点越鲜明，给人的印象越深，效益也就越好。思想平平、缺乏特色的"大路货"，生命力必然是短暂的。现在的图书市场上，出版社多，出书量大，选题"撞车"很难避免，少儿读物尤为如此。这都要求编辑在审读时注意发现和发掘作品的优点，发现和发掘作者的长处，发扬它强化它，使它形成自己的特色。

　　要突出特点，就要熟悉市场的"左邻右舍"，也就是要了解相同体裁和题材作品的情况，经过比较，选择自己的编辑之路，避免重复和雷同。

　　比如我社出版的《中华人物故事全书》，是一套大型人物故事丛书。为区别于其他人物类图书，我们除了在人选、故事编法、规模上有独到的设计外，还在审稿时，特别注意作者的语言表达，要求他们严格用普通话口语写作，同时要做到规范、通俗、生动。编辑不但在稿件中一一指出不足之处，还与作者共同修改，写出不同类型的样稿。由于把关严格，这套书在语言上做到了通俗流畅，即使内容很深刻的故事，也讲得明白透彻。冰心看过之后，赞许说这套书是真正为儿童写的，同时又老少咸宜。《中国儿童启蒙名著通览》是一部全面系统介绍古代儿童启蒙著作的书。前些年，社会上掀起"蒙书热"，许多出版社挖掘出版了这类书，大都采用全译的方法。我在设计时，开始也考虑过这样做。但是在审读作者样稿并翻阅其他同类书后，便发觉这种直译虽然可使读者很快了解原文的意思，可是掩盖了其知识的来源和含义，又容易引导读者只读译文而不去领略古代语言的神韵，从而降低了本书的价值。因此，这部书没有采用全译的方法，而把功夫下在注释和内容分析上。书出版后，以它的系统、丰富和严谨，受到专家和教育工作者的好评。还可以举《千年对联佳话》为例。作者的投稿写的是明清时代有趣的对联故事。我在审稿时发现作者的对联知识是很全面的，而写出的故事与已出版的同类书多有重复，没有发挥出作者的优势，便向他建议改写一本用故事介绍体现对联发展史的书，从有记载的第一副对联讲起，一直讲到现在的对联。作者欣然接受，写出了这本有知识、有故事、价值高又有实用性的对联书，效益很好。

三、不要"媚俗"。审稿时对稿件要坚持以本身质量为准，一视同仁，不可因作者的身份不同而态度不一。比如作者是名家名人，便"言听计从"，草率行事，甚至不经过审读就发稿；或者因是老作者，便放松要求，有问题也放任自流。这样不但影响书稿的质量，也反映编辑的道德水准不高。诚然，名作家名学者的稿子，一般都有较高的质量，但智者也会有闪失，出错的事并不鲜见。老作者经验丰富，能很快领会编辑意图，写作进度有保证，但同时也容易因是熟人而马虎行事。编辑在这里的作用就是关键了。

有个很有名的作家，在一份稿件上的开头写道：孔圣人说古稀之年耳顺，如何如何……这明明是错了："古稀之年"是七十岁，孔子说的是"六十耳顺"。作家错了，而编辑也不动脑筋，以为名家不会错，三审通过就照发了，结果造成笑话，名家也很被动。我在审稿中遇到名家的稿子，就告诫自己：要尊重对方，但不能当"应声虫"。有个老作者，为我们写过几本书。有一次，请他写一本知识读物。为了赶时间，他竟把以前写的连同我社其他有关图书里的内容七拼八凑，甚至一动不动地移过来，交了稿。我们在审稿中发觉后，一一查对出来，向他指出，请他重新写。虽然时间延长了，可避免了大错。还有个作者，写了几本人物传记，质量很好，又主动要求写下去。可后来的书稿越写越长，并把自己的观点强加上去，与丛书的要求差距拉大了。编辑审稿后向他提出来，他不愿接受；我又仔细审读，并与他多次会面，指出他的毛病，他终于接受了意见。如果因为是名作家名作者，或是老作者老朋友就掉以轻心，网开一面，则很容易降低书稿质量，带来不良的社会影响。

四、处理好三审之间的关系。初审、复审、终审，是审稿的三道关卡，各审级人员应各尽职守，又积极配合。

首先说责任编辑，最主要的是要敢于独立负责。审稿时，要通过认真研读稿件，独立做出判断，提出处理意见，写出审读报告。在这个时候，不必考虑复审终审是否会同意自己的意见，否则便会束缚思想，压制自身的创造性。有的青年编辑在审读稿件时，担心自己的意见与复审终审意见不一致，会被否决引起矛盾，给领导造成"能力差"的印象，总是想先探听一下"上边"的意思，或先请复审终审看一遍，说个初步意见，然后以此作为基础，写出审读报告。还有的责编，不拿出自己确定的意见，而只是提出"此处似应如何如何，请复审终审定夺"。这样做，虽然可能避免矛盾和反复，但是丧失了独立负责的精神，无形中养成了依赖性，今后是很难成为独当一面的合格编辑的。

复审在三审过程中的作用十分重要。有不少担任复审的人都说这"活儿"很累，宁愿当责编而不愿复审稿件，我也曾有同感。因为复审者既要基本审定书稿，对终审负责并尽量减少终审负担，同时要扶植帮助初审的青年编辑做好工作，所以，他和责编一样，要认真通读稿件，做出自己的判断。在与责任编辑意见不一致时，要具体交换意见，以求在不挫伤责编积极性的前提下，达成一致。在责编加工不够理想时，还要帮助修改。这意味着，复审者需要协调好与初审、终审的上下级关系，以保证审稿工作的高质量完成。我的体会是，复审者一要态度明确，二要耐心细致，三要甘于奉献，才能在三审中起到承上启下的作用。

终审的责任主要是起"决定"和"裁定"的作用，其重要性是明显的。对终审者来说，审读书稿要大处着眼又要精益求精。对初复审之间意见不同的，要有明确态度，或提出具体解决方法。道理自在其中，这里不再多讲。总之，三审都要以图书质量为重，妥善处理意见分歧，把审稿程序进行完毕。

值得注意的是，在当前的出版工作中，有一种轻视编辑工作、轻视审稿和编辑加工的倾向。有一些人以为只要销得动就行，书稿内在质量高低是深层次的问题，读者未必那么认真对待。这种侥幸心态是十分有害的，严重影响了图书的质量，也不利于编辑队伍的建设，特别是青年编辑的成长。要扭转这一错误倾向，编辑人员首先要端正思想，重视审稿与加工，并视其为自己不可推卸的责任。同时，出版社的领导及相关机构，也要真正重视编辑工作，认真研究编辑业务的内在规律，努力提高编辑水平和书刊质量，注意培养出优秀的编辑人才。这是关系到我国出版业继往开来、促兴防衰的大事。

本文写于1998年3月。收入《论稿件的审读和加工》，书海出版社1999年出版

社会知识类图书的编辑工作

1. 社会知识类图书的定位和选题范围

在成人读物中,社会科学类的图书占有很大的比重,也是读者关注的重点。在少儿读物中,社会科学类被称为社会知识类或社会常识类。

社会科学知识对于少儿来说,其意义在于要让他们明白:第一,社会问题与人的一生、人的生活密切相关,人必须学会与社会打交道,了解社会生活的基本规律和生活经验,才能掌握生存的本领。第二,人作为社会的一个成员,既要享有应得的权利,并为得到这些权利而奋斗,又要尽到自己应尽的责任和义务,既有索取也要付出。第三,人不可能永远停留在形象思维的阶段,要学会运用抽象思维分析观察各种现象,走向成熟。科学的发展,已趋向自然科学与社会科学的结合,人类将更多地依靠观点方法去解决各种问题。20世纪出现的"新兴科学"多以交叉性、边缘性、横向性的跨学科形式出现。所以掌握社会科学知识越来越重要。

社会知识图书的选题,一般有如下一些方面:

(1)常识讲解。选择那些最基本的,应为少年儿童知晓的社会常识,进行解释和介绍。这类图书,可采用问答形式写作,问题明确,解答清楚,易于被接受。如《国际知识问答》一书,设计出"联合国是一个国家吗?"、"国际法是怎么回事?"、"'WTO'是什么组织?"等少儿们关心的问题进行解答,可读性实用性很强。

(2)历史故事。在社会知识类图书中,历史故事是最受少儿喜爱的品种之一。这是因为历史故事能满足孩子了解"古代"的缘故。同时,它有头有尾,有人物有情节,又真实生动,适于少儿阅读,而且,在讲历史故事的同时,又传播了各种知识。中外历史几千年,发生的各种事件说不完,历史故事的编写方法也就多种多样。可以是按历史发展和时间顺序写一些重大事件,如《中国通史故事》、《世界通史故事》、《上下五千年》等;可以是写某一历史阶段的故事,如《春秋故事》、《战国故事》、《三国故事》等;可以是以某一主题为中心组织的,如《历史上的改革变法》、《中国古代战争》、《文艺复兴故事》等。

(3)人物故事。讲著名人物事迹的书,也是少儿比较喜欢的一类。介绍一个人物,等于为少儿树立了一个形象,一个学习的榜样。这类选题也有多种,一是以一个人物的生平为主线,叙述其一生的经历,类似成人读物的"传记",如《世界大人物丛书》等;二是几个同类型的人物的故事合编,如《科学家的故事》、《教育家的故事》、《英雄模范的故事》等;三是以一个主题为中心,讲有关的人物故事,如"见义勇为"、"团结互助"、"刻苦学习"等。

(4)学科知识。社会科学各个学科的原理,对少年儿童来说,比较生疏,应用的机会也少,但通过整体的介绍和讲解,可以使他们对某一学科的基本情况有所了解,为以后进一步学习了解打下基础。如《科学门》丛书,就以"哲学号"、"数学号"、"物理号"、"化学号"、"天文号"、"地理号"、"生物号"、"医学号"、"政治号"、"经济号"、"法律号"、"军事号"等为主题,分别介绍这一学科涉及的基本知识和有关科学家、科学派别等。

(5)社会现象解析。这类图书选题要求作者运用社会科学的基本观点和方法,分析社会生活的各种现象,从而帮助读者掌握一些知识和观察分析事物的能力。如《故事新讲》,对一些历史和寓言故事,用哲学观点进行分析,找出其中的普遍规律;又如《生活中的经济学》、《少年与法》等,都是通过现实中的一些现象和案例,讲有关的科学知识和方法。

2. 需要区分的几个不同点

(1) 社会知识类图书与学术专著的区别。不同点主要表现在：第一，社会知识类图书不强调个人观点，而以一般公认的观点为主，讲述最基础的知识；第二，社会知识类图书不进行长篇大套的理论阐述和观点论证，而是把正确的观点和看法明确告诉读者；第三，社会知识类图书不是像学术著作那样，罗列大量的社会现象和材料作为依据对自己的观点进行验证，而是用讲故事的方法，通过典型的实例说明一个道理。如《中国通史故事》与给成年人看的《中国通史》就有明显的区别。

(2) 社会知识类图书与思想品德类图书的区别。首先，社会知识类图书以传播有关知识为主，思想品德教育的作用则是在这个过程中自然体现出来的，而不是像思想品德教育图书，以某一思想观点或德目或规范入手，组织有关的实例和材料来表述。《神圣抗战》这本讲抗日战争历史的书，讲述了大量的历史事件和知识，同时也有充满感情的叙述，所以它既使读者了解了抗日战争中敌我友各方面的情况，又受到了强烈的内心震撼和爱国主义、英雄主义的教育。《中华人物故事全书》，讲述了古今数百个杰出人物的生平事迹和主要成就，含有大量的各方面知识，同时它也给予读者爱国、为民、奋进、俭朴、好学等等高尚品德的教育。

(3) 社会知识类图书与科普类图书的区别。这二者的共同之处在于都是普及和传播科学知识。社会知识图书，在某种程度上也可称为社会类科普读物，但在写法和编法上有所不同。科普读物讲的是自然科学知识，反映的是自然现象和生产实际，一般不受政治制度和国家政策的约束，具有很强的实践性和操作性。社会知识类图书则具有意识形态的特征，必然受到不同政治制度的约束，所以要特别注意观点的政治影响和社会影响，否则就容易引起麻烦。

3. 社会知识类图书的审读加工

(1) 关于思想内容的把握。这是社会知识类书稿审读加工过程中最突出的问题，也是容易出纰漏的地方。在审读加工中应注意以下几个方面：

第一，政治方向问题。在少儿类图书中，出现政治方向问题，一般说是很少的，但在编辑工作中，仍应认真把好政治关，防止出现这方面的问题。特别是对涉及近现代史、中共党史、民族、宗教、外交等领域的内容，以及重要领导人的生平的书稿，要仔细地审读。有的书稿还要按规定，送有关部门审读。编辑自己不明白的，应向有关专家请教。

第二，观点和认识问题。在社会知识类图书中，发生观点和认识偏差乃至错误的现象，并不少见。比如对历史人物的评价和一些观点的阐述，就容易发生偏差。这当然与作者的认识水平有关，同时也是对编辑的一个考验。编辑要把好关，首先要提高自己的学识水平，自己的学识不够，对观点的对错无分辨能力，就很难把住关口。其次，要做到心中有数。要求一个编辑什么都懂，不可能。但在看书稿时，应有目的地看一些专业书籍，掌握基本观点，看书稿时就有了主心骨。

第三，知识的准确问题。社会知识类图书的内容涉及社会各个方面，有时为证明一个观点一个看法的正确，要举出各方面的知识和实例加以说明，而这些知识不可能都是作者自己的亲自体验和考察得到的，绝大部分是从别处引过来的，这就很容易发生错误。即使是名家、专家，也难免没有失误。所以，编辑人员对知识的准确应该特别注意。

(2)关于语言表达问题。如前所述，社会科学知识抽象性、理论性强，不易为少儿直接理解和接受。这就需要在语言表达上下功夫。编辑在审读加工中，也要多注意这方面的问题。主要是要让语言形象化、口语化，并讲究修辞技巧。用这样的语言传载知识，就有利于少儿阅读和接受。如《中国历史故事集》，就成功地运用带北京味儿的口语，讲历史故事，并对人物的各种表情动作做形象化的描写，光是笑、哭、生气、高兴等行为，就有几十种写法。本来，作者林汉达在最初的稿件里，还运用了许多北京的方言土话。编辑在审读时，提出应避免过于方言化，而使用普通话的口语。林先生接受了这个意见，所以，他写出的作品，生动通俗又规范，深受读者喜爱，成为少儿知识读物的精品。

编辑在语言方面应注意的还有一点，就是尊重作者的风格。要允许作者有自己的习惯和风格。如有的作者喜用多种修辞方法，有的则不喜欢用现成词语，有的善于描写，有的则追求淡雅。当然，这不包括那些写作水平低，还没有形成自己风格的作者。对这些作者，编辑要尽职尽责，指出缺点，帮助他们提高写作水平。

  本文是《少年儿童读物编辑学初探》中的一节，中国少年儿童新闻出版总社、江苏少年儿童出版社2006年出版，本处有删节

名著开发类图书的编辑工作

1. 名著的含义和开发的价值

名著，指的是那些经过时间和社会的考验，被证明具有长久的，甚至是永恒的精神价值并为大众公认的知名度很高的出版物。它主要有以下几种类型：文学名著，包括古今中外的小说、戏剧、诗歌、散文、童话、寓言、科学幻想和科学文艺作品等等；学术名著，包括哲学、各类社会科学和自然科学的理论专著；通俗和少儿读物名著，包括科学普及读物、历史故事、游记、画册、连环画等等。无论是从文化积累和传播，还是从少年儿童健康成长各个方面看，名著都有着不可替代的作用和地位。

(1)名著是人类文化思想的结晶。人类文化思想上的成就，主要是由名著加以体现的。自从有了成熟的文字以后，人们便以文字为载体，记录下自己的思想观点、科学认识和文学创作，而那些通过时间和实践考验、成为传世之作的，就是名著。像中国先秦时代的诸子散文，是中国古代哲学的奠基之作，在中国和世界上产生了深远的影响，而《诗经》、《楚辞》等文学创作，又是上古诗歌最杰出的代表。

(2)名著传承着人类社会发展的历程，记载着文明的成就。中国古代有关数学、天文、医学、农学、地理等各学科的名著经典，就保存着先人的研究成果，是我们民族的宝贵财富。

(3)名著是人们精神生活的重要组成部分。名著代表着一个国家一个民族的文化水准,也是出版界工作成就的最重要体现。在大部分家庭的书架上,名著占有的比重最大。名著在人们精神生活中是不可缺少的。

历次对中小学生的课外阅读情况的调查中,在"你最喜爱的"或"你阅读过的"书籍一栏中,名著始终是第一位的。少儿时代多读些名著具有显而易见的益处:一是从名著中吸取道德、知识的营养,开阔眼界,尽快提高自身各方面的素质;二是初读一些传世名著,了解其基本内容,可以为今后细读和钻研名著打下基础;三是了解名著的构思和写作的特点,提高逻辑思维和形象思维的能力,提高写作和表达能力。

对出版界来说,编辑和出版名著,是一项经常性的和必不可少的工作内容。同时又要考虑到,并非所有的名著都能让少年儿童直接阅读,正确理解。由于各类名著涉及的内容不同,原读者对象不同,规模不同,要让少儿们爱读、读懂,就需要做形式上的变化,这就是名著开发类图书的意义所在。

2. 名著开发的主要类型和特点

名著开发的形式多种多样,归纳起来,有如下 12 种类型。

(1)原著。出版作者的原著,可以使读者如实地了解名著的全貌,全面认识和分析其价值所在。有些原著年代久远,各种版本会出现字句上的差别,应选择最有权威的版本。考虑到少年儿童的接受能力,对作品中的一些难点,应做注释。注释的文字应明确简洁易懂,不做过多的考证和分析。(2)缩写。把原著的内容进行压缩,用较少的文字量把其主要内容表达出来。应注意准确把握原著的精髓,保留和强化其最基本的内容和精华。语言上,则应保持原著的风格;结构上,也应维持原著的框架和顺序,不做变更。(3)改写。根据原著的内容,进行重新编排,以新的写作形式,改成新的版本。这种方法一般适用于长篇古典名著或那些篇幅较长的作品。应注意要保持原著的基本情节和人物形象性格不变,但在结构和语言上允许改写者做较大变动。(4)更换体裁。这是一种常见的名著开发形式。改变原著的体裁,用另一种体裁表现原著的内容,往往能收到更强烈的艺术效果。如把小说改编为戏剧、电影,或是完整改编，或是取其片断或某一线索。改变名著体裁一定要注意保持原著思想内涵，保持原著情节的基本过程和结局，不能随改编者自己的意愿而任意变动。这是一个方法问题，更是文化道德问题。(5)节选组合。选择原著的片断，集结成书。节选的方式也有多种，可以是整篇整节，也可以是摘取片断和段落，如长篇小说、长诗的某些段落。把这些节选出来的内容按一定顺序组合起来，编成一本新的读物，可以使读者在不长的时间里，读到名著的精华或某一侧面。要注意完全忠实于原著，不做任何改动。为了使读者对原著全貌有个了解，应在节选前，对原著的整体做简要的介绍，并对节选的内容和宗旨进行说明，让读者对所读到的内容与原著的关系有明确的了解。(6)专题组合。按一定的主题和类型把多种名著的有关内容抽取出来进行组合，编成一本新书，可以有不同的角度和多种设计。如从内容上设专题，从写作技巧上设专题，等等。应注意对不同作品在描述同类主题时采用的不同方法和语言风格进行分析，以帮助少儿们掌握多种写作技巧，熟悉不同风格的区别所在。(7)专人组合。把不同作品中性格类似的人物或同一作品中性格类似的人物的故事加以提炼，组合起来，对于少儿读者了解名著的艺术水平，学会观察人物、塑造文学形象有着切实的作用，留下的印象更加深刻而久远。应重视对各个形象的社会价值、文学价值进行细致分析，找出细微差别，帮助读者更深刻地认识名著。(8)评注。对原著进行评析加注释，主要用在古典学术名著的开发上。应注意注释的准确，防止观点的偏颇。如有译文，则要注意译文的语言要流畅自然，不要文白夹杂。(9)概览。把名著的大概内容用简短的语言介绍出来。这种方法通常在常识性的名著介绍读物中运用，如《中国古代哲学名著概览》、《中国文学名著概览》、《中外名著辞典》等等。这类图书要注意把握原著的精华，撰写的概要和评价要能准确反映本来面貌。(10)导读。有些思想内容极为深刻的名著，含有丰富的内涵，并在文化史上占有重要地位。让读者接触这类书籍并有初步了解，对于他们的成长和成熟有着重要的意义。应注意所介绍的内容和思想观点，应能为少年儿童读得懂，能掌握，而不宜像学术报告那样专深。(11)拼音读本。拼音读本是一种向小学中低年级学生介绍名著的方法。应注意拼音的准确和使用方法。(12)改编成图画本或连环画。应注意文字脚本要表现出原著的精华并具有动作感和声音感，便于阅读和绘图。在绘图时，不论采取写实画法、漫画画法还是卡通画法，都要前后连贯，风格统一，并与文字严格对应。

3. 名著开发编辑中应注意的带有共性的问题

(1)编辑要熟悉原著的内容和作者情况。开发名著，无论是哪种方式，都要尊重和保持原著的基本风貌，又要适应今天少儿阅读的特点，是件十分严肃的事。这就要求编辑对要开发的名著及作者情况有相当程度的了解。这样，编辑加工时才能心中有数，帮助改编者把握写作分寸，防止任意改动原著情节和风貌，甚至歪曲原著观点的现象发生。否则，很有可能因为不了解情况而被改编后的书稿牵着鼻子走，出现问题。

(2)抓住特点，强化所需。开发名著的关键，主要是适应特定读者的阅读能力和他们的需求。所以无论是用哪种方式，都要紧紧抓住开发方式的特点，使原著在新的形式下再现其文化价值。

(3)正确看待原著的局限和糟粕。一切思想文化产品都会受到其所诞生的时代和作者个人思想的局限，名著也是一样。首先要对原著的局限和糟粕进行鉴别，确认哪些属于认识上的时代烙印，哪些属于常识性的错误和落后意识，哪些属于创作上的艺术手法，哪些属于多余的败笔。然后要对这些进行客观的历史的分析，找到其中的原因。对一些有争议的问题，应如实对各派观点加以反映。对一些明显错误的观点，或删除（留待读者长大后再去认识），或客观地加以分析批评。

(4)处理好语言隔代问题。如果是出版原著，则应基本保持原著的语言，除对明显的错字别字加以纠正外，对原文中的字词和语法关系，尽管可能与现在写作阅读习惯不一样，也不做更动。但应对生僻的、难解的地方加以注释。如果是进行改写、改体裁、改编等形式的开发，则应按当代人的习惯，对原文的语言做些改动，尽量用现在的语言写作和表述，让读者读得懂，适合朗读。

(5)处理好社会评价和个人之见的关系。对有些名著，社会上的评价和开发者的看法不完全一致，甚至截然相反。还有的名著，社会上的普遍评价与某个有影响的大人物的看法很不一致。在开发此类名著的时候，一般应尊重社会上的倾向性意见，在评注和导读时，按照普遍的意见予

以介绍，但可在适当的位置，把个人之见提出来，供读者参考。

(6)关于共性和个性的问题。这里说的"共性"，是指名著开发的总的要求和规律。"个性"，则指的是不同开发方式有不同的具体要求。共性存在于个性之中，个性要服从共性。不管采用哪种方式，为读者服务、便利读者是最重要的。

(7)关于外国名著原作和译作的关系。外国名著由于不同的语言习惯以及不同作者的不同风格，会有许多地方不适合中国的小读者的阅读习惯。这就要求译者在保持原著的基本面貌和风格的基础上，运用汉语的优势，把原著翻译准确又具有汉语的语言特色，符合现代汉语的写作习惯和语法关系。对于少年儿童来说，译文尤其要简明生动，不宜用过长过于复杂的句子(这在外国著作中是常见的)。遇到这样的长句和复杂句，应想办法化成若干短句。要选择那些熟悉外语又有很好的汉语修养的人完成翻译工作。近些年来，翻译作品大量增加，有些名著已有几十种甚至上百种的译本，水平参差不齐，甚至有抄袭现象。编辑工作中，一定要选择好的译者和译本，并防止剽窃抄袭现象发生，否则会造成许多麻烦。与此相关的一件事，是做好原著和译作的授权工作，防止出现违反著作权法的事情发生。

本文是《少年儿童读物编辑学初探》中的一节，中国少年儿童新闻出版总社、江苏少年儿童出版社 2006 年出版，本处有删节

关于科学和科普读物的再思考

在一次科普项目的评审会上，关于中医学是否属于科学范畴的问题，引发了争论。前些年也有人提出中医是"伪科学"，致使舆论大哗。其实，这个争论早在一百年前就开始了。如果对此进行思考，根本还在于对"什么是科学"这个看似很平常、有些过时的话题，怎么理解。由此联系到科普读物的创编中出现的偏差，也可以看出，科普的作用和特点这样的常识，在一些人的头脑里并没有被真正理解。本文就想对这两方面的问题做些分析。

一、关于科学

1. 科学的本质在求实。如何定义"科学"这个词，在各种辞书和百科全书里，都有不同的说法。但就其发生发展来说，它起源于古希腊，兴盛于中世纪后期的欧洲，是无疑的。中国古书上"科学"一词与此不是一个概念。直到20世纪初五四时期的新文化运动，民主（德先生）和科学（赛先生）才在中国传播开来。中世纪的欧洲，本是基督教的教会掌握着教育和文化大权。只有教士才有机会受教育，学习各类知识。他们入门的和最重要的一门课程是神学，其次才是知识和技艺。神学尽管有严密的体系和论辩，但其核心是认为人间的一切都是上帝主宰的，人首先要承认上帝的存在，无条件崇拜它，凡是不理解的都是上帝的安排，在上帝面前只有听命而已。可见，神学的理论是建立在虚幻的、主观的、不

可知的基础上。这和科学的方法正好相反。

科学是把万物看成物质的、客观的、可知的。科学的服务对象是现实的生产和生活，探求实际是它的本质和任务。培根说："科学的目标是把新的发现和新的力量惠赠给人类的生活。"同时，科学也在同神学的抗争中得到发展，得以壮大。欧洲的科学家，如哥白尼、伽利略、布鲁诺、牛顿等，都攻读和钻研过神学，有的还是传教士。但是他们在研究具体的学问中，对神学的教条产生怀疑，大胆探索，才在各自的领域取得成就。有许多自然现象，如声、光、电等，人们开始不理解，莫名其妙，以为是神的启示。经过科学的研究和探索，发现了内在规律，证明是物质的、可知的、可用的，从而打破了神学的虚幻色彩。这是科学研究对人类思想和社会进步的伟大贡献。

2. 科学是有局限的。科学既然是人类认识世界、探求真理的活动，它必然受到人类自身条件的限制，没有也不可能穷极真理，而且，它需要在不断探索和发展中提升和完善。科学的局限性，表现在以下几个方面：

一是它对很多自然现象的存在还不具备探索的能力，至今没有给出令人信服的回答。如宇宙的边际、微观的构造和可分性、生命的起源和功能等等，也包括像中医学的物质基础这类问题。究其原因，有认识方法和理念方面的，也有实际条件方面的。人类对这些问题的认识，还不得不借助哲学的理解，加以抽象的解释。比如中医学，它有着独特的理论和方法，不但有病理和治疗的内容，还包括哲理、心理、营养、气候、人文关怀、道德修养和生活习性等方面的因素。这些绝不是用一般科学理念能解释得了的，更不可能用西医的理论来衡量它，规范它。可以说，中医超出了科学的范畴。

二是科学的发现发明以及由此带动的技术更新，有其积极作用，也有其破坏作用。如土壤荒漠化、气候变暖、环境污染、原子辐射、植被减少以及人体的损害等等。如恩格斯所说："我们不要过分陶醉于人类对自然界的胜利，对于每一次这样的胜利，自然界都报复了我们。"尽管有些破坏作用的责任不在科学本身，但效果是可见的，而且科学本身至今未能对防止和掌控这些破坏作用提供有效的方法，更多的是靠政治的约束和人们的良知来推动。

三是科学有很强的阶段性。人类和科学家对客观事物的认识会随着时间的推移和研究条件的改进而发生变化。很多过去认为是正确的,后来被证明是不正确的,要进行修正;有些原来不完善的,会成为相对完善的,也要修正。这与文学和艺术作品有很大不同。把一种理论或一种技能绝对化、固定化,都不符合科学的现实。

科学的这些特性,不但在科研活动中有明显体现,对科技专著的撰写和科普读物的创编也有着不可忽视的影响。

二、关于科普读物

科学技术的最大特点和优势,在于它与社会的发展,与人们的物质生活有直接的联系,是直接的推动力,而科学普及读物在这个联系和影响中起到了桥梁和纽带作用。从目前科普读物的现状来看,尽管有很大成绩,但存在着不少值得关注的不足。总的看,数量很多,印制水平显著提高。但内容有深度的、结构设计有特色的、写作水平高的、可读性趣味性强的,还很缺乏。具体讲,以下几点尤其应引起注意。

1. 科学性、普及性不可偏废。科普读物的两个基点,一是科学性(或说知识性),一是普及性(或说可读性)。二者的完美统一,是科普读物成功的尺度,缺一不可。现在的很多科普书,恰恰在这方面出毛病。有的知识讲得很多很专,却没有通俗的浅化解说,少有情趣和文采,或如同陈省身说的"好玩"成分,引不起读者的兴趣。普及,是向广大的对所讲的知识知之甚少的读者普及,必须是让他们爱读、读得懂才行。一本对象是青少年的讲化学元素的科普书,通篇列举各类复杂分子式和结构图,甚至把大学课程的内容原样写进来。连编辑也很难读下去,就不能说它是普及读物了。另一种倾向是只顾讲故事,讲体会,海阔天空神聊,而对于知识点的诠释很少,或很肤浅,或欠准确,起不到传播知识和引深思考的作用。一部讲科技史的读物,讲了很多古今科学家的生平事迹和界内趣闻,文笔也不错,就是缺少一条科技发展脉络和走向的主干,也没有前后的照应的文字。没有"史"的特征,说它是在普及科学史知识,也很勉强。

还应当把科学普及与技术推广加以区别。科普读物重在对现象和知识的理解，技术推广则是具体操作的方法，如《马铃薯栽培新法》、《机床保养入门》、《摄影和冲洗十讲》等。二者现有合流的趋势，但差别不可抹杀。对于少儿读物来说，还是应坚持科普的正确理念。

2. 科普的首要任务在增强能力而不在罗列知识。当今科普书低水平重复的一个明显表现是图加文。一个实物图，旁边加几行文字说明。内容也基本一致，只是书名各有不同。还有的不看对象，不顾读者的接受能力，把知识点化得很小，题目很细很专，一题一本，讲得也很深，用概念解释概念，没有科普的特点。这种现象与科普的作用发生了偏差。科普应是重在引发兴趣，增强理解能力，帮助读者掌握认识客观的方法，而不是罗列和灌输知识。世间万物的知识无穷无尽，人一生讲不完也读不完，愚蠢者陷到知识的大海里死记硬背，聪明者则掌握认识方法，做到举一反三，推理判断。出版物不看对象给读者填塞知识，不是糊涂就是另有所图。写书编书要尊重孩子的爱好和习性，避免加重课外负担，不能强占他们的课余时间，这是公认的道理。我们有些编辑作者，不是不明白这个道理，说起来也头头是道，可在具体操作图书项目时却明知故犯。如编出"课间十分钟丛书"、"睡前五分钟丛书"等等，把大堆知识挤进学生的休息时间，就是例证。其真实目的心照不宣。

3. 科普应关注和反映科技发展的新成果和走向。如前所述，科学技术是在不断发展的，有很强的时效性、现实性。科普要及时反映科技的新成果、新理念，才能出新意，吸引读者。即使是数理化这样相对稳定的基础科学，也要在讲解基本知识的同时，注意吸收新的成果、新的理解、新的材料，用新颖的形式编写。值得特别注意的是，新兴科学的出现使科学技术朝着实用的方向发展，科普还没有及时反映。20世纪下半叶以来，新兴科学如大潮涌起，各种边缘科学、横向科学、综合科学以及大科学等，层出不穷。这些新兴科学的特点是把自然科学、社会科学、思维科学结合起来，交叉跨界，进行抽象分析与研究，提出解决复杂问题的方法。比起18、19世纪的经典科学、实验科学来，新兴科学用综合治理的方法解决实际问题，是科学实用化、生活化、人文化的一大进步。科普读物应当反映这一成果，吸收它的经验。不能老是孤立单一地讲解一科一题，而是从人们的实际情况出发，讲知识讲方法讲关系。一本讲"艾滋病"的书，如果由作者直讲相关医疗知识，即使完整系统、清楚明白,也很难让一般读者爱读。但有一本说"艾"的书,里面不只从医疗角度讲,而且从社会、人际、生理、心理等多方面谈体会,既有医生的讲解,也有患者的陈述,还有编者的感想和专家的寄语,读着并没有恐惧感,也消除了读者的疑虑。

4. 科普读物的编辑素质至关重要。除了一般编辑在图书的出版过程中的作用以外,科普编辑还应注意自己工作的特点,扬长补短。一是要有"专"与"博"结合的知识结构和基础,以适应当今科普内容广泛且联系紧密的现实。这样,才能在处理稿件的时候运用纵横联想的方法,发现问题,减少失误。有些内容,孤立地看,可能看不出毛病,当与相应知识比较的时候,就会发现错误。二是要加强语文的表达能力。科普编辑一般理工科院校毕业为多,在科技知识上有专长,但在写作和语言文字方面可能有欠缺,而编辑工作很大程度上是语文的功夫。应注意提高汉语的水平,培养在语句、语法、词汇和篇章结构上的素养。三是注意积累经验,养成严谨细密、一丝不苟的作风,才能体现编辑的价值。这是理工学科的本色,但受当前社会的浮躁风气影响,也有些编辑不专心,心猿意马,钻不进去。干了多年,仍然平常甚至平庸,这不但对自己的成长有阻碍,对科普编辑队伍的质量提高也不利。

本文写于2013年8月。收入《壮树新枝》,海燕出版社2017年出版

关于历史和历史读物的再认识

近年来,无论在国内还是国外,历史问题一再成为人们普遍关注的热点,也成为政见不同的国家、党派、集团之间发生争执,甚至关系恶化的导火索。如何看待历史事件和历史人物,往往牵涉到一个民族一个国家的荣辱得失和民众情绪,不能不认真对待。作为出版工作者,特别是面向青少年的出版人,一定要认清对读者进行正确历史观教育的严肃性。无论编哪类图书,对涉及的历史问题,不管是大事小事,都要以负责的态度,谨慎处理。

我在以往的编辑和写作活动中,策划、主编和撰写了很多历史读物,如《中国通史故事》、《世界通史故事》、《中华人物故事全书》、《外国人物故事全书》、《神圣抗战》、《世界大人物丛书》、《中华五千年》、《祖先的遗产》等等。近几年,我又为畅销五十多年但尚未完成的《中国历史故事集》写完了后五种(即《晋朝南北朝故事》、《隋唐故事》、《宋元故事》、《明朝故事》和《清朝故事》。前四种为林汉达写的《春秋故事》、《战国故事》、《西汉故事》和《东汉故事》,第五种是我根据林汉达50万字遗稿缩编改写的8万字的《三国故事》),使之成为完整的一套,满足了读者的需求。本文就结合编辑和写作的实践,对某些历史和历史读物的问题做些探讨。

一、真实记录讲述历史,把真相告诉读者和后代,并进行公允的评价,帮助读者正确认识过去,是历史学的最基本任务,是历史读物的最高原则。历史学是研究国家和民族过去历程的学问,它的基本方法是记录与评议往事故人,"真实",是它的生命。历史不同于处理现实问题的政治。政治家为了国家安全,可以对某些事情加以保密(但不是永久的,应适时解密),历史家却要如实记载史实,对史实不能加以遮盖、掩饰、美化,更不能随意否认、歪曲。我国古代多次发生过记史官为了如实记录事件经过,与当权者进行斗争,宁死也不屈服的事情。编写通俗的历史读物的时候,虽然主要是运用现有材料写作,也要注意把真实性放在第一位。

一是要采用正史史料为主,使用民间旁史为辅,并加以分析判断,使叙述合乎真情,又合乎道理。我国古代有丰富的史料,不可否认,无论正史还是旁史,都存在真伪的问题。有些当权者为了维护自身形象,掩盖事实,倚仗权势改写史书的事,确实有,但究竟是少数。正史应是主要选材依据。对民间私人记史,要搞清作者身份,看是写的什么内容,分析判断以后,再决定使用与否。如北宋初期关于赵匡胤死亡和传位的"金匮之盟"和"烛影斧声",《宋史》和《资治通鉴》等正史就记载矛盾,疑点很多,野史也是神秘莫测,使后人难以相信,已成历史之谜。我在编写的时候,就注意如实讲述它的疑点,不简单定论。又如二十四史中,对皇帝都有空泛褒扬、回避批评的倾向,这是封建时代"为尊者隐"观念的反映。我在写皇帝的时候,就参照了一些实录、个人回忆的记载,力求真实。

二是严格区分历史与民间传说、演义小说、影视作品,向读者说明真相,避免混淆视听。我国古代有大量关于历史事件人物的传说小说等,虽然属于文艺范畴,有的是为了赞美英雄、斥责恶行,但往往不顾事实,任意编造,添枝加叶,给正确看待评价历史造成障碍。当代有些历史题材的影视剧,更是胡编乱造,错误比比皆是,成为文化垃圾。我们编写历史读物的时候,应以真去假,以正压邪,给读者正确认识。我在编写的时候,就针对一些流传很广的传说,给以真实历史的说明。如隋末瓦岗起义和《隋唐演义》中的英雄好汉,宋代杨业祖孙三代为国立功和民间杨家将故事,北宋名将潘美和杨家将故事里的潘仁美,宋仁宗的生母问题和民间"狸猫换太子"的离奇故事,清朝康熙年间的清官施世纶和公案小说《施公案》,乾隆皇帝娶纳维吾尔族女子为容妃加以优待的历史和民间传说里"香妃"被害假说,等等。

三是要注意史学界的新发现新成果,采用科学的论证,使内容真实

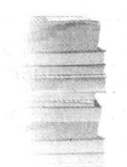

或更接近真实。以往的史料受各种因素影响，未能把真情记录下来，会存在误记错判，或记载不详的现象。经过考证研究，不断会有新的证据被发掘出来，我们要及时吸收，修订旧说。如果意见不一致，也要同时加以介绍，供读者思考。如林汉达当年写苏秦张仪的时候，主要依据《史记》的说法，而后来马王堆出土文物有新发现，不同以往。我在处理时就特意加了注释，告知读者。我在写清朝晚期的时候，对戊戌变法后的几件事，就搜集比较了多种史料，包括新的研究成果。如袁世凯是否告密？慈禧太后发动政变是否是袁世凯告密的结果？维新派重要人物陈宝箴被免职之后很快离世，是因病而亡，还是另有隐情？光绪帝死因究竟是什么？如果被害死，谁是主谋？经过比较研究，我认为我的写法，最接近历史的真实。

二、讲述历史要有正确的思想方法，才能恰当把握史料，准确评价人和事。我认为主要包括这样四个要点。

一是坚持材料决定观点，不是观点决定材料。要正视史料记载，从分析史料入手，得出观点，而不是从观点出发挑选史料，决定取舍和态度。过去长时间以观点决定材料，符合自己观点的就采用，不符合的就不用，甚至说是捏造的假的，这是完全错误的。二是要把人物事件放在当时的社会背景环境中，认识分析其正确与否和作用，而不是简单地用今天的理念套用历史现象，衡量古人，得出荒唐结论。三是要看当时的人民大众对这些人事的态度，而不是用自己的好恶衡量。群众的态度有时也会有一时的偏差和情绪化，但最终会是公允的。四是要全面、全过程地看待事件，看待人物的一生，给予评判，而不是绝对化单一化，只凭一时一事的表现定论，以偏概全，或是要对全对，要错全错。

我在书中的很多地方，对人物的评价写得不同于以往，或是不同于现在流行的说法，并不是我掌握的史料和别人不一样（史料不同只是个别地方），而是注意用正确的思想方法分析史料，正视事实，给予了新的认识。如十六国时期前秦天王苻坚、南北朝时期的高欢、唐朝开国皇帝李渊、清朝的嘉庆皇帝等，过去对这些帝王的评价不高，或是基本否定。我写的就有新意，写出了他们的贡献和可贵之处，也写了他们的错处和局限。又如袁崇焕、史可法等人，历来被认为是民族英雄，但对他们的不足和错处一般避而不谈，我写的时候，就如实地写了。又如康熙、雍正两代皇帝都打压皇八子胤禩，最后把他迫害致死。过去都说这是胤禩犯错误自找的，我仔细看过史料以后，觉得这个判断不公正，胤禩有错处不假，但并没有大错，有些也没有服人的证据。他被压制，主要是他的能力强、声望高引起康熙帝的猜疑和雍正帝的嫉恨造成的。这样，我笔下的胤禩就是个权力斗争的牺牲品，悲剧人物。对于近代的风云人物奕䜣、曾国藩、李鸿章，书里如实看待他们的功过是非，肯定他们在办洋务促进工业近代化中的积极作用，而不是像以往那样一概否定。就是对慈禧太后、袁世凯这样的劣迹很多的人，也没有从一开始就写成反面人物，而是写出他们的矛盾心态和行事过程。总之，对待历史人物，要用实事求是的态度，对就是对，错就是错。不要先定性，再说事，更不要跨越时空死抠教条，把活生生的人和事写成僵死一团，脸谱化。

三、谨慎对待敏感性较强的历史话题，避免因片面性造成矛盾，引起麻烦。这里说的敏感问题，主要指民族的、宗教的、民众起义的、改革变法的等等。这些事件和一个人的一个功过或是一件偶发事件不同，都有广大群众参加，如何讲，关系到对广大民众的行为评价，容易引起情绪波动。讲历史，这类历史问题难以回避，但我认为通俗的少儿读物，尽可能少讲，需要讲的时候，先要弄清事实，掌握相关的知识，分清是非，讲述时多讲过程少加评论，不要随意轻率加以褒贬。

如民族。古代汉族对边地民族往往执歧视态度，称为东夷西戎南蛮北狄。实际上中华民族的形成，是各个民族不断融合的结果，从传说中的黄帝炎帝时代就开始了。几千年来，各民族之间既有团结互助，也有侵扰争战。我们要正视这一实际情况，既不能抹杀古代民族矛盾的存在，也不能一味指责边地民族，要有具体分析。我在书中对十六国时期、隋唐时期、宋元时期和明清时期的民族关系都写了一些。特别是元朝和清朝这两个边地民族掌握中央权力的朝代，书中都较全面地讲到了功过。如清朝的康乾时期，对东北、华北、西北、西南广大地区的政策和军事行动就取得了成绩，维护了国家的统一和疆域的完整。而清朝强化专制制度，不思求新改革，最终导致国内外矛盾爆发，给国家带来灾难。这些，书里都如实地讲到了。

如宗教。中国以儒学为官方思想，主张以人为本，不是以神为本。所以自己的宗教不发达，三大宗教都来自外国。但是有远见的当权者，

特别是唐太宗，对宗教采取包容的态度，使各种宗教能同时在中国传播，互不干涉。这是个奇迹。历史上发生过多次皇帝信佛信道不理朝政的事，也有过灭佛限佛的行为，但最后还是让宗教居于从属地位，没有造成宗教主宰政治的现象。我在书中多处讲到了宗教，都是只讲过程不加评论。

如民众起义。过去多称农民起义。以往学界对反对官府的造反行为一概肯定，认为是人民革命；近年来对起义造反的事又多有指责，认为搅乱了社会。我认为要区分不同情况，也要看实际效果。一是要把占山为王、杀人抢劫的强盗土匪和起义区分开，不能把与官府作对都说成人民起义。二是要肯定人民反抗剥削压迫行为的必然性、正当性。三是要看起义后的行为是否有利于人民生活的改善，是否打击了贪官污吏的气焰，是否促进了社会的进步。本着这个原则，我在书中对几次影响大的民众起义，做了如实的讲述。特别是唐朝的黄巢起义、明朝的李自成张献忠起义，都讲了过去有意不讲的一些事，全面地予以对错是非的评估。对近代的太平天国、义和团，也如实地讲了起因的合理性和演变经过。事实说明，封建时代的民众造反，不可能具有"革命"的性质，无不借助宗教神鬼的影响，最后不是失败，就是受招安被利用。

如变法革新。古代的变法改革，代表着当权者进取的一面，每朝每代都有，但是往往开始动静很大，不久就遭到反对，以失败告终。主持者也大都下场悲惨，甚至被杀害。究其原因，保守势力的反扑是一，皇帝的动摇是二，改革者的失误是三。我在书中多次讲到这类故事，尤其是经济改革，都给予肯定的评价。但同时也讲了封建朝廷的内部矛盾，造成派系争斗，给改革带来的复杂背景和严重后果。如北宋王安石变法以后，朝廷的党争反复无休止，给百姓带来苦难。这不是变法的过错，而是封建特权造成的权利之争引发的。

四、英雄人物是国家和民族的形象标志和骄傲。对于民族的英雄人物要倍加爱护，充分肯定他们的杰出贡献和高贵品质。没有英雄的民族是平庸的民族，对自己民族的英雄不要神化，但任意贬低、曲解、嘲笑，则是可悲的。这些年，有些人思想方法简单幼稚，以"颠覆历史"为荣，以"标新立异"为乐，对岳飞、文天祥、戚继光、郑成功、林则徐这些声望最高的英雄，多有指责和批评，否认他们的功绩。我认为很片面。我在书中以很大篇幅讲了他们的感人事迹，同时也讲了他们的局限，没有写得完美无缺。

如岳飞。有人把当今的多民族国家和历史上宋金两国的关系混为一谈，以民族团结为名，说岳飞坚决抗金不对，秦桧退让议和不错。这就混淆了概念，也罔顾金国入侵的事实。至于拿岳飞也有言辞激烈、不听调度的错处，为宋高宗秦桧杀害岳飞辩解，则更站不住脚。

如文天祥。有人把文天祥誓死不降元朝说成"迂腐"，没有实际意义。这就等于放弃了民族气节的可贵性。如果一个民族可以随便屈从外敌，那确实就没有原则、正义、尊严可言了。文天祥坚持的正是民族最可宝贵的东西。

如戚继光。以往在讲"平倭寇"的时候，确有偏差，没有正视海盗中有大量中国人，也很少讲戚继光以外的官员将领的功劳。但对这些事的正视，不可能贬低戚继光的功绩。戚家军仍然是抗倭平海患的中坚力量。

如郑成功。主要是不能把郑成功在台湾坚持抗清、忠于明朝与"台独"混为一谈。历史有相似的人和事，但不会有完全相同的人和事。这点，康熙皇帝都看得很清，肯定郑成功收复台湾的功绩。

如林则徐。有人认为林则徐禁烟是没有顺从时代潮流，反招来外敌入侵，倒是反对禁烟的官员有远见，或是应该在中国也种植鸦片，到外国贩卖，就能让国家富起来。这种观点不符合实际，实际上，西方列强东来侵华，早已目的明确，要用武力轰开中国大门，打仗是既定方针。为了赚钱而不顾礼义国家的形象，更不符合国情。做这类历史假设，毫无意义。

总而言之，历史是客观存在，历史读物怎么写怎么评论，会随着史料的发掘发生变化，但是"真实"的基本原则不能变。我在编辑和写作时采用了一些新史料，更多的则是以新的理念和认识，重新解读史料，正视实际情况。这样做的目的，主要不在于吸引读者好奇争看，而在于恰当认识历史人物和事件，传播正确的历史观和科学的思想方法。

本文写于2015年2月。刊载于《中国编辑》2016年第3期，并收入《壮树新枝》，海燕出版社2017年出版

新版《中国通史故事》编辑随想

2011年夏天，新版本的《中国通史故事》，摆在了各地书店里，显示在多家网站上，再一次出现如二十年前那般热卖热评的光景。作为这套书的主要设计者，我自然生发了一些感慨，进而思之，觉得对此书的编辑活动做进一步的探究，在今天的客观环境中，仍有着积极的意义。

我所以这样说，是因为这套书在上个世纪90年代初问世之时，我和同事们就先后写出了一些推介文章，多位著名学者专家也发表评论，对其写作和编辑的特点进行了分析。二十年后的今天，出版界发生了很大变化，编辑作风和编书理念已非昔日所能想见。《中国通史故事》在修订再版过程中遇到的问题，就促使我从更高层面上做一些深入的思考。

第一点，关于通俗历史读物的选材。

《中国通史故事》是二百万字的长卷，内容上的最大特点是系统和全面。说系统，是指书中沿着中国社会的发展历程，从远古讲到了20世纪末，一"通"到底，反映了几千年的基本走向。说全面，是指它从政治、军事、经济、思想、学术、科学、技术、文学、艺术和社会各阶层的生活等各个方面，多角度多层次地反映历史面貌。但是，再系统再全面，也不可能囊括所有历史事件和历史人物。历代存留下来的史料浩如烟海，繁多而冗杂。任何一部史书都不会事无巨细一一收进，必是依据各自的理解和需要加以选择，有所取舍。

《中国通史故事》在起初策划的时候，就定下了"传播正确历史观"、"讲述准确历史知识"、"平易而不俗气"的宗旨，在选材上严格把握。简言之，就是选择那些体现社会进步的、反映各方面成就的、有思想启示作用的事件和人物，写成故事。这一点，受到了周谷城、戴逸、李学勤等史学大家的肯定。这次修订，正赶上历史读物盛行的时候，各类"戏说"、"正说"、"讲坛"的读本卖得很火。要不要仿照某些书的样子改造这套书，有人提出过这种意见。经过讨论，我们还是坚持了自己的选材特点。我认为，书的着力点不同，读者的爱好和需要也不同。对于青少年历史读物来说，无论从哪个角度讲，严格选材都是第一要紧的肯綮。选材的标准和优劣，在很大程度上决定着书的质量，展现着自身的形象。

举个例子，史书上有很多古代当权者私生活的记载，我看到有些读物很喜欢这些，讲了不少"宫闱内幕"。《中国通史故事》没有讲这方面的事，如果有些情节和某个重大事件有关联，也只是做简略叙述，不做渲染。原因明摆着的，这些事不能体现历史的本质。

又比如，政治是历史发展的基线，战争是政治的延续，谁讲历史也离不开政军大事方面的内容（专业史除外）。中国几千年历史上，政治上的权力争斗不断，十分惨烈；大小战争少说也有数千次，史料记载十分详尽，讲起来故事性很强。然而我们考虑，这方面的事讲得太多太细，会让读者形成灰暗心理，以为历史就是当权者的争斗史。实际上，社会的发展和国家的进步，主要是人民大众和各方面杰出人才辛勤劳动和智慧创造的结果。缘于这个认识，《中国通史故事》在讲著名政军事件的同时，大量收入了经济、科技、文化、百姓生活方面的内容。同样，这次修订本增加的"民国"和"共和国（前50年）"的两部分，也没有多讲领导层的活动和矛盾，而对各个领域的成就和广大民众的活动给予较多彰显。由于着眼于全社会，也就避免了像有些历史读物那样，把"国史"写成了"革命史"或"党史"。

第二点，关于历史故事的编写方法和语言表达。

历史读物内容丰富，涉及面广，用什么方法组织材料和叙述史实，至关重要，也是对编辑思维能力的检验。应该说，方法是多样的，没有固定的模式。拿同样是我编辑或主持编辑的几套"通史类"读物来说，林汉达和我接力写的《中国历史故事集》，以故事情节为主，一线贯穿，衔接紧密，作者的态度"含而不露"，颇像章回小说的写法。多位作者合作的《中国通史故事》则是站在今天的高度，讲故事与讲知识相结合，朝代概述与具体人事情节结合，全面反映历史面貌，并有明确简短的分析评说。我主创的《中华五千年》则以大事为纲，运用"广播剧"的形式，人物对话和编者解说交叉进行，以点带面，粗细结合。另外，像《中华人物故事全书》、《古人故事新编》等以人物为主体的丛书，也各有各的写法，绝不雷同。我认为，用什么方法编写，应是根据特定内容设计，完整一致，纹理清晰，具有自己的特点和风格。这次修订，增补了一些内容，也严格按要求的写法加工，以求风格的统一。有些书，要么不讲究写法的设计和全书的结构关系，把文字排完了事；要么只注意版面的花哨，加了许多零碎儿，以此吸人眼球，实际上是追求表面忘记编书基本规律的表现。

历史学研究的最突出特点，是全面整体地看待分析事物，客观冷静地评判人物和事件。历史读物对人事的叙述和评价也应是理性的态度，公正公允，要不得片面和偏激。中国古代记史家早就有"秉笔直书"、"不溢美不增恶"的传统。马克思也说过："对历史事件不应当埋怨，相反地，应当努力去理解它们的原因，以及它们的还远远没有完全显示出来的后果。"而我们看到的一些历史读物，对历史人物和历史现象喜欢大褒大贬，作者的情绪激昂，用很凶的形容词加以赞扬或斥责，感叹号不断，或是好便都好，坏便都坏。《中国通史故事》在编写修订过程中，也曾出现过这种感情用事的情况，语言情绪化。我认为，这样写不但有损历史的科学性，也使全书语言过度激烈，读者读着紧张，继而产生厌烦情绪。在审稿加工时，对这样的问题都做了修改。实践证明，历史通俗读物的语言表达应是平和的、张弛有度的，既不能太平淡，也不能过于浓烈。《中国通史故事》注意了这一特点，几百节的故事，娓娓道来，紧慢适度，不温不火。读者反映很好。

第三点，关于编辑作用的体现。

当前，编辑工作在整个出版过程中的地位和作用，是个有争议的话题。有人坚持传统的观点，认为编辑是中心，是基础，也是主导。有人则提出面向市场，就应以发行和营销为中心，编辑处于服从地位，起保障作用。我认为，在新形势下，发行人员参与选题制订，编辑人员参与营销发行，都是一种需要，没有多少理论的考量。谁主谁次，要看是哪种类型的选题和选题的来源。这些都不应是绝对的、一成不变的。像《中国通史故事》这样规模大、学术性强又讲究文化含量的品种，就应以编辑为主体，吸收各部门的意见，整体推进。

当然，要有个前提，就是编辑自身的学识、能力和经验要靠得住，只有热情和愿望还不行。《中国通史故事》(三卷本)的首次运作，在上个世纪80年代末到90年代初，可以说是编辑主体运作的典型。从内容设计到主持写作，从编辑加工到通稿定稿，从编排方式到装帧插图，从宣传推介到评论研讨，都是由有学识有经验的编辑人员提出和直接操作的，严谨周密。所以它成为内容扎实外形也美观的非常完整的图书产品，两个效益都很好。

时隔20年，这本书修订再版的过程中，在编辑作用上却出现了偏差。本来，按编辑提出的方案，是在增加共和国50年历史故事后，由原来的三卷本改为四卷本，保持原版本的优点，而在版式设计上出新。但后来，据说是根据书店市场的信息，说四卷太大太多，定价太高，要分开卖才行，每本不得超过20元。于是把全书拆成9册，每册一个书号，单定价单卖。原本完整的一本书，一个整体，被人为地切割，"大卸九块"，互不联系。9册书有薄有厚，定价不一。这样，《中国通史故事》有其名无其实，失去了"通"的特征，设计初衷必将不复存在。按这样办法出书，不但两个效益都没有，还把牌子砸了。幸亏后来给予了坚决纠正，才避免了失败。在此过程中，编辑部门一度缺乏主见，轻易放弃原方案，没有体现出自身应有的作用。这件事提醒了编辑，市场意识绝不等于简单跟从市场。

新版本在编校环节上，也出现过编辑作用缺失的问题。排出的校样，在目录、标题、书眉、序号等技术细节上，都出现了明显的差错。新画的一些插图，质量很差。查其根源，错是由排版、设计、画者等方面的人员造成的，但负有把关责任的一线编辑看了三四次，也没有发现，当然也没有改正，甚至将就辩解，这就令人惊讶了。造成失误的原因，实际是学识和经验缺乏所致，又没有全面有效的组织安排，编辑互不通气，各干各的。图书在写作和排版过程中出些错，本是难免的事。但是当技术上的明显差错一直未被发现和改正的时候，编辑就要负主要责任了。我多次讲过，编辑能挑出毛病比看到优点重要，看不出明显差错并及时改正，就等于放弃了编辑的责任。《中国通史故事》的这次修订，在各方协作努力下，结果是圆满的，但其间发生的曲折也给了我们值得认真记

取的教训，那就是要头脑清醒，记住自己的编辑职责和身份。

第四点，关于老书和新书。

这些年，很多出版社的编辑把大部分精力放在编新书出新书上，而且都是差不多的开本、差不多的厚度、差不多的定价，成批成套，内容也很相近。为此造成编辑成年忙于赶进度、工作量超负荷，已不是什么秘密。究其由来，销售部门的"喜新厌旧"是一大主因。据说，新书能吸引读者，卖得快，把钱赚回来；而再版的老书读者没兴趣，容易滞销，造成积压。这样一来，一些本来质量不错的书，很快就下架消失，编辑们又忙着编新书。不久，这批新书又成了旧的，再来一批新的。如此新老快速替换，图书的常销、长效和积累文化的功能被埋没了，代之而起的是一批批速成又速朽的书，好像"狗熊掰棒子"。为了求"新"，出版社把老书改书名，换封面，再组合，然后以"新面孔"面市，不提书的过去，也算是一种对策。这是现在图书缺乏真正名牌和传世精品的原因之一。

老书真就如某些人说的，不受欢迎吗？当然不是。如不其然，古今中外那些传世之作何来？但是好书、名牌书，是要经过较长时间的磨炼，才被人们认识到的。要求一本书问世马上见效畅销，否则就下架，很难再和读者见面，无疑是抹杀了它的文化内涵，也剥夺了它"长寿"的机会。让人略感欣慰的是，一些有眼光的出版者，还是能看重老书的价值，重视再版率。从编辑角度讲，应多在自身工作上下功夫，除了要向订货者销售者说明意义和价值，争取对方的理解支持以外，要使它能长久地留在人们的记忆里，有两个方面的条件：一是以质量取胜，并重视提升更新；二是以诚相待，在读者中建立信誉。

《中国通史故事》从它的前身《中国历史故事》算起，已经有了三十多年的经历，算得是一部"老书"了。在这三十多年里，它有两次大的变更：一次是从 17 个单行本按新的设计扩充重编成一部书，并进行了二次加工修改；一次是延长下限，依据史学新发现做了重大补充更新。这样，它就坚持了高质量，适应读者需求，不会被时间抛弃。在推介本书的时候，坚持不虚夸不掩瑕，如实介绍修订情况。读者看到的是一本思想性艺术性可读性观赏性都非同一般的好书，就有了信任感。这次修订再版，书名没变，封面也保留了原设计，出版说明和序言中详尽地讲了它的沿革，以及修订的情况。这种负责的态度得到的是读者的好评。事实证明，知识类的大型图书，经过一段时间（不能太频繁）就应在保持基本形象的同时，根据新的发现进行知识更新。只要追求高质量，诚实待人，就可以得到新老读者的认可，做到真正的长效与常销。

"青山高而望远，白云深而路遥"。编辑们只有在认真求实、细密思考、能登高能入深的心态下，才会真正体会到工作的乐趣，才能发挥自己的作用，做到有效地投入，编出有长久价值，如青山望远、白云路遥般的好书。

本文写于2011年10月。刊载于《中国编辑》2012年第2期

《中国历史故事集》的写作特色

《中国历史故事集》是自20世纪60年代以来，在全国影响很大的一套通俗历史读物。它的前四种，即《春秋故事》、《战国故事》、《西汉故事》、《东汉故事》，是林汉达先生写的。1980年，我根据林汉达50万字的遗稿《三国故事新编》，改写出版了8万字的《三国故事》。时隔三十多年，我又写出《晋朝南北朝故事》、《隋唐故事》、《宋元故事》、《明朝故事》、《清朝故事》。这样，《中国历史故事集》经过五十多年，得以最后完成，共有十种。虽然时间拉长了些，又不是出自一人之手，但是这套书鲜明的写作风格能保持一致，宛如一体，是很难得的。这与两代作者的心灵相映、气质相投分不开。

那么，这套书的特色究竟指的是什么？作为本书的责任编辑和续写者，我有着很实际的体会。

一、开启者的奠基之功

林汉达写的前四种，无论在选材上，还是在写法上，都有着独到之处。主要体现在这几个方面：

1. 选材严谨又运用灵活。这套书的每一本，篇幅和字数有限，写哪些内容，依据哪些史料，就要认真挑选。中国的历史资料浩如烟海，丰富而繁杂。同时就有真假难辨与如何取舍的问题。林汉达主要采用正史的记载，同时也参照一般史书的说法。这样既能保持真实性，有据可查，又能丰富故事情节。叙述的时候，在不违背史实的前提下，适当地做细节的设计和铺垫，包括环境的渲染和人物细微神态的描画，使之合情又合理，适合一般读者阅读。在取舍上，则采用更符合主题的材料和说法。比如，《春秋故事》的第一篇《千金一笑》，写周幽王宠爱褒姒，用烽火戏弄诸侯的事。历史记载对褒姒的说法不一，有认为她是妲己一类的坏女人，有意诱惑君王，葬送国家；也有说她是被迫的无辜的。林汉达认为把国家败亡归罪到女人身上不公正，他采用了后一种说法，并在细节上做了处理。

2. 叙事一线贯穿，详略结合。林汉达写的前四种，内容都是以军国大事为主，围绕着一条主线，沿着时间顺序往前推进，引出一个一个故事。故事内容不同，地点人物必定变换，可这条主线从头到尾，始终不断。春秋战国时期，诸侯割据，很难以一国进程为主线，但是他仍然把事件的地点和人物的行踪联系起来，贯穿全书。到了秦汉以后，这条主线就是皇帝的更迭和传位了。古时候，帝王的代代相传和在位长短，是纪年和记事的依据，也是国家最显著的标志。用它当线索，能清楚地介绍历史的发展和演变。这条线索把选择的故事串起来，一个故事讲完了，又回到主线上往前走，引出下一个故事。我把这种写法称作"串珠式"或是"糖葫芦式"。这样的编排，使得全书浑然为一体，完整而有层次，是很高明的办法。

串珠式的编排，珠子就是一个个故事，连接珠子的线就是帝王的传承。这样写，就必须转接自然，不露痕迹。讲完一个主要故事以后，要把一些相关的事件简单介绍，过渡到另一个主要故事，而不是突然变题。这就需要作者对历史脉络有清楚的了解，又能前后勾连，语句连接，做到有详有略。我们在书里就看到大故事套着小故事，一个接着一个不间断，随着叙述了解了一个朝代的全过程。而实际上，作者是经过精心挑选后又特意连在了一起。因此也可以说，一本书不管多少节，不管每节题目叫什么，它讲的就是一个故事，是这个朝代的整体。把各个标题去掉，它仍然是连贯的，完整的。

再有就是作者的议论，书里不是在每节讲完后，站在今天的高度给以评价和褒贬。林汉达是在讲述过程中，随着情节的交代自然把看法带出来，与故事融为一体，语气一致。这样的议论，既符合当时的环境，

又态度平和,不露痕迹,避免了生硬和与故事脱节。

3. 语言表达的口语化。林汉达是语言学家,多年从事语言研究,对语言的通俗化大众化很热心。他是浙江宁波人,说话是难懂的地方音,可对运用口语进行写作有深厚的研究,写的作品也是很地道的口语化文章。北京味儿尤其突出。这四本书的语言,就是他的语言风格的集中体现。

林氏语言风格在这几本书里,主要体现在三个方面:第一,把口头语运用到情节铺陈和人物对话当中,如老者道家常,如朋友间交谈,拉近了作者和读者的距离。这也就把严肃的军国政事化为了轻松的话题,化解了紧张气氛。第二,用具体的描绘和勾勒讲人物外貌、表情和事件的细节等等,用比喻和形容的方法解释事物。很少用现成的书面词语和成语典故。这样可以化抽象为形象,把一般的印象变成具体的表象,帮助读者理解人和事。第三,使用同义词和近义词,表示事情的细微差别和程度的不同,林汉达对口语词汇做过细致的分析探讨,如手指的各种动作,愤怒生气的形体动作,高兴得意的面部表情等,都有多种描绘的用词,所以才能使书中词汇不重样,不单调。

林汉达先生的这些写作特点,给《中国历史故事集》做了定位,确立了基本写法。人们现在一提起这套书,就与这些特点联系起来,不能分割。我常想,如果中少社当初选择的作者不是林汉达,而是别的历史学家或是作家。那么《中国历史故事集》这套书就不会具有现在的这种特色,而是另一种样子。这也就是优秀作品往往个性鲜明的例证,和别人写的就是不一样。

二、续写者的继承与发展

我在接手编辑《中国历史故事集》以后,先是修订再版春秋、战国、西汉三本,又加工出版东汉。这个过程,对于熟悉、领会林汉达的写作特点,有极大的作用。我由此掌握了基本方法,加上我自己在历史、文学、戏曲、语言方面的学问积累和写作经验,这就成了有利条件。到了自己来写《三国故事》,就觉得比较从容。

林汉达说过:"我当初写中国历史故事的动机只是想借着这些历史故

事来试验通俗语文的写作。在写作过程中,越来越感觉到我国的历史故事实在丰富,内容也真有价值,有必要而且有可能用现代口语翻译或改写出来,让一般不大接触古文的读者也可以自由阅读。"我从担任编辑到参与写作,也有同样的体会,进而从开始的工作需要转到了责任承接。

　　写了《三国故事》以后,社里把这套书的后续工作交给了我。我本来希望请历史界人士来写,我在语言上翻改,但不成功。同事们都认为还是我自己写好。然而工作繁忙,又把事情拖下来,到我退休之后才准备动笔。不过这也有好处,就是经过这么多年的变革,史学上有了新成果,社会环境宽松了,我的思维更开阔了;语言上,口语词汇也更丰富了。这对写作无疑是好事。所以我写后五本的时候,就觉得把握自如,心态很放松,不像林汉达那时候,思想有很多顾虑。

　　续写有两条路子,一是延续前几本的风格,二是用新的方法。显然,后一种更容易,因为那就不必顾及和前几种一致。以往就有这么做的。可这显然不是我的想法,也不符合大家的愿望。所以我还是用前几本的写法把大貌定下来。如前所述,一是选材以正史为主,旁史为辅;二是以朝代和皇帝更迭为线索,把所选的故事勾连起来,前后照应不断线,议论含在故事里。三是运用口语的语气和词汇叙述。这样写,就使得读者感到和前面几本浑然一体。

　　然而完全模仿前面的写法没有必要,也是不可能的。后续的五种,所写的朝代,时间要长得多,大事和名人要多得多,史料要丰富得多,可是像《左传》、《国策》、《史记》那样文学性极强的史书又没有,需要作者看大量的史料,并加以筛选组织。当今的人们,获取信息的渠道很多,对历史都有一定的了解,不再满足传统的慢节奏,希望看到更多的信息和知识点。再就是语言,经过这几十年的社会变化,人们交流的机会大增,口语也在变化,更丰富多彩。有些原本是书面语的词,或是各地方言的词,都成了大众口头常说的话。只靠林汉达几十年前的老套子老词儿就不够用了。因此,我在续写的时候,方法上也做了些出新。

　　1. 选材。在以军国大事为主选的前提下,续书也选了一些经济、思想、学术、科学、文学、艺术方面的故事来讲,而且都与政事挂钩相连,不显突兀。对皇帝与后妃、子女、亲友和宦官、宫女的关系及宫廷生活也有适当讲述,并揭示了这些"家务事"给国家命运和民众生活带来的影响。这些内容在前几种里，几乎没有。续书这样来选材，不但使得全书内容丰富多样，也更全面地深刻地反映了古代社会的面貌。

2. 写法。续书坚持"串珠式"叙述方法，把各类故事有机地联系起来，始终不断线。同时考虑到要加大信息和情节的分量，又采取了一些新的处理方法。一是考虑到有些故事发生时间重叠，运用了倒叙、插叙、追记、伏笔、预告等方法，使之前后呼应，脉络清楚。二是在讲历史真情之后，也把一些民间传说加以介绍，以分清真伪。如瓦岗起义与瓦岗英雄传奇、杨业与杨家将传说、宋真宗宠刘娥与狸猫换太子、包拯与包公案、施世纶与施公案、乾隆帝封容妃与香妃传说等等。三是增加多条页下注释，对一些有关的知识和结局补充说明。如在《清朝故事》的结尾处，用了四个长注释，介绍了清末一些风云人物在民国的结局，堪称新颖。四是引用名家诗词和文章名段，展示人物风采和成就。前几本中引用过一些民歌民谣，并翻成了白话。而续书引用的作品是原文，不翻译。原因很明显，这些名家之作都是经典，翻成白话一是很难，二是容易弄巧成拙，应以欣赏原文为妙。

这次续写，还有一个较大的突破，就是尝试了多线平行穿插方法。前几种的每节中，无论讲多少情节，都是以一个为中心，沿着一条线推进。但在续书中，因为有些大事发生在同一时期，又必须写到，或是几件事难分主次，字数篇幅又有限，就采用了把它们写在一节里，穿插均衡讲述的方法。因为交代清楚，读下来丝毫不觉乱，反而很有层次感，使读者了解了同时期的几件大事。像五代的更迭和契丹南下；元朝九帝争位；明成祖征北、迁都、寻侄；南明的抗清与内斗；康熙帝巡视黄河、与俄国谈判边界、亲征噶尔丹等，就是这么写的。

3. 语言。以口语化语言为主，也适当用书面语，因为有些知识和事物，用口语词汇无法准确表达。这是林汉达的做法，也是我的做法。语言是灵活的，多变的，发展的，又要能创新。口头语更是如此。除了运用传统的口语句式和词汇以外，续书还较多地使用了近年来活跃在民间的新句法和新词汇，也有的是作者的独创。但是那些滑稽庸俗的网络语和手机语，是被拒之文外的。

续书语言的另一个发展是语速和断句。为适应现代读者的阅读习惯，也因为情节容量增大，续书讲故事的节奏要比前几本紧凑，情节转换要快些，很少在一个情节上或一个场面上，写很长的对话和反复交代。句子尽量贴近口语的语气，十个字以内的短句较多，有些甚至是单词为句。标点的使用也很灵活，往往根据语气的要求断句或连句。

我在新版《中国历史故事集》的序言里写了这样的话："语言是心灵的窗户，也是一支画笔；历史是社会的镜子，也是一把梳子。这些都将在书中给读者实实在在的感受。"我们通过语言讲述历史，通过历史来认识古代社会。这个过程是要讲究方法的。我相信，这套书的写作方法，既能很好地表达所写的内容，也能使读者阅读和理解它更便捷，更顺畅。

本文写于 2015 年 1 月。刊载于《博览群书》2015 年第 5 期

诗词曲赋话编辑
（代后记）

在这本《我当编辑》的书稿收尾之时，我正开启一部新书的编写活动。这部套书把诗、歌(民歌)、词、曲四大类型的古诗，分别编选，按时代顺序收入最有代表性的，适合记诵、朗诵、背诵的作品，加以注释和提示，提供给喜爱古诗的读者。我身兼前期的编辑设计和后期的写作，翻阅了大量作品，受到各代名家、各篇名作的感染，不觉触动了心绪，诌了几首有关"编辑"的诗词曲，列于此处。另外，我在《雪岗文集》中，曾试写了一篇《书赋》，转录过来，与本书宗旨颇为契合。借古之形，发今之愿，与读者共勉。

编辑有感

莫道编家不传名，笔下无声却有灵。
昔日握管爬格纸，今朝按键走荧屏。
驱散字里团团雾，引出行间朗朗晴。
文章化作和风暖，万千读者一笑迎。

【菩萨蛮】

编学研写行为伍，半世生涯编辑路。回首看途程，平平也腾腾。
意在字中逛，常把苦乐忘。完稿心安然，新书又添欢。

【正宫·叨叨令】

编辑时节常把司马梦，学问时节又入仲尼梦，研究时节偏有阳明梦，写作时节必是醉翁梦。好不困煞人也么哥，好不乐煞人也么哥，梦中醒来灵感碰。

书赋

公元二〇〇九年四月，农历己丑年三月，《雪岗文集》编选完毕，私心愉悦。览全稿之块字，观版式之形态，不觉文趣盎然，笔路清明。于是作此"书赋"，忆六十载读书觅书之缘分，发四十年编书著书之感叹，似入树密地界，犹探溪深域境，思绪驾氤氲漫漫，幽华随渡水绵绵。

念先民创字，四宝用焉；拓印雕版，书契兴焉。概察其行，立言论播之天下；总观其成，载经典示以众生。书德书惠，赞乎誉乎，于情愫而有深矣，于言辞则无过矣。

夫书者，述也，抒也。述天地万种之知识，世间千般之奥妙，字里藏珍，行间埋玉，克盲化愚，启蒙开窍；抒喜怒哀乐之情感，格物考究之理见，胸臆倾吐，动人心魄，阐发正理，道义彰显。昔孔丘教化，老聃说道，墨翟奔走，庄周逍遥，孟轲雄辩，荀况豪论，韩非法典，孙武兵要，领数千年先哲争鸣广传流布，书之功也。史记通鉴，廿四史话，察天理地，算学历法，农政工方，医术本草，技艺圣者，开物方家，载古文明优良成果源远流长，书之劳也。诗经辞赋，乐府五言，唐诗宋词，散文谜联，元曲杂剧，民歌小品，传奇大作，明清长篇，录历朝代文苑精品各领风骚，书之勋也。及至近代国势巨变，生气恃风雷而起，新潮挟洋流而进。百业兴术，科学发扬，振兴方略，改革主张，济世经纬，富国蓝图，平民教育，白话文章，引百年间世道沧桑人心所向，书之力也。视其貌，规矩同；顾其里，装帧异。有形之册页，无影之载体，体轻而质重，内圆而外方，尺寸之窄展天宇之辽阔，行距之短含万古之悠长。

余总角之时，与书结不解之缘。疑前世之造化，恰今世而遇合，喜图形之入目，悦文辞而娱心。遂入书馆，淘神以为乐事；遂临书铺，浏览以求饱尝。小学中学，兼收并蓄，读法自建，连线织网，校外所得，不亚课堂。即入大学，本立标的，动乱岁月，学业中殇，幸而逍遥，自

诗词曲赋话编辑（代后记）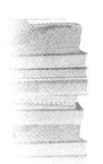

修绩良。编书办刊，初识纹理，排版印制，拜师厂房，毕业回眸，失有补偿。雁同春秋寒暑，校园机关村庄，讲台教材自编，调研报告笔忙，脑力目光口功，磨砺反觉劲苍。返京归亲，编辑入行，展识运斤，补短用长，筹，约，审，修，编，学，研，写，文山盘旋，书海荡漾。及至耳顺，能体尚强，动寻书求解活水源清，静观书著述游谈抵壮，以书为友，幸会福光。因之乃智，缘其乃慧，焉有不幸之心觉？岂能得福而惝恍？

嗟乎！愚而好自用，贱而好自专，敏而好自问，贵而好自明。或愚，或贱，或敏，或贵，知书穷理多寡深浅之故耳。庄曰学而无涯，荀曰学不可已。四方浩茫，黉门广在，人生有边，学者无衰。世间大书，钩沉不止，获其所乐，德修才长。每念及此，宽宽兮神安，朗朗兮心畅！

雪　岗

2015 年 12 月